酒店管理专业系列创新教材
JiuDian GuanLi ZhuanYe XiLie ChuangXin JiaoCai

总主编 罗旭华

酒店收益管理

Jiudian Shouyi Guanli

主编 党 印

经济科学出版社
Economic Science Press

图书在版编目（CIP）数据

酒店收益管理/党印主编．—北京：经济科学出版社，2020.1（2022.7 重印）
酒店管理专业系列创新教材
ISBN 978 -7 -5218 -1266 -4

Ⅰ.①酒…　Ⅱ.①党…　Ⅲ.①饭店—运营管理—教材
Ⅳ.①F719.2

中国版本图书馆 CIP 数据核字（2020）第 022031 号

责任编辑：李　军　刘　莎
责任校对：王肖楠
责任印制：范　艳

酒店收益管理
党　印　主编
经济科学出版社出版、发行　新华书店经销
社址：北京市海淀区阜成路甲 28 号　邮编：100142
总编部电话：010 -88191217　发行部电话：010 -88191522
网址：www.esp.com.cn
电子邮箱：esp@esp.com.cn
天猫网店：经济科学出版社旗舰店
网址：http://jjkxcbs.tmall.com
北京季蜂印刷有限公司印装
710×1000　16 开　13.25 印张　250000 字
2020 年 3 月第 1 版　2022 年 7 月第 3 次印刷
ISBN 978 -7 -5218 -1266 -4　定价：48.00 元
（图书出现印装问题，本社负责调换。电话：010 -88191510）

前　言

酒店收益管理是在酒店其他条件不变的情况下，通过适当的价格策略或经营策略，提升酒店收益的一种方法。这种方法起始于20世纪80年代的美国酒店业，90年代被各大国际酒店集团先后引入并推广使用，并逐步进入中国酒店人的视野。

2008年北京奥运会之后，在中国经济快速发展、国内国际交流日益频繁、居民商务出行和旅游出行频次增加等因素的共同作用下，各类酒店如雨后春笋般不断涌现，酒店业竞争愈演愈烈，尤其是2012年中央政府提出“改进工作作风”的八项规定以来，酒店对公业务的业绩受到直接影响，各大酒店为保证收入水平稳定并增长，应对激烈的市场竞争，纷纷引入并运用收益管理的方法，开发新的产品，开辟新的销售渠道，并通过动态定价、控制预订进度等方法，发掘新的业绩增长点。在大酒店的示范和带动下，经济型酒店、单体酒店、民宿、主题酒店以及餐饮业的各类餐厅也先后运用收益管理的方法，提升经营业绩。收益管理由最初的星星之火，已逐渐呈燎原之势。

当然，目前酒店业和餐饮业在运用收益管理时，很多做法尚不成体系，随意性较强，缺乏整体性考虑和系统性策划。这样的结果是，一些酒店运用收益管理后，业绩并没有明显提升，反而增加了各部门的沟通成本和协调成本；另一些酒店运用收益管理后，初期获得了业绩的明显提升，之后大赶快上，作法过于激进，没有兼顾好顾客和市场的适应性，引发了顾客的不满，降低了酒店的市场美誉度。凡此种种，表明相关从业人员对收益管理的认识还较模糊，尚处于摸索阶段，亟须系统地了解收益管理的理论脉络，以更好地指导实践。

同时，收益管理在国际范围内仅有几十年的发展历史，在中国的发展历史更短，现有实践表明，恰当运用收益管理，确实可以大幅提升销售收入。国内外酒店业蓬勃发展，急需大量的专业化收益管理人才。酒店管理专业的学生若熟悉收益管理的理论和现实，毕业后可以在此领域大有作为，为酒店和市场创造价值，并实现个人的人生价值。

基于酒店行业收益管理的实践现状以及酒店业、餐饮业对专业化收益管理人才的需求，经过多方面酝酿和筹备，笔者从2013年开始在中国劳动关系学院开设酒店收益管理这门课程。本书是在课程讲义的基础上，整理撰写而成，希望为行业发展和酒店业人才培养提供些许参考。

全书共十章，各章内容安排如下：

第一章为背景介绍，从宏观的角度，审视收益管理的产生与发展历程，介绍收益管理的学科属性。收益管理在理论上可以追溯到微观经济学的价格歧视，不过今天酒店业公认的收益管理理念和做法乃引进自航空业，从根本上说，收益管理的实践早于理论，迄今为止实践也多于理论。在学科属性上，收益管理涉及多个学科的内容，具有明显的跨学科性质，目前还没有形成关于收益管理的独立理论体系。本书希望从收益管理的五要素（产品、价格、时间、渠道和市场）出发，初步建立一个分析体系，供各界深化讨论。

第二章介绍收益管理的基本概念，主要是收益管理的五要素和收益管理的适用条件。收益管理五要素是收益管理与其他管理方法的最本质区别，也是讨论收益管理的起点。收益管理的适用条件界定了哪些行业可以运用收益管理的方法，哪些条件不可或缺，哪些条件并非必不可少。

第三章至第五章从收益管理的五要素角度，分别讲述酒店业的这五个方面。第三章讲述产品和价格；第四章讲述渠道；第五章讲述酒店细分市场与市场预测（顾客和时间）。各章分别从五要素本身开始，层层展开，逐步深入，提供关于这五个方面的全景式分析框架。收益管理的所有实践均可以从这五个方面出发，寻找突破口和组合方法。

第六章至第八章以酒店的三个主要业务部门为例，讲述这三个部门进行收益管理的现实条件、考核指标和实践做法。这三章内容立足于现实，是对实战做法的总结概括，并提供了新的观察角度和策略组合，实用性较强。初学者可以快速形成对具体业务的直观认识，从业者可以从中发现新的业务增长点和创新点。

第九章讲述酒店收益管理系统。收益管理系统是酒店众多管理系统的一种，本章先介绍了酒店运营中通常必备的管理信息系统及其实例，然后讲述了收益管理系统的定位、功能，以及常见的几种收益管理系统。当然，收益管理系统是一种工具，工具可以提高工作效率，但不能替代一切工作，要使工具发挥最大作用，关键是使用工具的人对工具的使用程度。

第十章讲述全面收益管理。全面收益管理是业界的发展趋势，目前已在一些国际酒店中推行。酒店运营中，各业务部门除了独立开展收益管理外，也要与其他部门合作，开发新的产品组合和销售策略，加强部门间联动。本章讲述了全面收益管理的必要性，主要关注的指标，为中国酒店业进行全面收益管理提供参考。同时，鉴于中国酒店收益管理尚处于引进、学习阶段，为避免只顾收益管理之术，罔顾企业管理之道，本章讨论了收益管理的使用边界和过度使用收益管理的不良后果，提醒收益管理的实践需立足于顾客，立足于酒店的长远发展，兼顾口碑意识和品牌意识。

本书各章节之间的关系如图1所示。

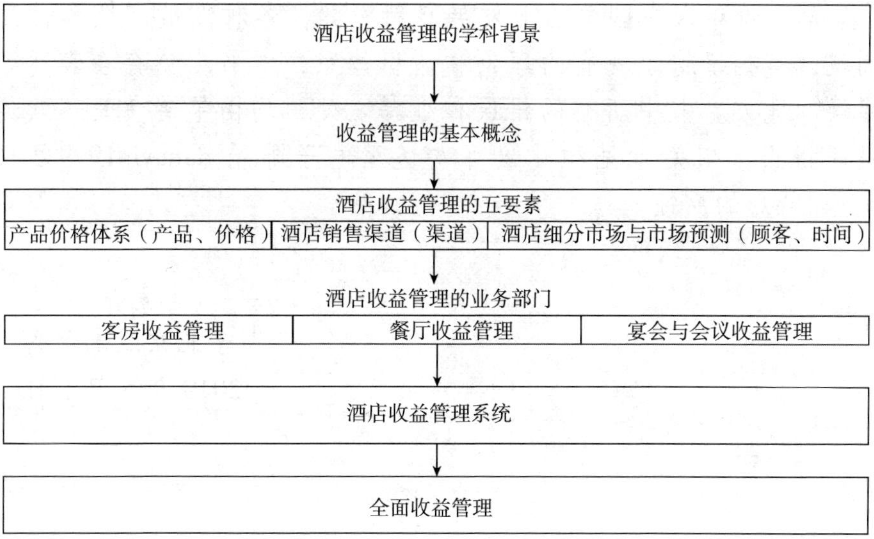

图1 本书各章节间的关系

本书有助于酒店管理专业、餐饮管理专业、旅游管理专业的在校学生初步了解收益管理，掌握基础知识和常见的做法并形成全局性的认识，为毕业后从事收益管理工作打下基础。本书也适合酒店客房部、餐饮部、销售部、收益管理部等部门的从业人员，在总结对照的基础上，再次认识收益管理的理论渊源和实践做法，从而推出新的销售策略和管理实践。本书同时适用于各类旅店、餐厅等行业的高级管理人员，在全面了解收益管理的基础上，优化运营实践和管理方法，使销售收入最大化，实现更好的财务绩效。

在本书的构思、撰写的过程中，中国劳动关系学院高等职业技术学院院长罗旭华教授、酒店管理学院副院长王文慧副教授提供了大力支持和宝贵建议；中国劳动关系学院酒店管理学院咸丽楠老师、牟婷婷老师对全书内容提出了宝贵意见和建议；江苏溧阳美芥山野温泉度假村销售总监韩霞为作者提供了参考资料和宝贵建议；北京昆仑饭店市场营销部收益总监赵艳欧、北京四季酒店前收益总监马雪丽和收益副经理李潇潇也曾就相关内容提出了宝贵建议，作者在此致以衷心的感谢！同时，非常感谢经济科学出版社李军编辑在本书出版中付出的辛勤工作！

当然，近年来中国酒店业发展日新月异，各种新的实践和做法不断涌现，有些超越了现有的理论和认识体系，本书难免存在表述不当或错误的地方。书中所有的错误和纰漏之处，均由笔者负责，欢迎读者批评指正，相关意见和建议可发送至电子邮箱 dangyin1999@163.com，期待您的反馈。

党印

于北京双雨书斋

2019 年 5 月 1 日

目　录

第一章　酒店收益管理的学科背景

【本章概要】

本章讲述收益管理的发展历程，酒店收益管理在国际国内的应用情况，收益管理在酒店管理中的重要性，以及酒店收益管理这门课与其他相关课程的区别与联系。

【学习目标】

1. 认识收益管理的产生背景和发展历程。
2. 列举展示收益管理在酒店管理中的应用概况。
3. 能够区分酒店收益管理与相关学科的差异。

当我们外出旅行，在预订酒店时，经常会发现，对于同一家酒店的同一种客房，平日价格与节假日价格是不一样的，团队价格和个人价格也是不一样的，官网的预订价与在线旅行社（Online Travel Agency，OTA）的报价是不一样的，提前一个月的预订价与提前一周的预订价是不一样的，有些酒店会提供“客房+餐饮+健身”的套餐产品，有些酒店会提供不同会员级别的折扣或接送机服务。入住酒店后，房费里面可能包含早餐，也可能不包含早餐，酒店的餐厅有时提供午餐折扣，有时提供晚餐优惠券等产品组合。如何看待这些现象呢？其实，多样化的价格体系，五花八门的产品组合背后，都是为了最大化销售收入，这正是酒店收益管理的工作范畴。

跳出酒店业，我们在其他行业也会遇到类似现象。比如，乘坐飞机时，邻座的价格比你的票价低，重要节假日的价格明显高于平时价格。商场或超市有时推出买一送一或满200元减50元、满200元送30元代金券等活动。有些旅游景区对特定群体（比如学生）实行半价优惠，有些自助餐厅实行儿童免费或半价，工业用电的价格不同于民用电的价格，演唱会或体育赛事中，不同区位的座位票价不同等现象。这些现象在本质上也是收益管理的应用，目的是使销售收入最大化，从而使利润最大化。

在实际中，收益管理的例子和做法还有很多种，本书将在介绍基本原理的基础上，梳理酒店业常见的收益管理做法，让初学者对这一问题有一个框架性的认识。

第一节　收益管理发展简史

酒店收益管理的做法古已有之。人们外出旅行，自然有住宿的需求，这就催生了住宿行业并且使客栈、旅馆等住宿业态存在了几千年。早前的经营者也有敏锐的商业嗅觉，很快发现生意的淡旺季的区别，判断出哪些客人只是需要一间房来过夜而哪些客人还会消费餐饮和其他服务，老板亲自招待老顾客还会向老顾客提供特别的关照等服务。这些做法中已蕴含着收益管理的思想，不过尚较零散，不成系统。随着马车、汽车、火车等交通工具的出现，外出旅行的人数和频次增多，住宿业规模不断扩大，关于酒店收益管理的规律性认识也逐渐增多。

当然，以上仅是酒店业的情况。在其他行业，收益管理的做法也源远流长。如便民蔬菜市场上，同样的蔬菜，下午的价格低于早上的价格；剧院售卖音乐剧或话剧门票时，两边位置和靠后位置的价格较低，中间位置和靠前位置的价格较高，包厢的价格更高；路边小贩卖一种商品时，跟不同的顾客讨价还价，最后成交价各不相同；再比如商家的优惠价，逢年过节时招徕顾客的赠送优惠等。这些做法在商业社会的早期就已经存在，并一直延续到今天。

今天我们所熟知的收益管理并非起源于酒店业，而是发轫于航空业，之后酒店业借而用之。20 世纪 70 年代，美国航空业的剧变，使收益管理成为提升销售收入或运营效益的重要方法，人们对收益管理的认识从零散的实践上升到理论层面，经过总结与提炼后，再次应用到实践，航空业和其他行业均以此为起点，正式将收益管理作为一种管理方法，应用于企业运营的实践。

1978 年以前，美国航空业受政府高度管制，采用统一的国内票价，票价基于飞行距离，只要航空公司的航班飞行距离相同，都必须执行相同的价格。由于票价较高，座位经常闲置，这增加了航空公司的运营成本，影响航空公司的收益。1978 年美国颁布《解除航空公司管制法》，航空公司能够自主地增减飞行线路并自由地浮动票价。同时，新的航空公司大量进入市场，尤其是以美国西南航空公司为代表的低成本航空公司进入市场，用低票价争取客源，导致了航空公司之间前所未有的激烈竞争，不少航空公司亏损、破产或倒闭。为了摆脱困境，20 世纪 80 年代初，美国航空公司率先采取差别定价和容量控制等策略，并借助计算机系统对顾客订票进行管理，逐渐扭亏为盈。随后其他航空公司纷纷效仿。这些经营策略和管理技术逐渐形成了收益管理理论的雏形。今天，世界上几乎所有成功的航空公司，都在运用收益管理理论和技术指导企业的经营活动。时至今日，收益管理的理论和方法已广泛应用于酒店业、汽车租赁业、运输业、广播电视业等其他行业，航空业仍然是收益管理领域的标杆，其他行业仍在汲取航空业的先进理念和优良做法。

20 世纪 80 年代中期，在美国经济衰退、通货膨胀及市场竞争加剧的背景下，凯悦（Hyatt）、万豪（Marriott）和里笙（Radisson）酒店开始使用收益管理技术，通过可用床位容量的预测，以最优的价格合理分配给各细分市场来增加酒店收入。采用这些方法后，酒店的收入大幅提长。以万豪集团为例，每年超过一亿美元的收入直接来源于收益管理。美国酒店业实行收益管理策略 20 多年的经验表明，仅仅凭借酒店实施收益管理策略就可使得营业收入提高 3% ~7%，利润率提高 50% ~100%，市场占有率提高 5% ~30%①。今天的国际品牌酒店几乎都在运用收益管理，收益管理的重要性不亚于财务管理、人力资源管理、后勤管理等常规性的管理工作。

20 世纪 90 年代，收益管理的理论被引入中国。2001 年 4 月，中国南方航空公司与美国的一家收益管理软件公司（PROS Holding）合作，首次引入收益管理系统，成中国第一家运用收益管理系统的公司。2012 年之前，中国酒店业对收益管理的认识较少，只有少数酒店的经营者了解收益管理理念并进行实践，大多数酒店的价格长期不变或者只分为淡季、平季、旺季三种固定价格，酒店业运用收益管理的实践与其他行业相差无几，诸如动态定价、市场细分、容量控制、超额预订等做法均不多见。2012 年 12 月中国政府推出旨在改进工作作风的“八项规定”，公务消费受到影响，中国的高端酒店业遇到冲击，为保持经营业绩，纷纷运用收益管理的理论指导经营实践，在高端酒店的带动下，酒店收益管理的理念逐渐得到正在蓬勃发展的其他酒店业态的关注、学习和应用，成为各类酒店运营中日益重要的管理方法。

我们可以看出，收益管理的做法虽然早就存在，但正式的突飞猛进的发展是基于计算机系统的发展与成熟。时至今日，一个普通的小酒店和餐厅也可以运用收益管理，一个最大的背景是计算机技术的成熟以及管理软件的发展，使数据的获取、记录和分析更加便利。未来，随着大数据技术发展、人工智能分析技术的提高，收益管理的应用将更加普及，酒店收益管理也将迎来新的发展时代。

① Cross R. G.，Revenue management. Crown Business，2011.

第二节 收益管理的学科属性

一、收益管理与收入管理的区别

收益管理又被称为收入管理，英文是 Revenue Management 或 Yield Management。在早前的航空业，主要表述为 Yield Management，后来才出现 Revenue Management 的表述形式。今天这两种表述在酒店业内是通用的，经常是同义词。

虽然收益管理与收入管理在实践中没有明显区别，但在酒店专业和酒店领域内，我们一般称之为收益管理而非收入管理。这有以下两个原因。

一是路径依赖，惯性使然。收益管理最早是航空业的术语，公众已广泛熟悉并接受这一术语，酒店业沿用过来，没有另行改名。

二是区别于财务管理上的收入概念。收益管理是销售的范畴，是市场营销部和销售人员的常用语。收入管理是财务的范畴，是财务部和财务人员的常用语。在财务上，收入管理有理财的含义，指企业销售取得收入后，对这些资金或款项的进一步管理，因此对应的英文是 Income Management，有时收入管理特指盈余管理。

当然，收益管理和收入管理也有一定的关联。企业的目标是利润最大化，“利润 = 收入 - 费用”。这个公式是财务管理的范畴，收入包括主营业务收入、其他业务收入和营业外收入，收益管理的目标通常是使主营业务收入最大化，而不是另外两种收入的收入最大化。

二、收益管理与财务管理的区别

收益管理的主要目的是立足于既有的生产能力和供给能力，通过合适的定价方式和销售方式，最大化企业销售收入。与收益管理不同的是，财务管理乃通过对资产（包括流动资产、固定资产、无形资产）的管理，通过财务预算和控制活动，降低各项费用和支出，减少运营成本，从而实现利润最大化。当然，财务管理也涉及投资决策，比如选择好的投资项目，获得最大的投资收益，但大多数正常发展的企业中，投资收益的多少并非衡量企业效益的主要指标，考察企业收入的主要指标通常是主营业务收入，而这正属于收益管理的范畴。如果说企业的经营目标是利润最大化，利润 = 收入 - 费用，那么收益管理主要侧重于收入方面，财务管理主要侧重于费用和利润方面。

在公式“利润 = 收入 - 费用”中，收入等于价格乘以销量，在价格保持不变的情况下，若销量增加，就可以增加收入，不过要想增加销量，就需要增加广告费用，或增加后期服务支出，或者提高产品品质，从而提高产品成本，但这些均会降低利润。因此，单纯增加销量的做法并不妥当，那单纯提高价格呢？经济学常识告诉我们，价格与销量通常存在反向的变动关系，价格上涨会降低销量，价格下跌会增加销量，因此单纯的价格调整不一定会增加收入。既然单纯地增加销量、单纯地提高价格都不一定会提高收入，那么就要从二者的总体进行考虑，需要寻找价格与销量之间的最佳组合，从而最大化销售收入。这个最佳组合不易被找到，这正是收益管理的迷人之处，也是收益管理的魅力所在。

三、收益管理的跨学科性质

收益管理融合了微观经济学、市场营销学、财务管理、战略管理和运筹学等学科的内容。

收益管理的基本方法是对同样的产品执行不同的成交价格，这与《微观经济学》中的价格歧视如出一辙。价格歧视分为三种：一级价格歧视类似于路边摊生意中买卖双方讨价还价，每一个产品的成交价都可能不同；二级价格歧视中，成交价格随成交数量不同而不同；三级价格歧视中，按不同的标准将顾客划分为不同的细分市场，对不同的细分市场的顾客收取不同的价格。细分市场、差别定价正是收益管理的常见理念。

在市场营销中，产品组合是一种常见的销售方式。收益管理也倡导将同类产品打包销售或者以增加值服务吸引特定顾客。在一定程度上，收益经理的工作内容就是市场销售工作的一部分。在实践中，目前在中国的一些酒店集团中，收益管理部隶属于市场销售部，负责收益管理的经理是市场部副经理，甚至市场部经理兼任收益经理，表明收益管理与市场营销紧密相关。

在财务管理中，企业的主要目标是利润最大化，收益管理的目的是使企业主营业务收入最大化。为了实现这一目标，势必会产生一定的成本和费用，也需要财务部门的支持和配合。收益管理与财务管理亦有紧密联系。实践中，一些中国酒店的收益管理工作挂靠在财务部门，具有明显的阶段性特征。

收益管理不单是收益管理部一个部门的事情，也会涉及其他相关部门，尤其在收益管理会议上，需要财务、前厅、客房、后勤等多个部门参与，这与酒店的发展战略有关，好的收益管理一定要与企业的战略相契合，战略管理也是收益管理的工作背景之一。

在收益管理的实践中，需要差别定价、动态定价、容量控制、超额预订等，在各种不同的组合中寻找最大化的收入组合，这需要一定的运筹学知识。在收益管理软件中，前端可视化界面是各种数字和表格，后台均是各种公式。收益管理在过去几十年快速发展的一个背景就是大规模运算可以通过软件进行，各种销售策略的事前预测和事后考核均需基于数据计算，运筹学是收益管理的一项重要技术。

[关键术语]

收益管理　酒店收益管理　价格歧视　收入管理　财务管理　市场营销

[思考与实践]

1. 酒店收益管理的产生背景有哪些，航空公司收益管理对酒店收益管理有哪些启示？

2. 收集并罗列你能找到的收益管理的实例，归类整理后，分析各种收益管理实践的特征、缘起与效果。

3. 结合微观经济学课程，思考收益管理从经济学角度的理论基础。

4. 结合市场营销学课程，比较收益管理与市场营销的区别与联系。

5. 结合酒店财务管理课程，思考收益管理与财务管理的侧重点有何不同？

第二章　收益管理的基本概念

【本章概要】

本章讲述收益管理的定义、收益管理的适用条件。收益管理的定义也被称为收益管理的“五要素”。收益管理的适用条件也被称为收益管理的适用特征、适用标准、适用范围或适用行业。

【学习目标】

1. 掌握收益管理的定义，阐释“五要素”的内涵。
2. 识别收益管理的适用条件或适用范围。

第一节　收益管理的定义

收益管理是指将合适的产品，在合适的时间，以合适的价格，通过合适的渠道，销售给合适的顾客。“合适”有时也被表述为“适当”或“恰当”。产品、时间、价格、渠道和顾客是收益管理的“五要素”，对这 5 个要素的组合和优化是收益管理的主要工作内容。由于每一个要素都有多种情形，收益管理工作就是在多种可能性之中寻找最佳的组合，因此具有一定的挑战和艺术性。

理论和实践中的问题是如何理解“适当”？有没有可衡量的标准？遗憾的是，学界和业界并无明确的标准，只有大概的原则。

所谓合适的产品，通常指提供具有差异化的系列产品，满足各类潜在的顾客。比如五粮液分为高中低档，每一档又细分为不同的子品牌，消费者可以根据偏好选择，总有一款适合自己。酒店业也同理，一家酒店可以设置不同类型的客房，除了高中低档外，也要尽可能在同一档次内设置不同客房，形成系列产品，供消费者选择。如果酒店的目标顾客群体很明确，客房定位也很明确，比如，一家五星级酒店都是高端客房，一家主题酒店都是同等档次的客房，一家经济型酒店都是同等档次的客房，也可以按客房的楼层、大小、朝向、客房内设施的不同，凸显出差异化的客房产品，供消费者选择。即使同一个楼层两个紧邻的标准间，也可以通过不同的打包产品、增加值服务进行区分。

所谓合适的时间，是在多个可能的销售时机中选择最恰当的一个。比如，国庆黄金周的酒店的客房，可以提前一个月就销售出去，也可以捂房不售，等到国庆前一周才开始销售，甚至到当天才销售出去，此即预测市场需求，进行容量控制。即使酒店在国庆前一周才开始销售，在面临先后多个预订时，也可以拒绝先来的不稳定的客源，而等待能给酒店带来更大收入的后续客源。适用于普通商场或超市的“先来先得”原则，在酒店业可以被更加灵活地执行。

所谓合适的价格，包括静态的价格体系和动态的价格调整。酒店既要为系列产品制定一个基准的价格体系，又需要根据市场需求，动态调整全部或部分产品的价格，以实现销售收入最大化。

所谓合适的渠道，是在多个可能的销售渠道中选择最恰当的成交渠道。随着互联网的普及和发展，如今酒店业的销售渠道除了前台直接销售、电话预订、旅行社线下预订外，多了官网预订、旅行社线上预订、邮件预订、微信预订、电脑或手机客户端预订等渠道。由于不同渠道的运作机制不同，维护成本不同，酒店需要选择最理想的销售渠道，在现有销售渠道基础上拓展新的渠道或者优化现有各渠道的销售比例，形成良好的销售渠道组合。

所谓合适的顾客，是在各细分目标市场中对酒店最有价值顾客的定位和细分。酒店需有目标顾客群体的准确定位，如五星级酒店定位于高端商务或政务顾客，经济型酒店定位于普通的商务或旅游顾客。在五星级酒店的目标顾客群体中，又可细分为公司协议客户、团队和散客，协议客户又可细分为国内协议客户和国际协议客户等。大数据技术的发展，可以使顾客细分市场变得越来越细，也使精准营销成为可能，这将大幅减少酒店的搜寻成本，实现酒店与顾客的共赢。收益管理“五要素”的一般含义如表 2－1 所示。

表 2－1　　收益管理“五要素”的一般含义

要素名称	“合适”的一般含义
产品	提供具有差异化的系列产品
时间	自主控制现有产品的销售时间和节奏，并不一定按照“先来先得”的原则
价格	设置静态的产品价格体系，根据市场需求，进行动态调整
渠道	选择理想的销售渠道，优化现有的渠道组合和比例
顾客	定位目标顾客群体，寻找与定位最相符的顾客群体，进行精准营销，并最终成交

第二节 收益管理的适用条件

每个企业都希望使自身的销售收入最大化，然而，诸如商场或超市的打折优惠并不是严格意义上的收益管理，只是促进销售收入的一种方式，这种方式在各个行业均存在。除了打折优惠外，各行业还存在促进销售收入的其他共性策略，如限时促销、会员优惠等，这些均属于市场营销的范畴。收益管理是市场营销的一部分，具有以下四个特征的行业，除了可以采取一般的促进销售收入的策略外，也可以运营收益管理的独特策略，进一步提升销售收入。

一、供给能力相对固定

对于一家商场或超市，遇到端午节、中秋节或春节，客流量大，需求量大，商家为增加销售收入，可以增加商品供应，增加员工人数，延长营业时间，从而满足需求。在平日，需求量降低时，可以减少进货，缩短营业时间。对于一家制造业企业，比如生产空气净化器的企业，如果雾霾加剧，市场需求量增加，企业可以加班加点地生产，增加供给，从而满足市场需求。在没有雾霾的季节，可以减少生产，减少库存。以上两个例子中，商场或超市属于流通业企业，生产空气净化器的企业属于制造业企业，两类企业的上述做法在本质上是供给管理，而非收入管理。

收益管理适用于那些在一段时间内供给能力固定不变的行业，比如一家新建好的酒店，在未来几年内客房数量是固定不变的；一个餐厅在未来一段时间内的面积和桌位数量是固定不变的；一个电影院在一段时间内的座位数量是固定不变的。当市场需求增加，酒店、餐厅、电影院的最大销售数量存在天花板，无法超越。当市场需求减少时，酒店、餐厅、电影院的接待能力也不会改变。当然，酒店可能偶尔遇到某间客房在维修，餐厅可能临时加几个座位，电影院可能临时加几个凳子，但是这些行为只是临时性的，占总体数量的比例也非常小，可以忽略不计。

如果有足够的时间，供给能力也可改变。比如，当市场需求增加，酒店可以考虑新建一栋楼或增建楼层，餐厅可以考虑开放露台或在门外新设桌椅，电影院可以考虑租赁临近楼层，装修为新的观影厅等。当然，这些行为要么需要耗时数月或数年才能完成，要么还受其他供给因素的制约，比如餐厅在增加桌椅数量时，也得增加服务员和厨师数量，企业无法通过长期的产能变化来满足短期的市场需求变化。因此，收益管理只讨论供给能力（生产能力）相对不变的情况下，企业通过其他方式来最大化销售收入。

二、产品或服务具有易腐性

易腐性是指产品或服务无法储存，如果未在一定时间内销售出去，其价值将很快衰减为零，企业将永远失去这些产品或服务的价值。比如，一架飞机起飞后，空位的价值就是零。电影院的电影开始播放后，观影厅内尚未销售出去的座位的价值就是零。

酒店的客房具有明显的易腐性。一间客房在当天晚上之前没有销售出去，当天晚上就会空置，空置就意味没有销售收入，也就是出现收入损失。酒店无法将当天晚上的出租权储存起来，未来继续出租。到了明天，酒店不能销售该客房今天晚上的入住权。

商场的衣服、超市的日用品（如牙刷）就不存在这种特点。今天没有销售出去，可以作为存货，明天、后天继续销售。食品只要在保质期内销售出去即可。对于这些可以保存的产品，最大化销售收入是一般的销售管理的业务范畴，不是收益管理讨论的范畴。换言之，收益管理的范畴小于销售管理。

三、高固定成本低变动成本

诸如航空公司、酒店、电影院这样的行业，开始需要一大笔资金投入，形成固定资产，然后开始运营，在运营中单笔消费的成本都远小于初始的固定成本。在这样的情况下，每增加一单位销售量所带来的销售收入中，扣除少量的运营成本外，大多转化为利润。因此，采取收益管理的方法，增加销售收入对企业是非常有利的。如果收益管理的方法运用得当，销售量和售价同时增加，所增加的收入所带来的利润效益将更加可观。

一般而言，固定成本是指最初形成固定资产、无形资产的那些投入，之后通过折旧的方法逐渐减值。变动成本是指单笔消费所产生的成本，如一间酒店客房的可变成本包括客房牙膏、牙刷、洗发水、客用免费矿泉水等易耗品的费用，水电能源费、布草洗涤费，整理客房的保洁费，以及维修费等费用。

例如，在北京地区投资数亿元建造一家五星级酒店，在开业后，每天售出一个普通标间，2018 年前后的可变成本为 300 元左右，客房日均价 2000 元，多出售一间客房将产生 1700 元左右的利润，空置一间客房将产生 1700 元左右的机会成本。如果酒店能以更高的价格售出这一间客房，将产生更多的利润。因此，采取收益管理的方法是有利可图的。

除了航空公司、酒店和电影院外，主题公园、主题展览馆、收费的网络视频课程等也具有高固定成本低变动成本的特点。

四、变动且可预测的市场需求

在某些行业，市场需求是稳定不变的，如某地区每年家庭用水的数量、食盐的消费数量等仅有小幅变化。有些行业的市场需求虽然有波动，但是不可预测，如股票、外汇等，供给方需重视的是风险管理，而非收入管理。

当市场需求有波动性，并且这种波动性可以提前预测到，收益管理才有用武之地。比如，卡拉 OK 市场的需求是周末多于平时，晚上多于白天，经营者即可据此进行差别定价。市区某商务酒店平时需求量大于周末，郊区某度假酒店的周末需求量大于平时，经营者可以据此设置不同的客房价格。

当然，如果行业具有变动且可预测的市场需求，可以运用收益管理，但并不意味着必须运用收益管理。比如，地铁早晚高峰的需求量较大，国际上很多城市并未在早晚高峰设定高价，目前中国单一城市地铁收费标准全天一样，这是为了保障公共利益。如果地铁公司希望保证一定的经济效益，就可以按时段收取不同的价格（比如伦敦地铁），或者按里程收取不同的价格（比如日本地铁）。中国的高铁在刚开始时实行统一不变价格，从 2017 年开始实行动态定价，亦是基于市场需求波动进行收益管理的范例。

五、对以上四个特征的讨论

当一个行业具有以上四个特征中的一个或多个时，收益管理将为企业带来明显的价值。满足的条件越多，收益管理发挥潜力的空间越大。有时，业界外加两个特征（或条件）：市场可以细分，可以提前预订。

我们认为，任何商品或服务的市场都可以细分化，只是细分的程度不同而已，因此增加这个条件并未缩小适用范围。

提前预订与收益管理也没有必然的联系。有些行业虽然不能提前预订，但是也可以进行收益管理，比如中国很多公园和景区不接受提前预订，但执行淡季与旺季的差别价格，普通游客与学生的差别价格，也是收益管理的典型运用，因此，提前预订并非是运用收益管理的必要条件。另外，提前预订也不是运用收益管理的充分条件，如目前民用电市场中，居民购电需提前预支电费，类似于提前预订，但由于民用电具有民生性质，电力公司一般不会进行动态定价，即购电越早，收费越低，或者购电量越大，收费越低①。换言之，可以提前预订的行业，也不一定适宜进行收益管理。

市场可以细分化、可以提前预订两个特征的价值在于，为精细化收益管理提供了思考的角度和改进的方向。综观以上特征或条件，航空业、酒店业、赌场均符合，现实中这些行业也是收益管理实践较成熟的行业。

[关键术语]

收益管理“五要素”　供给能力　易腐性　固定成本　变动成本　市场需求

[思考与实践]

1. 如何理解收益管理的“五要素”？

2. 收益管理的适用条件有哪些？是否存在更多的限定条件？如果不满足其中某一个条件，能否进行收益管理？

3. 在制造业企业、流通业企业和服务业企业中，各自提升销售收入的常见做法有哪些，哪些做法属于收益管理的范畴？

---

① 事实上，中国民用电实行阶梯收费形式，当用电量在一定额度内，执行一种电费标准，用电量超过一定额度，电费标准上调一个档次，用电量再超过一定额度，电费标准再上调一个档次。这属于收益管理吗？这种做法与二级价格歧视类似，但价格与销量的关系与通常的二级价格歧视相反。其实，这种做法并不属于收益管理，因为电力公司这样做的主要目的不是最大化收入，而是为了倡导节约用电的意识，减少全社会的能耗。

第三章 产品价格体系

【本章概要】

本章讲述收益管理“五要素”中的其中两个：产品、价格。首先讲述商品价格的决定因素，然后讲述不同商品的价格差别以及系列商品的价格体系，最后讲述商品定价时需考虑的因素。本章讲述的定价原理在各行业具有一定的普适性，酒店业同样适用。

【学习目标】

1. 了解价格的决定因素，区分不同商品的价格差异。
2. 熟悉系列产品的价格体系，区分系列产品的价格差异。
3. 列举不同定价方法的适用范围以及酒店客房的定价依据。

第一节 价格的决定与定价的艺术

价格由什么决定？马克思主义经济学告诉我们，价格由价值决定，并受供求关系的影响。效用价值论告诉我们，人们对商品效用的主观评价决定了商品的价值以及愿意为其付出的价格，即效用决定价格。马歇尔以来的现代西方经济学认为，供求决定价格，其他因素通过影响供求而影响价格。

分别看这三类观点，似乎都正确，但是放在一起看，似乎又有矛盾。现代西方管理学中，商品的成本等于直接材料费、直接人工费与制造费用之和，再按一定的利润率就可得出商品的价格，这似乎又遵循了马克思主义经济学，而非现代西方经济学。这到底是为什么？为什么不同学科关于价格决定的论述相差甚远，到底谁是谁非？相信不少初学者都有过类似困惑。解除这一困惑，需要追溯三类观点的诞生背景，并了解现实中企业的各种定价方法。

马克思主义经济学的立论基础是劳动价值论。劳动价值论立足于商品的供给端，认为商品的价值是客观的，由生产商品的社会必要劳动时间决定。效用价值论立足于商品的需求端，认为商品的价值是主观的，由购买者的主观评价决定。

现代西方经济学将供给和需求结合起来，回避了主客观范畴和价值范畴，将分析焦点从价值转向价格，以均衡价格论作为分析基准。

劳动价值论产生于第一次工业革命前后，通过揭示资本主义等价交换原则对封建社会特权原则的公正性，论证资本主义生产方式相对于封建社会的合理性和历史进步性。19 世纪中后期，资本主义平均每隔 10 年就发生一次经济危机，资本主义生产方式的合理性受到怀疑。从理论上看，价值由劳动决定，那么反过来劳动产品必有价值，但经济危机时商品堆积如山卖不出去，价值为零甚至负数，劳动价值论对此无法解释。虽然借助供求定律，指出这是生产过剩危机，但有转移话题之嫌，没有直面问题本身。资产阶级经济学家从商品满足人们欲望和需求的属性，提出效用价值论，认为商品过多，导致边际效用为零甚至负数，从而解释了这一现象。

但是，效用价值论仅关注需求方，忽视了生产方对商品价格的决定作用，从一个极端走向另一个极端。并且劳动价值论无法完全客观，因为复杂劳动和简单劳动的换算就是主观的。效用价值论也不是完全主观，因为不同人的效用在客观上是不能比较的。为突破这些“瓶颈”，马歇尔创立了均衡价格论。其逻辑为，不论是商品的客观价值，还是人们对其的主观评价，最终都体现在供给和需求上。如果由行为可以直接导出价格，就没有必要在价值层面纠缠不清。并且，客观价值和主观评价不易衡量，何必将问题复杂化。均衡价格论的背景是，资本主义生产方式已获得牢固的统治地位，需从理论上探究如何利用市场机制，提高资源配置的效率，为资本主义稳定运行保驾护航。

总体来看，三类观点的背后是三个学派，各自致力于解释当时的现实，并在一定程度上服务于其所代表的新兴阶级。马克思之前的劳动价值论代表资产阶级和无产阶级的利益，以对抗地主阶级。马克思的劳动价值论代表无产阶级利益，前后的劳动价值论均为揭示人与人的关系。效用价值论代表资产阶级利益，旨在揭示人与物的关系。均衡价格论回避了阶级分析，在本质上仍是维护资产阶级利益。

当然，均衡价格论也存在问题。供求决定价格，价格也影响供给和需求，这似乎陷入了循环论证。供求定律也不能解释不同商品的均衡价格为何不同。理论遇到瓶颈时，我们看看现实中企业是怎么做的。

现实中，如果认为价值决定价格，那么企业应生产质量更好、做工更精良的产品。如果认为效用决定价格，那么企业应加强品牌建设，提高消费者对商品的认可程度。如果认为供求决定价格，那么企业应减少供给，通过广告或饥饿营销等手段刺激需求。企业是怎么做的呢？我们发现，大部分企业几乎同时在产品、品牌建设和营销策略等方面付出了努力。企业的定价方法五花八门，总体上可以概括为三类，分别是成本导向定价法、需求导向定价法和竞争导向定价法。巧合的是，三类定价方法分别对应于劳动价值论、效用价值论和均衡价格论。成本决定价格的下限，需求决定价格的上限，不同的竞争激烈程度决定价格的实际水平。

对于一个具体商品，应该怎样定价呢？以穆勒为代表的一批经济学家，曾将商品分为不同类别，分别采用不同的定价方法。数量有限且不能再生产的商品(比如古玩字画)，用需求导向或竞争导向的定价方法。增加劳动或资本，可以无限增加供应的商品（比如工业品)，用成本导向定价法。但是成本导向定价法的问题在于，总成本中有一部分是固定成本，分摊后才能确定全部单位成本，分摊取决于销量，而销量又随价格的变化而变化。该方法在没有确定价格时，就确定了将要销售的数量，明显与现实不符。

鉴于现实情况非常复杂，企业定价往往要同时考虑成本、需求和竞争三种因素，很少有哪种商品的定价仅考虑一种或两种因素。劳动价值论和效用价值论虽然被后来者超越，但在现实中仍然有用武之地。这类似于企业的演进历程，最早是个人企业，后来出现了合伙企业和公司制企业。新的企业形态出现后，之前的企业形态继续存在，最终三种企业形态可同时共存。

当然，在特定情况下，定价方法可能有主辅之分。以股票价格为例。股票在一级市场的价格主要取决于公司基本面因素，业绩越好、前景越好、股份越少的企业，股价将越高。在二级市场上，价格既受公司基本面因素影响，又受宏观经济因素、市场行情及各种不确定因素的影响，但最终通过该只股票买卖力量的博弈，形成一个均衡价格。股价在一级市场的表现类似于劳动价值论，在二级市场类似于效用价值论或均衡价格论。很多商品的价格表现也类似，厂家首次出售时遵循劳动价值论，而在后面的零售环节，因时因地因人不同，遵循效用价值论或均衡价格论。

值得注意的是，关于价值的源泉，劳动价值论内部也有争论。斯密认为，在“原始未开化社会”劳动是一切价值的源泉，到了“土地私有和资本积累”时代，劳动、土地和资本共同创造价值。后来的李嘉图和马克思坚持认为劳动是一切价值的源泉，演绎出影响深远的剩余价值和价值规律。萨伊却接过斯密的衣钵，提出生产的三要素理论，为后来的生产费用价值论奠定了基础。现代西方管理学中关于成本的核算，正是基于生产费用价值论，而非马克思的劳动价值论。这说明，现代西方管理学和西方经济学关于价格决定的讨论同根同源，定价既是一种管理行为，又是一种经济决策。

总体而言，价格决定的三种观点在理论上有一定的递进关系，但在现实中却表现为并列共存。商品定价在理论上可以被精确计算，具有科学的成分，但在现实中却极其复杂，具有艺术的成分。这种理论与现实的不一致，反映了现实的复杂，还是预示着理论的创新空间，我们很难下定论。虽然现代西方经济学不讨论价值，只讨论价格，但是价值还是一个不容遗弃的理念。近年来，告别价格战，进行价值战，成为很多企业的共同呼声。“为用户创造价值”成为优秀企业的广告语。这说明，劳动价值论历久弥新，效用价值论并未过时，均衡价格论需与时俱进①。

第二节　产品定价方法及应用

一、成本导向定价法

成本导向定价法是指在核算产品成本的基础上，确定产品的价格。一般而言，产品的价格大于等于产品的成本。在特殊时间，比如促销优惠期，或者价格战期间，商家可能以低于成本价销售，以吸引客源。常见的成本导向定价法包括成本加定定价法和盈亏平衡定价法，另外，酒店业有一种特殊的成本导向定价法——千分之一定价法。

（一）成本加成定价法

成本加成定价法是指按产品单位成本加上一定比例的利润制定产品价格的方法。简化的表达式为，商品价格 = 成本 + 利润，该式表明，超过成本的部分即利润。

不考虑增值税的商品价格为：

商品价格 = 单位商品的生产成本 ×（1 + 利润加成率）

= （单位商品的固定成本 + 单位商品的变动成本）×（1 + 利润加成率）

对于制造业产品，先计算总的生产成本，然后除以产品数量，得到单位生产成本。总的生产成本是直接材料费、直接人工工资和制造费用之和。对于酒店的客房，单位客房的生产成本可以简化为固定成本和变动成本两部分，固定成本包括酒店的建筑成本、装修成本、家具成本等固定投入的分摊额，变动成本包括洗漱用品费用、布草洗涤费，房间打扫的保洁费、一次性用品（矿泉水、小包茶

① 党印：《价格的决定与定价的艺术》，载于《经济学家茶座》2017 年第 1 期，总第 75 辑，第 57—59 页。

叶、小包咖啡和拖鞋等）费用、水电费、宽带网络费和电话通信费等。固定成本中，各方面的摊销时间长度不同，有的为5年，有的为8年，有的为10年或更长，每年摊销一部分，或计提折旧，计入当年的生产成本。

如果考虑增值税因素，买家需支付的商品价格为：

商品价格=（单位商品的固定成本+单位商品的变动成本）×（1+利润加成率）×（1+增值税税率）

（二）盈亏平衡定价法

盈亏平衡定价法是计算收入刚好能弥补成本的价格，也称为保本点定价法。根据公式“利润=收入－成本（费用）”，当利润为零时，即为保本点。由于“收入=商品价格×销售数量”，所以该方法的商品价格计算公式为：

商品价格=总成本（费用）/销售数量

=（固定成本总额+可变成本总额）/销售数量

另一种计算公式为：

商品价格=单位商品的固定成本+单位商品的变动成本

=全部固定成本总额/商品数量+单位商品的变动成本

该方法用于市场不景气时，企业仅保本经营，等待市场复苏后，再提高售价，获取利润。

（三）千分之一定价法

千分之一定价法主要用于酒店业，是将客房价格定为建造成本的千分之一。酒店建造总成本包括建筑规划、设计、装修、材料、设施设备，以及建造中的培训费、劳务费和利息等。

该方法的客房价格计算公式为：

$$客房价格=\frac{酒店建造总成本}{酒店客房总数}\times\frac{1}{1000}$$

该方法没有考虑会议与餐饮、娱乐等其他各种设施设备投资比例的差异以及供求关系、市场竞争等相关因素，因此仅是粗略估算，用于新建造的酒店在设立价格体系时估算平均价格，之后实际运营中偶尔用到。

二、需求导向定价法

需求导向定价法立足于需求，商品的价格完全基于顾客的评价或价值判断。

如果商家认为顾客非常认可该商品，非常喜欢该商品，或者顾客非常需要该商品，愿意出高价，那么商家就可以为商品定高价。

通常，需求导向定价法下，价格远高于成本，成本已经不是商家考虑的因素，商家只希望价格更高一些，再高一些，赚更多的利润。

例如，一幅字画，成本包括纸、墨和人力成本，价格远高于纸、墨的成本，人们愿意出高价，是源于对那部分人力投入的评价。书画者的名气越大，人们愿意支付的价格越高，商家就可以定更高的价格。

对于酒店客房，2010～2019 年，北京地区一个五星级酒店的普通客房（标间或大床房）出售后，每日运营成本在 250～350 元，个别酒店可能达到 400 元左右，但是每日售价往往超过千元，在重要节日或会议期间甚至超过 2000 元，远远超过其成本，这就是基于需求导向定价法。

需求导向定价法的基本原理是，如果顾客对商品的价格不敏感，就可以定高价；如果顾客对商品的价格很敏感，就定低价。通过这样的定价策略，让每一个商品都表现出差异性，彰显其独一无二的价值，以较高价来售出。

假设厂商的反需求函数为 P = P（Q），则总收益（Total Revenue，TR）为 TR（Q）= P（Q）× Q，边际收益（Marginal Revenue，MR）为，

$$MR(Q) = \frac{dTR(Q)}{dQ} = \frac{dP}{dQ} \times Q + P \times 1 = P(1 + \frac{dP}{dQ} \times \frac{Q}{P})$$

换种表达形式，即

$$MR(Q) = P(1 - \frac{1}{e_d})$$

在该式中，e_d与 P 负相关。表明商品的需求价格弹性越大，价格越低；商品的需求价格弹性越小，价格越高。

在完全垄断、产品具有一定垄断地位、产品没有垄断地位但具有明显差异性等情况下，商家可以采用需求导向定价法。其实在今天的商业社会中，很多商家均在有意地凸显其产品的差异性，从而向买家收取高价。

三、竞争导向定价法

竞争导向定价法也称为均衡价格定价法，该方法立足于市场竞争情况，是指商家定价时，要考虑同行间的竞争情况。如果是完全竞争市场，每一个商家几乎没有定价权，都是价格的接受者，那么商家按市场价销售即可。在垄断竞争和寡头市场，商家需考虑同行的竞争情况。即使在完全垄断市场，商家也需考虑潜在

替代品的竞争情况，比如中国铁路运输总公司在铁路运输领域处于垄断地位，但是价格也不能过高，如果过高，人们就会选择汽车、轮船、飞机等其他出行方式或运输工具。

（一）通行价格定价法

通行价格定价法是基于商家所处的位置、行业、时间等因素，采取与同行近似的价格水平。该方法可以使同行之间和平共处，避免恶性竞争。比如，位于大学校园内的各个打印店，其打印、复印价格近乎一样。位于某风景名胜区的同样档次的饭店，饭菜价格相差无几。某条酒吧一条街上，各酒吧的消费水平不相上下。通行价格定价法的潜在假设是产品类似、客源结构相近，竞争激烈。通常情况下，市场需求较多，各商家不愁客源，不用刻意地争取客源数量，只要提供正常的商品即可，消费者看到一个商家的店里顾客太多、太挤，自然会分流向其他商家。然而，如果某商家的商品或服务一旦被发现有明显问题，将很快失去客源，门庭冷落，产品滞销。

在一些产品具有一定差异的市场中，比如小吃一条街中各家店里的小吃各有特色，手机市场中各品牌的手机各有亮点，游乐场中各娱乐设施的功能不尽相同，各产品会在通行价格的基础上，上下浮动一定价格。通行价格代表着一类产品的平均价位或平均消费水平。

（二）投标定价法

投标定价法是通过投标交易的方式来进行定价。该方法在很多领域均有应用，既可用于购买，又可用于销售。比如政府采购项目、建筑工程项目、企业大宗商品采购、企业成套设备采购、代理权外包等。

在购买情况下，只有一个买家，买家希望以最低价成交。比如某酒店的建筑工程项目，究竟让哪家建筑公司施工呢？可以邀请各施工企业来投标，各自提供建筑方案并报价，酒店选择最优的方案和报价方最终签约。

在销售情况下，只有一个卖家，卖家希望以最高价成交。比如客房批量销售，某酒店有 300 间客房外包给第三方 OTA 销售，是外包给携程、美团，还是去哪儿、艺龙？此种情况下，供给方只有一个，需求方有多个，多个需求方分别投标，提供服务方案并报价，供给方以最优价格确定最后的中标者。

（三）主动竞争定价法

主动竞争定价法也称产品差异定价法，是指商家充分寻找产品的差异，挖掘产品的价值，通过准确的市场定位，以产品自身的特性确定合适的价格。

该定价方法中，商家需要熟悉自身产品，并充分了解竞争对手的产品，从性能、质量、成本、样式、产量和配套服务等方面与竞争对手的产品进行比较，确定自身产品的特色、优势和市场定位，根据定价希望达到的目标，确定价格，后续根据季节、节假日等因素，动态调整价格。

四、关于定价的几点总体原则

定价方法有多种，企业定价的实践中，具体应采用哪种方法呢？其实并没有统一的规律。德鲁克在《商业致命的五宗罪》一文中指出，“以成本为导向制定价格是企业经营失败的五宗罪之一[①]。确保企业赚钱并不是消费者的责任，企业应该先研究消费者愿意为一个产品或服务支付的价格，并充分假设竞争对手的可能报价，然后再根据这个价格设计产品，这样企业才能获得真正的竞争优势”。企业运营中，可以先生产出产品，然后定价，此即大多数定价实践中的做法，也可以先根据预期的售价，确定产品的配置、质量和成本，此即私人定制领域的定价做法。在这里，我们主要讨论先生产出产品，然后定价的情况。

商品生产完之后，或者给定某商品，定多高的价格呢？如图3－1所示，有几条基本的定价原则。

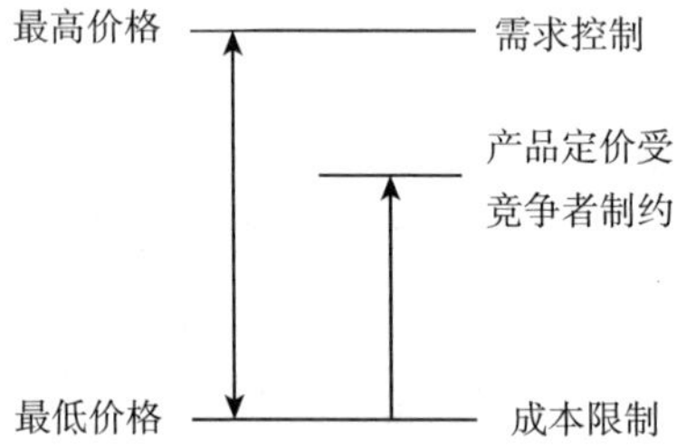

图3－1　最高价格与最低价格的影响因素

第一，商品的生产成本决定了商品的最低价格。

第二，市场的需求情况决定商品的最高价格，最高价格没有上限。例如，一

① 另外的四宗罪是过度崇拜高利润率和溢价能力、按市场的最大承受力给新产品定价、将明天的机会牺牲在昨天的祭坛上、过度专注于解决问题而忽视了新的机会。

瓶矿泉水的价格通常为2元，但在洪涝灾害、干旱的沙漠地区，在性命攸关的关键时候，由于需求远大于供给，价格可能高达200元、2000元，甚至更高。

第三，企业定价实践中，应用最多的是竞争导向定价法。

第四，只有在价格战或市场不景气时，企业才会考虑以最低价格销售。除此以外，企业定价是基于市场竞争情况，最低价格仅是定价的一个参照点。

第五，差别定价、动态定价有助于企业实现收入最大化。

第三节　不同产品的价格差异

在通常情况下，一辆自行车的价格低于一辆汽车的价格，一辆汽车的价格低于一列火车的价格，一列火车的价格低于一架空客飞机的价格。在正常情况下，一瓶500毫升的娃哈哈普通矿泉水价格低于一瓶500毫升娃哈哈碳酸饮料的价格，后者低于一瓶500毫升的五粮液白酒的价格。以上不同产品的价格差异是由于投入材料和人力成本不同，制作工艺不同，生产过程的复杂性不同。

不同商品的价格差异可以用劳动价值论解释。价格由价值决定，价值由凝结在商品中的平均社会必要劳动时间决定。那些仅花费较少劳动即可完成生产的产品，价值较小，价格相应较低。那些需花费很多劳动才能完成生产的产品，价值较大，价格相应较高。

在现代管理学中，产品成本由直接材料费、直接人工工资和制造费用三部分构成。不同产品（如自行车和汽车）在这三项的投入各不相同，因此成本和价格不同。同类产品（比如智能手机）可能在其中一部分的投入大致相当，但在另一部分或另两部分的投入不同，成本和价格也会不同。

在特殊情况下，劳动价值论所决定的价格会出现背离或倒挂。比如在炎热的夏天或荒凉的沙漠，一瓶500毫升的娃哈哈矿泉水价格要远高于一瓶500毫升的五粮液白酒的价格。在洪水过境后的孤岛上或者在地震后的灾区，矿泉水、方便面等日用品的价格通常高于平时。此时价格的决定因素不再遵循劳动价值论，而是转向效用价值论和均衡价格论，需求因素超越供给因素，影响着真实价格水平。

第四节　系列产品的价格差异

现实中系列产品的现象非常普遍。例如，通用、大众、丰田等汽车公司同时生产各种档次的汽车，贵的高达数百万元，中等的几十万元，便宜的低至十万元以内。不同价位的汽车满足不同的顾客群体，总有一款适合你。如同一品牌香烟有高档、中档和低档，同一品牌手机有高档、中档和低档，同一品牌的电脑有高档、中档和低档，同一房地产楼盘有三居室、两居室和一居室，同样户型的精装修或普通装修等。

再如，五粮液、牛栏山、四特等酒类公司生产的白酒分为高档、中档、低档，各档次之间用不同品牌进行区分，价格差异少则数十元，多则数百元，最便宜的每瓶只需要几元钱，最贵的可能超过千元甚至万元。即使同一种档次的白酒，也分为200毫升、350毫升、400毫升、500毫升、1升或2升等不同的容量，实行不同的售价。不同档次产品的价格差异可以用产品质量来解释，同种档次产品的价格差异可以用销售数量来解释。

在酒店业，很多酒店集团既有高档品牌，又有中档品牌和低档品牌。比如如家酒店分为普通的如家酒店和如家精选酒店，后者的档次更高，平均房价也更高。2016年如家集团与首旅集团合并后，首旅如家集团作为一家全品牌酒店，在高端商旅、中高端商旅酒店、商旅酒店、度假酒店、长租公寓等各个档次均有不同品牌，平均房价覆盖200～2000元的各个价位，可以满足不同顾客群体的入住需求。

截至2017年底，万豪集团共有30个品牌，分为经典、特色两大类别，奢华、高级、精选三个等级，涵盖了各种档次、各种风格的客房产品（见表3－1）。

表3－1　　万豪集团不同类别的酒店品牌

类别	品牌	特色
奢华	JW万豪、里兹卡尔顿、瑞吉	W酒店、豪华精选、Edition、宝格丽
高级	万豪、喜来登、威斯汀、Delta、万豪行政公寓、万豪度假俱乐部	万丽、艾美、傲途格、盖洛德、臻品之选、设计酒店
精选	万怡、Residence Inn、Fairfield inn & Suites、Springhill Suites、福朋、Towneplace Suites、Protea Hotel	雅乐轩、AC Hotels、Element by Westin、Moxy

资料来源：Annual Report of Marriott（2017）.

截至 2018 年底，锦江酒店集团在全球拥有 40 多个品牌（见表 3－2），约 12000 家酒店[①]，这些品牌分为三大类：豪华高端、精品优选、简约舒适。覆盖了普通的经济型酒店、精品经济型酒店和高端五星级酒店，一个普通标准间平均房价最低的仅 100 多元，最高的近 3000 元。锦江酒店集团的系列品牌在本质上就是系列产品。

表 3－2　　锦江酒店集团不同类别的酒店品牌

类别	品牌名称
豪华高端	J. 岩花园、丽笙、昆仑、锦江、皇家金煦、郁锦香、维纳斯皇家、H12、铂涛菲诺、巴塞罗、亚美隆
精品优选	锦江都城、康铂、白玉兰、麗枫、喆啡、希岸、潮漫、非繁城品、维也纳国际、维也纳酒店、希尔顿欢朋、窝趣、凯里亚德酒店
简约舒适	锦江之星品尚、锦江之星、锦江之星风尚、7 天优品、7 天、IU 酒店、派酒店、顶级、金广快捷、百时快捷、维也纳智好、维也纳 3 好

在一个单体酒店中，客房的设置也经常体现出系列产品的特点。简单来说，大部分酒店都有大床房、标准间（即双床房）两种基本房型，在此基础上，有的酒店有三人间，有的酒店有套房。在此基础上，有的酒店进一步设置普通房、豪华房、行政房等档次，通过房间设施、楼层或朝向等加以区分，各类客房的价格随之不同。一般而言，高端酒店很少有三人间，多为大床房、套房，经济型酒店很少有套房，多为大床房和标准间。

表 3－3　　单一酒店的系列客房

客房等级	客房类别
普通房	大床房、标准间、套房
豪华房	大床房、标准间、套房
行政房	大床房、标准间、套房

为什么要设置系列产品？企业是否可以只生产和销售一种产品、一种型号？在理论上，企业当然可以只生产只有一种型号的某产品，做一件产品做到极致，但现实中很少有企业这样做，即使新开业的包子店，也会同时提供不同馅儿的包子供顾客选择。初创企业的产品种类较少，随着时间发展，会不断推出新的种类

① 资料来源于锦江国际官方网站：http：//www. jinjiang. com/about/memorabilia#，2019－4－30。

或新的型号。

设置系列产品的主要目的是占据多个细分市场，获取更多的销售收入和销售利润。如果只有一种档次的产品，则通常只有一个市场，一个消费群体。如果有多种档次的产品，则有多个市场，多个消费群体。众所周知，5 元、10 元、20 元、50 元一盒的香烟对应着不同的顾客群体，生产不同档次的香烟所需的技术并无很大差别，烟草企业同时生产多个档次的香烟，就可以销售给更多的顾客群体。同理，10 万元、50 万元、100 万元的汽车也对应不同的顾客群体，如果同时生产这三种类型的汽车，则可以同时在三个细分市场上获得收入。在 10 万元这一档次的某品牌汽车中，由于个别零部件配置不同，不同车辆的价格会上下浮动 1 万 ~2 万元，但车的主要性能基本上是一样的，这是一种基于附加值的差别定价，类似于同质化产品的差别定价。

酒店业也类似，普通房与豪华房的基本功能一样，都能满足休息、洗漱、看电视等需求，差别在于客房设施、客用品或服务的档次、数量。顾客入住最基本的房型，也能满足基本的入住需求，若想获得更好的入住体验，需入住更好的房型，不过房价也相应更高。

第五节　相同产品的价格差异

在经济学中，产品或服务相同，生产成本相同，但销售价格不同的现象被称为价格歧视或价格差别。价格歧视分为一级价格歧视、二级价格歧视和三级价格歧视。

一、一级价格歧视

一级价格歧视中，消费者被收取的价格等于其愿意支付的最高价格。例如，一个在路边摆摊卖同样商品（如帽子、鱼类生鲜）的小贩、一个卖日用品杂货的小商店，顾客可以跟老板讨价还价，双方经过几轮博弈，最终以某价格成交，这一价格是顾客愿意支付的最高价格，但可能高于老板愿意收取的最低价格，该价格越高，老板赚取的利润越大，所以老板有动力寻找顾客的最高心理价位，或者等待愿意出高价顾客的出现。

卖同样商品的小贩类似于在拍卖一个个同质商品，无独有偶，在各种拍卖市场中，各商品都以一个独一无二的价格成交，成交价通常是买家愿意支付的最高价格，这也是典型的一级价格歧视。

在一级价格歧视中，在商品成本价之上，买卖双方可以有多个成交价。如图3－2所示，边际成本线是一条水平线，该线与纵轴的交点是卖家的盈亏平衡点，利润为零。在该点以上的任意价格水平上成交，卖家都会获得利润，价格越高利润越大。当然，买家愿意支付的最高价格是需求曲线与纵轴的交点。在多种价格的下，卖家在理论上可以获得三条线（边际成本线、纵轴、需求曲线）所形成的三角形的全部利润。

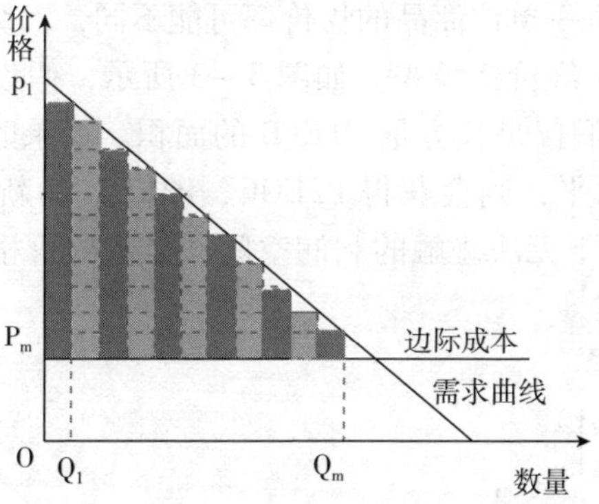

图3－2　一级价格歧视的收入与利润情况

在现实中，对于可以储存的商品，卖家向那些议价能力较低的顾客收高价，向那些议价能力较高的顾客收低价。对于生鲜商品，早上刚开始销售时卖高价，傍晚快收摊时对最后的尾货卖低价，以获取更多利润。

一级价格歧视的困难在于，卖家很难给每个消费者定独一无二的价格，也很难知道每个消费者的最高支付意愿。讨价还价的过程耗时耗力，影响交易效率。试想，如果每单生意都要讨价还价，商家一天内成交的生意量将很有限。如果每单生意的成交额很小，还要讨价还价，卖家可能直接说“对不起，请到别的店转转吧”，买家也可能直接转身走人。如果商品的价格几乎透明，利润有限，卖家会直接拒绝讨价还价，或者标明一口价，或者打出“谢绝还价”标识牌。因此一级价格歧视通常适用于一定期间内成交量较少或成交额较大的生意。在成交量较多或成交额较小的生意中，商家需要顾客主动显露支付愿意，或者商家主动找出各种意向的顾者，将顾客细分开来，这分别就是二级价格歧视和三级价格歧视。

二、二级价格歧视

二级价格歧视中，消费者被基于购买数量收取不同的价格。例如，一次购买一件商品时无折扣，一次买两件打 9 折，一次买三件打 8.8 折。或者，买一送一、买五赠一、买 500 元立减 100 元等活动。此时，卖家默认不同消费者的支付意愿不同，但不跟每个消费者进行讨价还价，而是设置不同的价格水平，让消费者自己跟自己讨价还价，最终选择愿意接受的价格水平。

一级价格歧视中每一单位商品的售价都可能不同，二级价格歧视也有多个价格，但价格种类少于一级价格歧视。如图 3 - 3 所示，假设开始时只有一种价格水平 P1，则卖家的利润仅是长方形 P1EFB 的面积。如果购买数量多，卖家新开放 P2、P3 两种价格水平，则会获得 P2EGC、P3EHD 的新增利润，其中 MFGC、NGHD 是 P1 价格水平下无法碰触的利润空间，是新的价格水平所产生的额外新增利润。

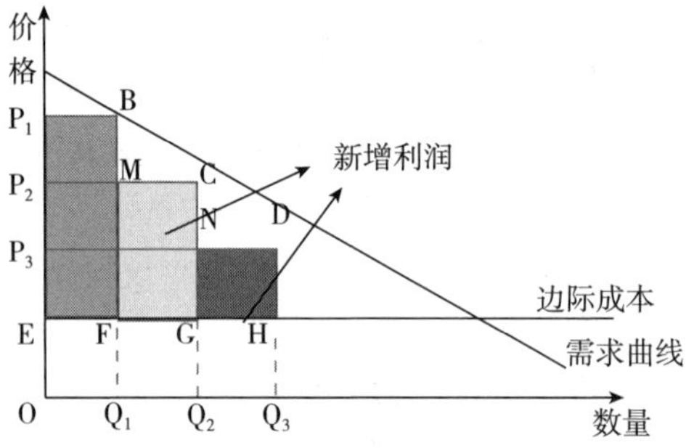

图 3 - 3　二级价格歧视的收入与利润情况

三、三级价格歧视

三级价格歧视中，消费者被基于其属性收取不同的价格。三级价格歧视的本质是将消费者划分为不同的群体或细分市场，各自执行不同的价格（见表 3 - 4）。一个前提条件是，各市场之间是隔离的，不能进行跨市场套利。

表 3-4　以顾客属性划分的细分市场

属性	细分市场
年龄	儿童、老年人
性别	女性会员、男性会员
职业	学生、导游、教师
国籍	本国居民、外国居民
消费时间	平日、节假日；淡季、旺季；白天、晚上
消费地点	本国、外国；城市、农村；在店消费、打包带走
会员级别	普通会员、金卡会员、白金卡会员

消费者的属性即消费者的差异，商家如果愿意，总可以找到顾客间的差异，如年龄、性别、职业、国籍、消费时间、消费地点等。有些自助餐厅执行儿童半价，公交车实行老年人半价或免费；有些舞会或俱乐部实行女性免费或低收费、男性高收费；一些旅游景区实行学生半价、导游免费；一些旅游景区在淡季和旺季执行不同的价格标准；一些游乐场在平日和节假日执行不同价格，电视台白天和晚上不同时段的广告收费标准不一样；卡拉 OK 在白天的价格不同于晚上的价格；苹果公司的产品在不同国家执行不同的价格标准；农村居民的电费标准不同于城市居民；有些餐厅因为店面座位有限，鼓励有条件的顾客打包带走，因此在店消费价格不同于打包带走的价格等。

三级价格歧视相当于在现有市场份额的基础上，新增一个或多个消费市场。新增市场后，有一部分原有市场的消费者会转向新的市场，但是只要转变后的新增利润大于原有市场的缩减利润，这对卖家就是有利的。如图 3-4 所示，商家原本只有市场1，需求曲线是最右边的右下方倾斜的直线，根据经济学中“边际收益=边际成本”的原则，均衡时的数量为 $Q_1{}^m$，价格为 $P_1{}^m$，商家利润为长方形 $A+B$ 的面积。现在商家新开一个市场，比如团购市场、学生市场或特殊会员市场，价格更优惠，则一部分原有市场的消费者会转向这个新增市场，为商家带来长方形 C 的利润额，与此同时会减少原有市场中长方形 B 的利润额，只要 C 大于 B，则商家新开这一市场就是利大于弊的。

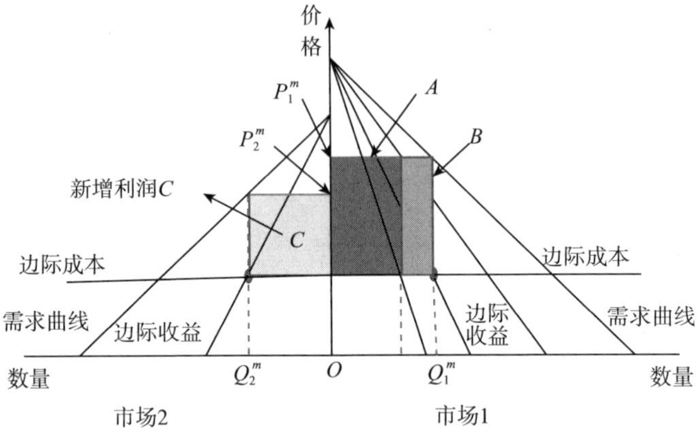

图 3-4　三级价格歧视的收入与利润情况

四、三类价格歧视对酒店客房营销的启示

在酒店客房销售中，现在很难对每位入住顾客收取不一样的价格，一级价格歧视在现实中不具有可行性。酒店可以根据顾客的购买数量收取不同的价格，对于一间客房，连住两天、五天、十天、一个月、半年、一年的房价不同于仅住一天的房价，这就是二级价格歧视。现实中，酒店可以在二级价格歧视的基础上，增加新的区分标准，过渡到三级价格歧视。例如，同一个客房的平日价格不同于周末价格，淡季价格不同于旺季价格。同一个客户，提前一个月预订的价格不同于当天的预订价格。普通个人入住的连住房的价格不同于公司协议客户的连住房价格。同样的三天连住房，有的包含两份早餐，有的不含两份早餐，有的包含每日果盘，有的不包含，凡此种种，客房价格就各不相同。

[关键术语]

劳动价值论　效用价值论　均衡价格论　成本加成定价法　盈亏平衡定价法　千分之一定价法　需求导向定价法　竞争导向定价法　投标定价法　系列产品　系列客房　价格歧视　一级价格歧视　二级价格歧视　三级价格歧视

[思考与实践]

1. 劳动价值论、效用价值论与均衡价格论的内在逻辑联系是什么，三个理论之间有哪些共同点和不同点？

2. 成本导向定价法、需求导向定价法和竞争导向定价法的理论依据分别是什么，三种定价方法的具体实践有哪些？

3. 不同产品的价格差异的原因有哪些？系列产品价格差异的原因有哪些？同质商品价格差异的原因有哪些？

4. 结合微观经济学中价格歧视的内容，论述一级、二级、三级价格歧视的分类依据、现实例子，分析价格歧视的经济后果以及对收益管理的启示意义。

5. 任选一家五星级酒店、一家经济型酒店，通过某一相同的渠道，查询其某一特定日期两家酒店所有房型的入住一晚的价格，比较不同房型价格之间差别，寻找并分析价格差异的原因。

第四章　酒店销售渠道

【本章概要】

本章讲述收益管理“五要素”中的渠道。分别介绍酒店运营中的直接销售渠道、间接销售渠道，讲述各类销售渠道涉及的利益相关方，各方的合作机制和管理方法以及酒店选择销售渠道时需考虑的因素。

【学习目标】

1. 列举并阐释酒店运营中客观存在的销售渠道。
2. 区别各类销售渠道的利益相关方以及合作机制。
3. 能够针对不同酒店设计出合理的销售渠道组合。

酒店的潜在销售渠道有多种，都是客观存在的。不同酒店需要寻找适合自己的渠道，顺畅地销售酒店的客房、餐饮、宴会等产品和服务，实现收益最大化。

酒店的销售渠道并不是一成不变。有些渠道存在了几千年，并将继续存在，如散客自行上门住宿。有些渠道是随着通信工具的发展而出现，随着新的通信手段的出现而逐渐弱化甚至消失，比如传真预订渠道。对于一家经营历史超过 10 年的酒店，主要销售渠道大多发生过变化，酒店需要动态地调整各销售渠道的销售量占总销售量的比例。

酒店的主要销售渠道、销售渠道的多少存在一定的差异性。如北京的一家五星级酒店采用了多样化的销售渠道。然而，对于一家民宿、共享住宿或酒店式公寓，可能只有网络预订渠道，没有电话预订。随着人工智能和智慧酒店的发展，一些共享住宿和酒店式公寓的房门采用密码锁系统，顾客从入住到退房均可以手机上完成，因此不需要前台，也没有前台预订。不同的酒店需要基于自身的特点和定位，倚重不同的销售渠道。

目前，酒店业的常见销售渠道分为直接销售渠道和间接销售渠道，如表 4－1 所示，本章将在介绍各销售渠道的基础上，比较各渠道在不同类型酒店的适用性。

表 4-1　常见的酒店销售渠道

渠道	具体类别
直接销售渠道	酒店前台
	预订部
	销售部
	区域销售机构
	电子商务平台
间接销售渠道	旅行社
	在线旅游分销商(OTA)
	第三方网站或个人
	会展公司或公关公司
	全球分销系统

第一节　直接销售渠道

直接销售渠道是指酒店将产品或服务直接销售给顾客，顾客将相关费用或款项直接付给酒店，酒店和顾客之间没有第三方组织或个人。简言之，即酒店与顾客直接交易，没有中间商赚差价，没有中介赚佣金。

直接销售渠道的优点是酒店掌握着销售的主动权，可以获得关于顾客的第一手资料，在分析总结的基础上形成完善的顾客画像，并掌握着销售的各个环节，可以控制销售节奏，灵活处理各种特殊情况。缺点在于酒店需要投入专门的人力物力，运行成本高，增加了管理的难度。

常见的酒店直接销售渠道包括酒店前台、预订部、销售部、区域销售机构、酒店的电子商务平台等。

一、酒店前台

前台是最古老的销售渠道。在现代化通信手段出现之前，人们外出时，一般都是天黑之前临时找客栈或旅馆，走到哪住哪，前台是最重要的销售渠道。直到今天，大多数酒店仍设有前台，其职能有四个。

一是办理入住登记，执行公安和社会管理的职能。有人可能想过，为什么到超市买一瓶矿泉水不用出示证件，去理发店理发不用出示证件，去电影院看场电影不用出示证件，到酒店住宿却必须出示证件？而且国内外的酒店均有这种规定？其实，到酒店住宿出示证件的一个重要原因是社会安保管理，一方面约束酒店的经营行为，不能为不法人员提供藏身之所；另一方面约束住店客人，住店期间如果从事违法行为，公安机关可按图索骥，有据可查。此外是保护住店客人，如果住店期间发生突发事件（比如火灾），可以及时掌握入住人员的身份信息，统计人员数量，为疏散、救援乃至善后处理提供参考。有人可能说，那超市、理发店、电影院也存在类似的需求，为何不需要出示证件呢？这就涉及另一个原因：路径依赖。早前的酒店业鱼龙混杂，是社会治安的重点关注对象，所以要求入住者登记身份证件，并沿用至今。今天，随着社会管理技术的进步，监控摄像头的普及，以及大数据的运用，人们在很多场合的行踪和消费均有迹可查，酒店登记顾客信息的方式也将逐渐改变，比如刷脸入住即可，不再登记身份证。

二是清算费用。顾客在住店期间会产生房费、餐费或其他费用，在离店时，需要进行清算，前台负责与各部门确认，并与顾客清算费用。

三是为顾客提供咨询，解答顾客的各种问题。顾客住店期间，可能会有一些关于酒店设施、服务、周边路线等方面的疑问，前台为顾客提供力所能及的信息和建议，解答顾客的疑惑。

四是销售。包括销售客房、餐饮、健康娱乐等产品和服务，如在客房紧张时，为顾客升档销售；在客房有富余时，为顾客推荐更高档次的客房，或在同档次客房的基础上，向顾客推荐酒店的相关产品和服务。大多数酒店为前台员工提供升档销售、特定产品销售的奖励。

随着技术的进步，顾客登记入住、支付费用、退房离店可以通过互联网或手机应用程序实现，前台存在的必要性也引起了人们的关注。在不远的未来，随着自住办理入住机的普及，一些经济型酒店可能完全取消前台，五星级酒店的前台也将更侧重于咨询、对散客的销售和顾客信息维护等职能。

二、预订部

预订部负责接受顾客对客房、餐厅、宴会等酒店产品或服务的预订，与顾客确认订单信息，如果顾客取消预订，也需与顾客确认订单，并及时安排后续预订。

预订部接受直接预订的主要方式有电话预订、邮件预订和传真预订。在各类预订渠道中，电话预订是酒店非常重视的直销渠道，因为电话预订面对的顾客主要是商旅散客，价格通常高于其他群体，能够为酒店带来更高收益。电话预订的具体形式包括，顾客向前台打电话预订，给总机打电话预订，给预订部的“预订热线电话”打电话预订等。

近年来互联网渠道预订、第三方预订的数量不断增加，大众的预订习惯发生了改变，电话预订的数量和占比不断减少，传真预订已经越来越少，邮件预订出现在团队、协议客户和VIP散客的预订中。而互联网预订、第三方预订的订单也会到达预订部，预订部安排专人负责这些订单，收集订单信息，与其他部门沟通协调顾客到店、住店和离店的相关事宜。从销售的角度，预订部的直接销售业绩源于电话预订、邮件预订、传真预订的订单，而互联网渠道预订、第三方预订的订单并不是预订部人员直接销售的结果，那些也有酒店销售部、计算机网络信息部、宾客关系部等部门的功劳，预订部主要负责这些订单的后续确认、更新和维护工作。

除了散客直接入店、前台直接销售这两类没有预订信息外，其他凡是入住前预订的订单，预订部都会留下记录，并以短信或电话的形式跟顾客确认订单信息。因此，除了接受预订，确认订单外，预订部的另一项重要工作是，整理顾客信息，获得顾客画像，提供营销建议。预订部的第三项重要工作是，关注竞争对手的价格信息，加强与酒店其他部门的合作，动态调整本酒店各产品和服务的价格。

在不同酒店，预订部隶属的部门各不相同。在一些规模较小的酒店，预订部设在前台，预订部人员跟前台人员几乎完全重叠。在规模稍大的酒店，预订部和前台分开设立，同属于前厅部，两个部门的人员双向流动，互补余缺。当前台较忙时，预订部人员出来协助工作。当前台人员不能久站（如怀孕、腿脚受伤），则调到后面的预订部处理顾客订单信息。在规模更大的酒店，预订部单独成为一个部门，跟前厅部级别相同，统筹管理前台预订、总机预订，并受理预订部热线电话的预订及其他相关工作。在多数情况下，预订部隶属于市场营销部或市场销售部，将预订视为销售工作的一部分。如果酒店有专门的收益管理部，预订部也可能隶属于收益管理部，除了处理各种预订事宜外，也需维护顾客信息，分析顾客预订和消费行为，与酒店其他部门沟通协调，适时调整酒店各类产品和服务的价格，使酒店收益最大化。

以上所说的预订部是单个酒店的预订部。对于一些酒店集团，除个下属单个酒店有预订部外，还有集团层面的预订中心。例如，万豪酒店的一个会员希望预订北京某万豪酒店的一间客房，假如该会员是中国人，人也在中国，他可以直接向该酒店打电话预订，假如该会员是美国人，预订时人在欧洲某国，他可以直接向北京某万豪酒店打跨国电话，进行预订，可以拨打万豪集团的美国客服电话进行预订（该通话也是跨国性质），也可以拨打所在的欧洲某国万豪集团客服电话进行预订，还可以通过万豪集团的官方网站预订。这里列举了该美国人的 4 种预订方式，在后 3 种方式中，无论采用哪种，均由万豪集团层面的预订中心受理后，转递给北京某万豪酒店的预订部。因此，集团层面的预订中心也非常重要。对于五星级酒店集团、连锁型经济酒店、连锁型主题酒店，除了单个酒店接受预订外，集团层面的预订中心也接受电话预订，这是集团层面的直接销售，是单个酒店的间接销售。

三、销售部

几乎每个酒店都有一个销售部，只是称呼不同，如销售部、市场部、市场营销部、市场销售部和商务发展部等。一些规模较小的酒店，业务量不多，销售部和预订部没有划分开来，部门人员数量较少，同一班人马同时处理销售和预订工作。在规模较大的酒店中，要么在市场营销部下设销售部和预订部，要么在市场营销部下设销售部和收益管理部，收益管理部下设预订部。部门设的越细，表明酒店希望分工明确，进行精细化管理。当然，这样设置的具体效果，往往因酒店而异，正所谓形似而神不似，决定工作绩效的，除了组织结构、工作流程外，激励机制和企业文化也非常重要。

销售部与预订部在销售方面的不同：第一，销售部主要做批发业务，顾客主要是会议团体和旅行团体，如公司、协会、学校、机关单位，预订部主要作零售业务，顾客对象主要是散客。第二，销售部签一个合同，涉及的业务量可能是几百个间夜客房、几千个间夜客房，涉及的销售区间可能是半年、一年甚至更长，而预订部的业务量可能是一个间夜或几十个间夜，涉及的时间可能只是一天或几天。第三，销售部只负责销售，不负责过后的具体预订及入住，预订部则是具体操作，接收销售部所签合同带来的顾客预订，并安排之后的入住事宜。例如，销售部与一家公司签订协议，一年 500 个间夜，之后预订部在此协议下，接收该公司的多次预订，并按协议价计算金额。第四，预订部的员工只需要坐在酒店的办公室，接打电话，处理订单信息，与酒店相关部门协调即可，而销售部的员工需要走出酒店，寻找潜在客户，拜访客户，与客户洽谈，并最终签下订单。

对于以散客为主的酒店，如主题酒店、民宿和一些经济型酒店，常规的预订量即可达到酒店的业绩目标，不需要销售部员工签订大的合同，销售部人员也不用走出酒店进行上门推销。而对于一些会议型酒店、度假型酒店，预订部的销售量通常有限，需要销售部员工主动与目标顾客群接洽，与旅行社接洽，签订大的合同和订单。

四、区域销售机构

只有大的酒店才会设立专门的区域销售机构。区域销售机构有两类：一是为销售机构所在区域的酒店争取客源。比如，一些国际酒店品牌会设立欧洲办事处、大中华区办事处，负责该地区旗下品牌酒店的高管任命工作、法律事务工作、财务审计工作以及重点客户的销售和维护工作。二是为千里之外的酒店争取客源。比如，中国一些高星级酒店，在海外设立销售机构，扩大酒店在当地的知名度，发展当地的客源群体，为酒店输送当地客人。

在一国之内，如果酒店品牌涉及多个区域，也通常会设立区域性管理机构，代表本酒店或本辖区的旗下酒店与重点客户接洽，签订入住协议，然后分派到各酒店，由各酒店处理具体的入住订单。

区域销售机构是酒店销售部的延伸，类似于将销售部设在千里之外。设立区域销售机构的一个最重要原因是节约销售人员的差旅费，节约酒店的运营费用，建立、维护和拓展客源，使酒店有稳定的收入。试想，大酒店如果不设区域销售机构，那么每次与大客户见面、商谈时，酒店的销售人员都要乘坐交通工具，长途跋涉，这将产生昂贵的交通和住宿费用，也不利于与客户进行经常性的沟通，不利于及时掌握顾客的需求，说不定哪天顾客就被别的酒店争取走了。设立区域销售机构会产生一些运营费用，但是与其节约的差旅费用、产生的收入效果相比，仍有一定价值。各酒店需要权衡利弊，决定是否设立区域销售机构，在哪里设立，安排多少员工，设立多大的业绩目标等。如果区域销售机构设立后，没有实现既定的业绩目标，理应尽快查找原因，整改或者撤掉该机构。

五、电子商务平台

（一）酒店官方网站

酒店官方网站除了展示酒店的各类信息外，也是顾客值得依赖的预订平台。时至今日，世界上仍有很多酒店没有官方网站或者官方网站上仅于酒店信息的展示，不能用于预订。但是，一些大品牌的酒店、知名度较高的酒店，均在官方网站上设立专门的预订通道，方便顾客随时预订。

第一次入住本酒店的顾客或对本酒店不熟悉的顾客，可以通过酒店的官方网站了解相关信息并与其他酒店进行比较，然后决定预订哪一家酒店。顾客在官方网站预订时，可以反复观察相关产品的信息，是否预订、何时预订的主动权完全掌握在顾客手中，不像电话预订时受酒店话务员的影响。

有时深更半夜，顾客临时有出行计划，希望入住某酒店，又不希望给酒店打电话预订，官方网站就是一个绝佳的预订平台。

一些顾客（如影视明星、体育明星）对其个人信息的保密程度要求较高，不希望个人信息泄露，也往往会通过酒店的官方网站预订客房。虽然近年来在线旅行社（Online Travel Agency，OTA）发展迅速，但是这些顾客一般不会通过在线旅行社预订客房，而通过酒店官方网站预订、向酒店的销售员工预订是常见的预订方式。

一个界面优美、布局合理、信息丰富、操作便捷的官方网站将极大程度地吸引顾客，提升顾客的预订可能性。不少酒店鼓励顾客在官司方网站免费注册成为会员，可以在线更改或取消订单，查阅历史订单，参与积分兑换计划，发表评论意见等，使顾客与酒店建立持久的联系，及时了解顾客的需求。

（二）专门的预订软件

专门的预订软件包括电脑客户端和手机客户端。一些实力雄厚的酒店会开发专门的电脑客户端或手机客户端的预订软件，顾客在电脑或手机下载该软件并安装后，打开软件，注册账号，然后输入用户名和密码，即可在软件中看到酒店最新的客房信息、餐厅信息等。在智能手机出现以前，电脑客户端与酒店官方网站的地位不相上下。随着智能手机的普及，手机客户端更为普及。该类软件的顾客对象是酒店的忠实顾客、经常出差的商务客人、希望参与顾客体验计划或积分活动的客人，对自身信息保密程度要求较高的客人等。一般而言，安装客户端的顾客不会很快卸载软件，有利于酒店通过后台数据了解顾客的群体性特征，提供有针对性的服务，进行精准营销。

随着官方网站的技术不断成熟，以微信公众号、微信小程序、微博、微商为代表的新媒体营销不断涌现，预订软件的重要性逐渐下降。不少酒店正逐步减少在电脑客户端和手机客户端的投入，而将资金投向酒店的官方网站、中央预订系统和新媒体营销渠道等。

（三）互联网新媒体

随着移动互联网的兴起，互联网新媒体不断涌现，新媒体营销也不断推陈出新。微博、微信等成为酒店的预订渠道，“微营销”如火如荼。例如，酒店在其官方微博上发布一些链接，顾客点击链接，可以预订客房。酒店在官方的微信公众号上附加各类客房的预订通道，方便顾客在线预订。酒店开发微信小程序，顾客不用下载手机客户端，通过小程序登录账号，预订客房。

工业和信息化数据显示，截至 2019 年 4 月底，中国三家基础电信企业的移动电话用户总数达到 15.9 亿户（不含港、澳、台地区），其中移动宽带用户（即 3G 和 4G 用户）总数近 13.4 亿户，4G 用户总数达到 12.1 亿户，我国手机上网用户数达 12.9 亿户。如此庞大的手机用户量，是互联网新媒体蓬勃发展的坚实基础，也孕育着无限的商机。

在大数据技术不断发展的背景下，酒店可以获得各类潜在顾客的需求，进行产品改造和升级，通过互联网新媒体，进行精准营销。酒店的市场部或预订部需要安排专门人员，时刻关注酒店的微信公众号平台、微博平台，快速回复顾客的留言和评论，并建立良好的互动关系。

第二节　间接销售渠道

间接销售渠道就是顾客并非与酒店直接交易，顾客通过酒店之外的中介或代理者，购买酒店的产品和服务，将款项支付给中介或代理者，中介或代理者定期与酒店进行资金清算。在间接销售渠道中，酒店与中介、代理者是批发的关系，中介、代理者与顾客是零售的关系。常见的间接销售渠道包括旅行社、在线旅游分销商、全球分销系统等。

一、旅行社

旅行社是专门的旅游中介机构，是连接顾客、旅游景点、酒店、航空公司、汽车租赁公司等方面的中间机构，一方面组合旅游产品、旅游路线及相关酒店，将吃住行游购娱等方面的信息打包，向消费者推介宣传，推荐消费者购买合适的产品；另一方面将消费者的信息传递给旅游景点、酒店等旅游产品的供给商。

旅行社向酒店推送重要的散客或者团队顾客，并且通常会提前预订。酒店如果与旅行社建立稳固的合作关系，客源将得到一定保证，并可以提前处理剩余的客房，降低客房空置率，获得最大收入。

旅行社通常以多种方式宣传其希望推荐的酒店，扩大酒店的知名度，如果酒店名副其实，将吸引一些非团队顾客的零星预订以及团队顾客过后以散客的名义再次预订。

旅行社与酒店的合作模式有多种。一是旅行社向酒店推送客源，酒店按照数量或消费金额向旅行社返点、支付回扣或佣金。这一合作模式的具体方案纷繁多样，双方的合作协议可能仅是口头的，也可能是书面形式的，可能没有固定期限的任务目标，按固定的返点率结算，也可能约定一定期限，在该期间内实行阶梯式激励，旅行社推送的客源越多，获得的收入越多。二是旅行社以低价从酒店获得一定量的客房销售权，按市场价卖给散客或团队，赚取中间的差价。旅行社通常要求酒店给予较大折扣，这对酒店的收入是一种侵蚀。在这一模式中，那些自身销量较大的酒店，不愁客源，通常不愿与旅行社合作或者只向旅行社提供较少房源。而那些度假型酒店，需要与多家旅行社合作，以获得稳定的客源和销售量，保证基本的收入水平。

酒店与旅行社合作的一个痛点是资金结算周期。旅行社并非与酒店实时结算，而是定期结算，短的一周，长的一月、一个季度或一年，这会增加酒店的营运资金压力，并且有时会产生拖欠和坏账，给酒店带来经济损失。

早前的旅行社都是线下的，随着互联网的兴起，旅行社也先后有了专门的网站，普通的散客也可以通过旅行社的网站预订酒店。由于预订数量较少，散客也并非旅行社的主要销售对象，旅行社并未对这种在线的零散预订给予过多关注。然而，由于散客的在线预订需求非常大，所以诞生了新的业态——在线旅行社，即在线旅游分销商。

二、在线旅游分销商

在线旅游分销商也称在线旅行社（OTA），先与各酒店分别签订合同，获得一定数量酒店产品的销售权，然后在网络上销售给顾客，赚取代理佣金。OTA 最开始萌芽于线下旅行社，是对线下旅行社酒店散客预订业务的深耕和拓展。

OTA 的主要收入是酒店给的销售佣金。随着市场的演进，如今的一些 OTA 已具有强大的市场地位，将旅行社、酒店的产品重新组合，分拆销售或打包销售，赚取增值部分的差价。

通常，OTA 的酒店挂牌销售价低于酒店官方网站的销售价，一个重要原因是 OTA 以批发的形式从酒店获得客房，酒店官方网站的预订价是零售价。如果 OTA 的销售价与酒店官方网站价格一样，顾客自然会从酒店的官方网站预订，因为后者更值得依赖，更有保障。

酒店为何愿意默认 OTA 的价格低于官方网站价格？这是因为酒店希望 OTA 承揽一部分销售量，使酒店的收入得到基本的保证。顾客是否会全部转向 OTA？不一定。一些顾客对价格不敏感，不愿将个人信息透露给 OTA，就不会从 OTA 的渠道预订。加上酒店官方预订渠道会提供一些顾客优享活动或会员计划，这些顾客并不会轻易转向 OTA。

OTA 的产生背景有两个：一是互联网的兴起，二是弥补传统的线下旅行社的线上业务部分。目前，知名的国际在线旅游分销商有缤客（Booking）、亿客行（Expedia）、猫头鹰（TripAdvisor）、安可达（Agoda）、好订网（Hotels）等。知名的中国在线旅游分销商有携程、去哪儿、美团、大众点评、艺龙、途牛、飞猪、同程旅游、驴妈妈、马蜂窝等。

表 4－2　　主要的在线旅游分销商

国际在线旅游分销商	中国的在线旅游分销商	
Agoda	携程	去哪儿
Booking	美团	大众点评
Expedia	途牛	艺龙
Tripadvisor	飞猪	同程旅游
Hotels	马蜂窝	驴妈妈旅游
Priceline		

以上在线旅游分销商中，有些专注于酒店客房的预订，如 Hotels。更多的是多元化经营，是传统线下旅行社业务的线上复制版，如携程。还有的经营范围已经超出了酒店和旅游，如美团和大众点评，涵盖了美食、团购、外卖、酒店、旅游、机票、电影票等吃喝玩乐的多个方面，是跨领域的分销商。

除了以上在线旅游分销商，近年来兴起了专注于酒店会议室和宴会预订的网站，如会小二、酒店哥哥和会唐网。专门做酒店婚宴预订的网站，如道喜啦。此类公司目前并不直接销售酒店的产品，只是将酒店的产品汇集在一起，根据顾客的需求，为顾客推荐最合适的酒店，由顾客和酒店进一步洽谈并交易。

以上各个 OTA 由于主营业务不同，盈利模式也不尽相同。比如，携程、艺龙是将航空公司和酒店的产品放到网络平台销售，从中赚取佣金，核心业务是机票和酒店的预订。途牛将从旅行社、酒店采购来的旅游产品重新组合和包装，自行定价销售，赚取差价，主做服务品质和产品定制。去哪儿以搜索为工具，靠流量和点击赚钱，用户只要点击了酒店的产品或介绍，酒店就需要向去哪儿支付费用，如果用户点击后，预订酒店并付款了，酒店也为此次销售向去哪儿支付费用。同程旅游将视线聚焦于短线周边旅游这项冷门业务，主做景区门票的分销，兼做酒店产品的销售，以追求平价的快速消费者为目标用户群。酒店哥哥不向顾客收费，不向酒店收佣金，而是向酒店收年费和电话置顶费①。各 OTA 互相借鉴，盈利点逐渐趋同。伴随着各类 OTA 的兴起，OTA 之间有竞争关系，也有互补关系，旅游和酒店销售的细分市场逐渐被瓜分完毕，对传统的线下旅行社带来了严峻的挑战。

目前，一些规模较小的地域性旅行社仍只有线下业务。规模较大的线下旅行社，比如中国国旅、中青旅，除了保持有传统的线下业务，设计开发旅游路线和旅游产品外，也建立了专门的网站，销售各类旅游和酒店产品，实际上变成了线上流行社，OTA 和这些大的旅行社销售的很多产品是一样的，形成了同质化竞争。在与酒店的合作中，两者在主要业务、顾客群体、盈利形式等方面存在不同（见表 4－3）。

表 4－3　旅行社、在线旅游分销商与酒店的合作模式比较

合作模式	旅行社	在线旅游分销商
主要业务	酒店产品和服务的推荐和销售	酒店产品和服务的挂牌销售
顾客群体	团队为主,散客为辅	散客为主,团队为辅
盈利形式	差价为主,佣金为辅	佣金为主,差价为辅

三、第三方网站或个人

酒店既可运用互联网新媒体作直接销售，又可以充分运用互联网的优势进行间接销售。

随着互联网技术的成熟，酒店可以基于第三方网站进行销售，比如在百度地图上，当顾客出行前，搜索意向位置时，地图上会显示附近的酒店名字，顾客点击酒店名字，浏览器侧边栏会显示酒店的客房图片、剩余空房信息、点评信息和价格信息，并附有预订按钮，顾客点击按钮即可完成预订。在一些购物网站、视频网站、甚至“软文”（即变相作广告的故事性文章、评论性文章）中，也会见到类似的预订图片和预订链接，顾客点击链接即可进行预订。每成交一单，酒店

① 电话置顶费即消费者在线搜索时，该酒店的电话和信息可以在最上面曝光，这将提高消费者的点击可能性，从而转化为交易订单。

需支付一定的费用或佣金。对酒店而言，这些也是间接销售。

近年来短视频、微视频不断涌现，吸引了无数的关注目光。酒店也可以在这些短视频网站发布有趣的视频，邀请知名人士发布与酒店相关的正面宣传视频，吸引流量，从而转化为预订订单。

随着微商的兴起，一些酒店开发了个人手机版本的销售系统，酒店员工下载该系统，或者在酒店的官方系统中注册一个账号，得到一个酒店客房的展示界面，展示客房图片、设施和价格信息，并附有购买链接，员工可以将该界面或链接发布在互联网上，任何人都可以通过该购买链接进行预订，并将款项支付给酒店的规定账户中。顾客每通过该链接成交一单，员工可以得到一定的绩效奖励。酒店员工的这种销售模式兼具直接销售和间接销售两种性质。一些酒店将此销售权限开放给跟酒店无人事合同关系的其他人，这就是普遍意义上的微商了，该第三方只是起到扩大宣传，增加销量的余量，类似于代理销售，与 OTA 相似，不同点在于 OTA 的量比较大，这种个人代理的销量较少。当然，无论是员工的代理销售，还是第三方个体的代理销售，都会使酒店的预订管理工作变得更加复杂。

四、会展公司与公关公司

会展公司的业务范围包括组织会议、设计展会、活动策划、运营场馆、视频拍摄、广告策划等。会展公司主要客户是企业，也有各类非营利组织或个人。各类会展公司承办的展览大小不一，大到历时几个月涉及数千人的会展，小到几个小时的数十人发布会。

公关公司的一部分业务与会展公司重叠，旨在提升客户的市场形象和市场地位，另一些业务涉及特殊事件、危急事件的应对，旨在避免事件朝着更坏的方向发展，尽可能挽回以上事件对客户造成的损失。

会展公司和公关公司都有大量的公司客户，举办的各类活动中，一般需要场地、客房、餐饮等多种产品和服务，与酒店合作是业务发展的必然需求。酒店与会展公司、公关公司合作，将获得稳定的客源，收入水平将保持稳定，因此是双赢之举。

酒店运营中，各类酒店基于自身的规模和场地条件，一般都会跟当地的会展公司、公关公司合作，给予其一定优惠，但对方需保证一年内完成一定的业务量。商务型酒店、会议型酒店更加注重此类业务合作。

五、全球分销系统

全球分销系统（Global Distribution System，GDS）是计算机预订系统的一种，早前主要应用于航空业，目前也广泛应用于铁路运输、旅游业、酒店业、出租汽车行业和娱乐业等。该系统早期的初衷是减少人工差错，降低航空公司的成本，并提高订票效率。其运行模式是，一个航空公司开发一个软件，构建一个强大的服务器和中央信息处理器，将公司所有产品的信息输入系统，供公司的各分支机构和销售网点查询产品的销量、库存和价格情况。后来，随着技术的发展和市场的拓展，该系统逐渐吸引其他公司将其产品输入该系统，大家共享产品的销售信息。最后，该系统成为一个专门的平台，同时服务多家公司，连接供给方和需求方，具体而言，该系统吸引多家公司（特指卖家）将其产品信息输入系统，再吸引更多的公司（主要是买家）在该平台查询相关的产品信息，并进行交易。

全球分销系统相当于汇集各类信息，并进行发布，促成交易。查询系统的权限是一种资源，可以自用，也可以出售给专门的公司，由其代理。这些代理公司刚开始时为一个个独立的消费者提供查询服务，后来将查询的权限让渡给一个个独立的消费者，供单个消费者查询并交易，代理公司凭此获得收入。例如，携程购买这种查询的权限，将这种权限免费提供给单个消费者，消费者查询之后，如果发生交易，向卖家支付款项，携程将从卖家那里获得佣金收入。

在互联网普及之前，很多酒店没有官方网站，国际旅客预订酒店时，只能通过旅行社，进而通过全球预订系统预订酒店，全球分销系统是很多酒店的重要销售渠道之一。随着互联网的普及，很多酒店都建立了自身的官方网站，这分流了一部分全球分销系统的预订量。尽管如此，全球分销系统汇聚了众多的酒店产品信息，仍然拥有强大的信息优势和规模经济，并且不断进行系统升级，改进系统硬件和架构，以更廉价、更易操作、更方便使用的系统提供给客户，仍然是旅行社、OTA 和酒店的重要合作伙伴。时至今日，世界上主要的全球分销系统有北美的赛博（Sabre）和世界视角（Worldspan），欧洲的阿玛迪斯（Amadeus）和伽利略（Cendant-Galileo），国际航空电讯集团（SITA）的撒哈拉（Sahara），以及一些服务于特定国家或地区的中小型系统，比如中国的中航信（Travelsky）、东南亚的艾布珂斯（Abacus）、韩国的托帕斯（Topas）、日本的艾珂赛斯（Axess）和英菲尼（Infini）以及南太平洋的凡塔西（Fantasia）等。今天，很多酒店虽然有别的销售渠道，仍会将产品信息发布于全球分销系统，接受来自全球分销系统的预订。一些来自线下旅行社、在线旅行社（OTA）的预订，其实也是基于全球分销系统的数据和信息。

如图4－1所示，顾客有两种预订酒店的方式：一是直接向酒店发起预订，例如通过官方网站预订或者电话预订。二是通过线下旅行社、OTA预订，这种方式的信息处理有两种情况。第一种情况如图4－1中的实线2所示，当线下旅行社、OTA的预订系统与酒店的信息系统对接了，线下旅行社、OTA可以直接与酒店确认订单信息。例如一个中国的顾客通过携程预订一家北京地区的某锦江酒店客房，携程的数据系统已与该酒店的数据系统对接，可以直接确认交易信息。第二种情况如图中的虚线3所示，线下旅行社、OTA没有与酒店建立直接联系，只是从全球分销系统中获得酒店信息。例如一个中国顾客希望通过携程预订一家美国的酒店，携程没有与这家美国酒店建立直接的数据联系，这笔交易只能通过全球分销系统进行。对于这家美国酒店，此笔销售的渠道乃来自全球分销系统。

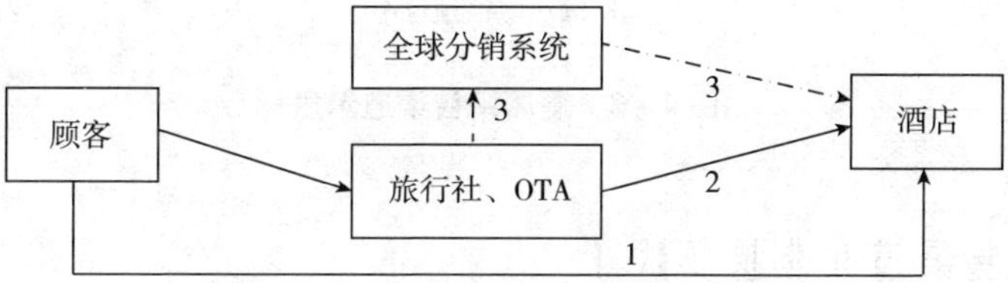

图4－1 全球分销系统在顾客预订中的地位

与此同时，在酒店官方网站和OTA的竞争压力下，一些全球分销系统已设立在线网站，供单个的消费者查询航空公司和酒店的信息。也就是说，在图4－1中，顾客可以有第三种预订方式，即在顾客与全球分销系统之间连一个箭头。在上例中，一个中国顾客希望预订一家美国的酒店，可以不通过中国的OTA预订，而直接通过全球分销系统预订。对于这家美国酒店，这笔销售的渠道也是来自全球分销系统。

以上两种情况说明了一些酒店为什么会主动与全球分销系统对接，将酒店的产品信息发布于系统，其原因和目的是供更多的尚未与本酒店建立数据联系的旅行社和OTA查询，供顾客直接通过全球分销系统查询来增加预订量或销售量。

第三节 销售渠道的选择与管理

酒店的潜在销售渠道有多种（见图4－2），有些销售渠道内部又有多种同类竞争者，酒店应该选择哪些渠道，每种渠道确定多少个，这并没有固定的标准，各酒店需根据自身情况统筹考虑。总体来说，酒店在选择销售渠道及渠道的日常管理中时，应遵循以下几个共同原则。

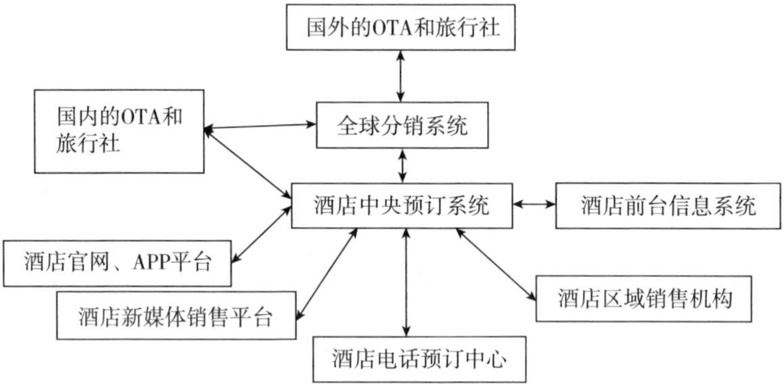

图4-2　酒店销售渠道示意

一、销售渠道并非越多越好

现在很少有酒店只有一种销售渠道，多种渠道并存是普遍现象。渠道越多，酒店的销量就越有保障。比如，在在线旅行社这种销售渠道中，酒店往往同时与多个在线旅行社合作，以保证基本的销量。然而，由于每一种渠道都需要相应的管理和维护，都需要酒店投入一定的成本，因此销售渠道并非越多越好。

销售渠道的运营和维护成本至少包括三方面：硬件成本、软件成本和管理成本。硬件成本是指酒店投入的与预订有关的计算机硬件、计算机服务器、数据处理器和电话交换机等。软件成本是指与预订和结算有关的信息系统、计算机软件和手机软件等。管理成本包括人员工资、差旅费、办公场地和办公用品等显性成本以及部门之间的隐性协调成本。

各渠道的运营和维护成本各不相同。电话预订渠道需要电话和接线员。微信预订渠道需要一个后台管理员。酒店销售部需要多个专业的销售人员。OTA渠道需要一个功能齐全且强大的信息管理系统。而互联网新媒体和第三方网站渠道需要专门的销售或公关人员进行专门的营销设计，多轮洽谈，最终确定销售方案。

二、每个销售渠道都有专人负责

收益管理是一项全面系统的工作，涉及预订部、销售部、公关部、前厅部、客房部和餐饮部等，既需要收益经理与各部门统筹协调，确定统一的业务口径，又需要分工明确，有具体的人员负责每一类业务、每一笔订单。

以销售部为例，需要有专门的会议销售代表、宴会销售代表、客房销售代表。每种业务都有专门的员工，及时跟进每笔业务的进展。

酒店需有专人负责电话预订，有专人负责官方网站的预订，有专人负责旅行社的订单，有专人负责 OTA 的订单，有专人负责微博微信的预订，有专人负责互联网营销和拓展策略。小酒店里可能一人负责多项业务，但在大酒店，这是不可能的，往往是一人负责一项业务，甚至多人共同负责一项业务，比如同时有多个接线员负责电话预订。

三、酒店需要控制直接销售与间接销售的销量比例

直接销售和间接销售各有利弊。直接销售可以增加酒店的收入和利润，但是销量有可能成本高、销量不稳定。间接销售可以保证基本的销量，但是需支付佣金或回扣，影响酒店的收入。因此，酒店需要权衡利弊，确定两种渠道合适的销量比例。

这一比例确定后，并非一成不变，而需根据市场行情、酒店的管理效率和定位，进行动态调整。例如在旅游景点或火车站新开的一家经济型酒店，刚开始以散客为主，直接到前台预订，后来增加了 OTA 预订和电话预订，再后来增加了旅行社预订，再后来由于网络预订已经足够多，经常满房，前台几乎无房可卖，并且由于智慧酒店的发展，自助办理入住技术已经成熟，酒店就可以撤掉前台，甚至变成无人酒店。在此例中，前台的销售量和比例就会动态变化，酒店需要顺应这种变化，动态的调整销量比例，进行组织变革，调整管理思路。

四、酒店需要基于大数据分析，进行精准营销

随着酒店管理信息系统的发展，酒店的顾客管理软件会存储顾客的各种信

息，每一位在酒店入住过的顾客，都至少会在酒店的信息系统中留下姓名、性别、年龄、籍贯、民族等信息。加上互联网的发展，顾客网络预订的数量和比例不断增加，顾客点评的参与度不断提高，酒店可以获得关于预订渠道和偏好的信息，获得顾客入住后的评价信息。预订部、收益管理部需要尽可能地收集、汇总、分类和分析，并基于大数据技术，进行精准营销。

酒店在在线旅行社（OTA）网站、互联网新媒体和第三方网站上做广告，消费者看到广告或浏览到信息后，如果点击预订，我们称之为浏览转化为预订，酒店需尽可能提高这种转化率或者选择那些转化率较高的网站和媒体，进行深度合作。

五、根据产品的细分市场，提供对应的销售渠道

酒店有多种销售渠道，也有多个顾客群体。不同的顾客群体偏好不同的预订渠道，酒店需要根据自身的目标客户群体，为各目标客户群体提供便捷的预订渠道。

举例来说，一家五星级酒店有多种客源，所以需要多种销售渠道，满足不同顾客的预订偏好。一个经济型连锁酒店没有大的会议室，甚至没有会议室，不接待会议和宴会，所以就不需要与会小二、酒店哥哥等网站合作，只需要打造好自身的官方网站，设置 24 小时客服热线，与多家在线旅行社（OTA）合作，满足散客和旅行团体的预订需求，就能保证基本的销售量。一家只有 20 间客房的民宿，顾客以散客或小的旅行团为主，他们偏好电话预订和在线旅行社（OTA）预订，该民宿就需要有专门的电话客服，需要与多个在线旅行社（OTA）建立联系，偶尔在互联网新媒体上营销宣传，完全可以不用与旅行社建立联系，不用在第三方网站营销。

[关键术语]

直接销售渠道　间接销售渠道　预订部　销售部　互联网新媒体 电子商务平台　旅行社　OTA　微商　全球分销系统　大数据

[思考与实践]

1. 酒店的直接销售渠道和间接销售渠道分别有哪些？举例说明不同酒店分

别倚重哪些销售渠道？

2. 互联网新媒体为酒店销售带来了哪些新的销售机会？请以一家酒店为例，进行实地调查，总结其在互联网新媒体营销方面的做法。

3. 酒店在选择销售渠道时，需要考虑哪些方面的因素，请分别举例论证。

4. 收集并整理某商圈各酒店某一类型客房未来 3 个月的价格走势，并解读数据，总结出规律性的价格信息。收集数据时，只关注每个酒店的一种房型，在确定各酒店的客房类型时，选择共有的同一类房型，以增强可比性；房价可能动态变化，建议一次性查询一家酒店的 3 个月数据，注明查询日期；需注明房价的查询渠道。

5. 假设全班同学计划于某个双休日到某景区游玩，并在景区里面或景区附近一家酒店住宿一晚，请结合同学们的消费水平，选择合适的酒店，比较不同预订渠道（官网预订、电话预订、OTA 预订、旅行社预订等）的价格，提出一个出行、入住和游玩的整体方案，争取获得所有同学的赞同。

第五章　酒店细分市场与市场预测

【本章概要】

本章讲述收益管理“五要素”中的其中两个：顾客、时间。在顾客方面，主要讲述各类顾客的细分市场，对散客、团队两个群体进行深入细分。在时间方面，主要是基于历史数据，通过各种预测方法，预测未来的市场需求，服务下一步的决策。

【学习目标】

1. 列举并阐释酒店客观存在的各类细分市场。
2. 区分各类细分市场的运作机制。
3. 应用市场预测的常见方法，预测某一酒店的未来市场表现。

无论哪种企业，无论销售什么产品和服务，都需要对产品和服务进行定位，确定主要的顾客群体，即目标市场。在酒店业，按消费水平，小旅馆的目标市场是低收入群体，经济型酒店的目标市场是中等收入群体，五星级酒店的目标市场是高收入群体。按顾客的出行性质，度假型酒店主要接待休闲度假的顾客，商务型酒店主要接待商务出差的顾客，主题酒店主要接待的顾客是对某一主题有爱好的顾客，会议型酒店主要接待召开各种会议的团队。

企业有主要目标市场和次要目标市场，主要目标市场也可能有多个。如某啤酒的主要目标市场是本地居民，次要目标市场是外地居民；某饮料的目标市场是多个省份，甚至多个国家；五星级酒店的目标市场通常有商务客人、休闲旅行客人、会议团队和度假团队等多个顾客群体。企业需要对目标市场进行细分，熟悉各市场的顾客特征和顾客需求，预测市场的变化和趋势，提供使顾客满意的产品和服务。

第一节　细分市场

一、细分市场的意义

市场细分是为了供给与需求更加匹配。在建造酒店及酒店开业前，业主和管理团队一般会进行市场调研，选定一个大概的目标顾客群体，即目标市场。对目标市场进一步细分后的市场，即细分目标市场或细分市场。酒店设计出既有产品和服务后，供给即确定来下，然后需要根据产品和服务的定位，确定具体的目标顾客，并吸引目标顾客来酒店消费。目标顾客之间通常存在这样那样的差异，即需求者存在异质性，或顾客的需求存在异质性，酒店需要找到这种差异，进行有针对性的营销，将有限的产品和服务匹配给不同的需求者群体，匹配给对酒店最有利的需求者群体，为酒店创造最大收入和价值。

二、细分市场的标准

进行市场细分的标准有多种，并且有很大的灵活性，可以粗略地划分，也可以详细地划分。例如一些旅游景点的小餐馆和旅馆，将顾客简单地划分为本地人和外地人，对外地人收取高价，甚至发生欺客现象。而一些经营规范的餐馆和酒店，因人而异，为每一位顾客都提供无微不至的服务，争取让每一位顾客满意，这实际上已经将市场细分到每一位顾客了。在酒店运营中，若细分市场标准过于笼统，将不利于提供有针对性的销售，从而不利于增加收入；若细分市场标准过于详细，管理起来将很复杂，会产生巨大的运营成本。因此，不同酒店需根据自身的发展阶段和管理水平，确定一套细分市场的划分标准。

常见的细分市场划分标准有：国籍、省区、年龄、职业、性别、入住人数、入住天数、此行目的等。例如一些涉外酒店需要了解本酒店的顾客中，本国客人和外国客人的比例情况，来自不同境外国家的客人比例情况。一些旅游景区的酒店，本地顾客和外地顾客的比例，外省的顾客主要来自哪些省份。酒店顾客主要是青年人、中年人，还是老年人。主要是商务人士，还是政府人员，男女顾客的数量是否持平。一人出差、两人出差、多人出差、家庭出行的人数差异，入住一天、多天，还是长期入住。是商务出差，走访亲友，还是旅游度假等。

在实际运营中，大多数酒店共用的一个标准是将顾客划分为散客和团队两种。而对散客和团队的进一步细分，各酒店存在差异。

三、细分市场的类型

（一）散客

按照顾客在酒店的入住时间长短，可以将顾客细分为长住型散客、连住型散客、一天散客和钟点房散客等。长住型散客是指那些在酒店入住时间大于一个月的客人，当然有些酒店的标准是入住时间大于 10 天。这类顾客通常会与酒店单独协商价格，价格是酒店挂牌价的一定折扣。连住型散客通常指那些在酒店连住 2 天以上 10 天以下的客人。一天散客最为常见，仅在酒店入住一个晚上，第二天退房离店。钟点房散客是那些在酒店停留时间小于 3 个或 4 个小时的客人。这些客人只是为了午休、等候火车或飞机、临时休息、短暂会谈、体验新开业酒店的设施和服务等。火车站附近酒店的钟点房销量普遍较大，一间客房一天可以销售几次，酒店的入住率超过 100%，钟点房是这些酒店的重要收入来源。

按照顾客在酒店的消费内容，可以将顾客细分为单一消费的顾客和组合消费的顾客。单一消费是指仅在酒店入住客房、仅在酒店餐厅用餐或仅在酒店大堂喝咖啡的顾客。仅客房一项，可以分为含单人早餐顾客、含双人早餐顾客和不含早餐顾客等。组合消费的顾客是指在酒店同时消费两种以上的产品或服务，如客房、餐饮、康乐和周边景区门票等。这些产品和服务会以打包的形式销售。

按照散客来源或散客的预订渠道，可以将顾客细分为上门散客、酒店直销电子渠道散客、酒店直销协议散客、OTA 散客和旅行社散客等。

1. 上门散客

这类客人需要住宿，刚好路过一家酒店，就进入酒店，到前台办理入住，入住价是酒店的公开卖价。这类客人上门前没有通过其他渠道预订，经常被称为 walk in 客人。在没有电话预订和互联网预订的时代，大多数酒店的散客都是上门散客。时至今日，城市中央商务区（Central Business District，CBD）的酒店也有大量的上门散客。

2. 酒店直销电子渠道散客

这部分客人通过酒店的官方网站、预订热线、电脑或手机客户端、微信、微博和一些 OTA 的酒店自营店等渠道直接预订酒店。这些顾客是酒店的忠实客人，酒店在销售量稳定的前提下，应尽可能留住这些客源，不让他们转向其他酒店，或转向其他预订渠道。在信息处理能力允许的情况下，酒店可以将这些散客进一步细分，统计各渠道客源的数量和比例，辅助于进一步决策。

3. 酒店直销协议散客

（1）长住型散客。人们外出旅行或商务出差，大多只是在某个地方短暂逗留，在酒店住宿时间在几天以内。然而，也有一类顾客在酒店入住时间较长，跟酒店签订长住协议，按协议价支付房费。不同酒店对长住客的定义不同，一般来说长住客的标准是入住时间长于 30 天。顾客在一些 OTA 上预订客房时，会看到预订提示，有些酒店长住 10 天以上就可以享受优惠价。如果顾客在一个酒店入住时间长达一个月、半年、一年，甚至更长，可以直接跟酒店的预订部或销售部人员协商，确定客房标准、服务内容和价格等。这类顾客可能仅是在酒店住宿，也可能同时办公，酒店需提供定制化的服务。

（2）公司协议散客。这类顾客是某个公司的员工或某个协会、民间团体、组织的职员，这些公司或组织与酒店签订协议，每年在酒店入住一定量的客房，具体入住时间不确定，按协议价支付房费，协议价远低于正常的挂牌价。这类顾客可以细分为酒店集团签订的协议公司顾客和单体酒店自身签订的协议公司顾客。这类顾客大多是商务出差，少数是度假旅行，通常客源稳定，消费能力强。那些拥有几百间房的大酒店，通常都会签订协议公司，保证酒店的基本业务量和销售收入。有些酒店会要求协议公司提前预付全额或部分款项，以享受优惠价格。有些酒店为获取稳定客源，保证客房入住率，允许协议公司的顾客在入住时支付款项或者在年底统一结算款项。

（3）政府散客。这部分客人来自政府机关、军队或事业单位，享受特殊的价格。这类价格可能是政府采购价，也可能是客人所在单位与酒店签约的特殊协议价。

4. OTA 散客

这部分客人来自携程、艺龙、美团、缤客（Booking）、猫头鹰（Trip Advisor）等第三方网站，即 OTA 平台。近年来，OTA 平台逐渐普及预付款模式，顾客预订时即付款，到店后不用再付款，只需登记身份证，领取房卡即可。在付款环节，有些 OTA 还设置不可取消条款、取消预订时扣一定比例预订金条款，如果 OTA 跟酒店不是即时结算款项，OTA 就可以提前拥有一笔资金，账上随时有一笔预收款，是一笔重要的现金流。

5. 旅行社散客

这部分客人来自旅行社，由旅行社推送而来或由旅行社代订房间。房费有多种支付模式，顾客可以直接付给酒店，也可以付给旅行社，旅行社过后与酒店结算。

随着新型销售方式的出现，旅行社散客可以细分为包房合作散客、底价合作散客。包房合作散客是指旅行社与酒店签订包房销售协议，并且预付款给酒店，也称买断合作，这部门客房的销售权完全划归旅行社，酒店不得卖给其他顾客。底价合作散客是指酒店和一些旅行社签订底价合作协议，由他们自由加价销售。一般而言，酒店不会采用底价合作模式，因为旅行社自由加价会扰乱酒店的价格体系，影响酒店的市场形象。只有酒店自身营销人员和营销渠道存在瓶颈时，才会采用这种模式。

（二）团队

团队顾客没有公认的划分标准，酒店一般按照团队的规模、到店目的、成员身份等标准进行细分。

按照团队规模，可以将团队顾客细分为大型团、中型团、小型团三种。酒店需要花更多精力在大型团上，进行顾客信息维护，安排好到店、在店和离店的各项工作。对于有 VIP 成员的小型团，酒店也需派出贴身管家，提供无微不至的服务。

按照到店目的，可以将团队顾客细分为旅游团、商务团、参观团、培训团和会议团等。旅游团又可分为系列旅游团和随机旅游团。系列旅游团是指公司与旅行社合行，常年接待某条旅游路线的游客团队。随机旅游团是酒店偶尔遇到的非常态化接待的游客团队。商务团是以商务考察、洽谈为目的的团体，这类团体除了入住客房外，也可能会租借酒店的会议室，在酒店的餐厅、酒吧或其他场所消费。参观团与商务团有一定的相似性，有时也称参观考察团，在酒店可能产生房费以外的消费。培训团是在酒店进行培训学习的团队，这类客人会租借酒店的会议室或多功能厅，并可能有茶歇、自助餐、宴会等消费。会议团与培训团有一定相似性，也有差异，顾客来酒店不是参加培训，而是参加会议，比如公司年会、新产品发布会、顾客答谢会、财经高端论坛和教学研讨会等，会议团拥有综合消费能力，涵盖会议室、餐厅和宴会等多个部门。

按照成员身份，可以将团队顾客细分为政府团、公司团、机组团和飞机延误团等。政府团和公司团分别指团队成员来自某政府机关或事业单位、某公司，到酒店进行政务、商务活动，有时只是会议，有时是会议加餐饮，有时也加上拓展活动或联欢活动。机组团是指团队成员是航空公司的机组人员，飞机场附近的酒店经常会接待此类团队。飞机延误团是指由于天气原因，或其他不可抗力原因，飞机延迟起飞，航空公司统一安排乘客到某一酒店入住，在飞机可以起飞时再将乘客接走。通常而言，一个机组团不会超过十人，而一个飞机延误团可能几十人甚至更多。

按照客源的所处行业，可以将团队顾客细分为体育团、文艺演出团、宗教团、展销会团、展览会团和社会联谊团等。体育团是参加体育比赛的团队。文艺演出团是参加文艺汇演的团队。宗教团是用于讲经、聚会或第二天做礼拜的团队。展销会和展览会团是新产品展销、某主题产品或艺术展览的团体。社会联谊团是指同学会、老乡会、校友会、战友会、亲友会、婚宴寿宴庆功宴等相关的团队。

按照顾客的年龄，可以将团队顾客细分为少儿团和老年团。比如，一些度假胜地会与旅行社合作，接待各种各样的游客团队，其中就有专门的夏令营或冬令营团队，成员是来自中小学的青少年，他（她）们在寒暑假参加这样的团。也有一些团队的成员是退休的老年人，有钱有时间也有阅历，对酒店和旅行社有较高的品质要求。

四、细分市场的战略

（一）明确各细分市场的竞争对手

竞争对手分两种：同一商圈内的竞争对手和同类型酒店整个城市（或地域）的竞争对手。在确定竞争对手时，需考虑位置、档次、产品和服务的相似性等因素。比如将位置相近的酒店作为竞争对手，另一个城市的某酒店明显不是本城市某酒店的竞争对手，本城市市中心的商务酒店不是郊区某度假酒店的竞争对手。在档次上，将同档次或相近档次的酒店作为竞争对手，比如，五星级酒店将同档次酒店作为竞争对手，将邻近的四星级酒店作为竞争对手，而那些小旅馆一般不是五星级酒店的竞争对手。

明确细分市场的竞争对手有助于争夺客源，获得最大收入。比如，某五星级酒店有一家法国餐厅，而附近另一个五星级酒店也有一家法国餐厅，附近有一个单体的法国餐厅，那么后两者均是竞争对手，因为顾客若希望吃一顿法餐，后两者均是可能的选项。酒店需明确本餐厅与后两者的优势和不足，采取适宜的营销策略。

（二）确定各细分市场的销售比例

一般来说，散客的价格高于团队的价格，酒店需首先明确以接待散客为主，还是以接待团队为主，确定散客和团队的大致比例。之后，酒店需尽可能明确不同散客的最佳销售比例，不同团队的最佳销售比例，用于制订销售计划，指导销售进度。例如，在散客中，上门散客的售价最高，但酒店不可能将用于散客的客房全部留给上门散客，这是不现实的。酒店必须将一部分客房通过官网、OTA 等渠道卖给散客，以保证基本的出租率和入住率。一般而言，五星级酒店至少要明确会员散客、直销散客、中间商散客、上门散客、旅行团队、商务团队、会议团队等细分市场的销售比例。

（三）制定细分市场的定价策略

不同市场对价格的敏感程度不同。商务散客对价格不敏感，普通散客对价格敏感。商务散客由公司付费，一般不会计较价格的高低，顾客的消费能力较强。普通散客乃自己付费，会在意价格的高低，减少不必要的消费。商务散客要求全面、便捷、优质的服务，普通散客要求性价比高，物超所值。酒店可针对不同顾客的特点，提供有针对性的服务，例如向商务散客收取较高价格，同时提供优质、高效的服务，向普通散客提供舒适、物美价廉的产品和服务，向商务散客提供一些创意性的到店礼品和服务，向普通散客提供一些实用性的到店礼品和服务。

第二节　市场预测

市场预测是所有经济主体均需考虑的问题，尤其是供给方，需预测需求方的变化以及其他供给方的变化，从而进行生产和经营决策。

每个行业均需进行市场预测。有些行业的市场变化较慢，如手工业，有些行业日新月异，比如计算机信息技术行业。有些行业在某些地区变化较慢，在另外一些地区变化较快，如服装行业、酒店业。无论哪个行业，无论企业在哪里，均需对变化的市场进行预测，调整经营策略，保持持久的竞争力。

酒店在预测市场时，需关注宏观环境、行业发展趋势、所在地区或商圈的发展状况、竞争对手的变化、酒店各细分市场的需求变化、采购情况、预订进度、客房出租率、餐厅上座率等。有时，也要关注天气变化、交通情况及其他临时性突发事件等。其中，有些只需要粗略预测即可，有些需要进行详细的核算，有些只需要预测短期变化，有些需要预测长期的情况。

一、预测内容和对象

（一）预测内容

1. 需求预测

需求预测是指未来一定时间内酒店各细分市场顾客对酒店各类产品的需求量

预测。最终需要得到总量数据、各产品的分量数据、各细分市场顾客的分量数据以及各数据的变动趋势，从而为酒店的采购、经营和定价作为参考。

2. 供给预测

供给预测是指酒店对未来一段时间内自身和竞争对手的供给量、自身和竞争对手的供给种类和品质的预测。比如，酒店需要悉知未来一段时间内本酒店的客房总量，是否存在因装修而减少客房数量的情况，竞争对手的客房总量变动情况，是否有新开酒店，是否会有酒店关门或部分客房停业装修，本酒店的餐厅桌位数和特色，竞争对酒店的餐厅桌位数和特色，竞争对手酒店的最新经营策略等。市场供给预测主要是了解竞争对手的情况，与时俱进，调整本酒店的供给，保持本酒店在本地区的竞争优势。

3. 重要节日活动和临时事件的预测

酒店收益经理在每年伊始，就要将接下来一年的日历进行标记，哪些是影响酒店经营的重要节日，如春节期间是城市中心商务酒店的出租率低谷，“五一”“十一”是景区旅游度假酒店的出租率高峰期。其他节日，如情人节、端午节、中秋节和圣诞节等对酒店客房的出租率也有影响。对于所有酒店，双休日也是影响酒店出租率的重要因素，商务型酒店在双休日的出租率低于平日，度假型酒店在双休日的出租率高于平日。

除了以上共有的节日活动，一些临时的国内活动，如车展、博览会、“两会”、农运会、大运会以及一些国际性会议，比如某国际高峰论坛、APEC 会议、奥运会、“一带一路”论坛等，也对举办地的酒店业产生影响。酒店需提前做好预案，为重要的协议客户预留客房，控制客房的销售进度。

除了可提前预知的活动外，还有一些临时的不可预知的事件，例如某日天降暴雨，导致航班大面积延误，火车运行也受到影响，已经提前预订的顾客无法到达酒店。酒店需立即调整销售策略，提前与顾客确认抵达信息，调整价格，接受新的本地预订等。

（二）预测对象

1. 客房的无限制市场需求

无限制市场需求是指未来一定时期内，在没有任何限制条件的情况下，顾客对酒店产品的需求总量，包括已确认的需求数量和有购买意愿的潜在需求数量。

无限制市场需求 = 已确认的市场需求数量 + 潜在的需求数量

潜在的需求数量包括两个大的方面：一是因酒店住宿方式控制（如至少住 3 晚）、价格限制（如最低房价为 800 元/天）、房间数量限制（如超额预订时，客房已全部卖完）而被酒店拒绝的顾客数量；二是因各种原因而未到的顾客，如预订客房但没有入住的顾客，取消预订的顾客。以上两个大的方面对客户需求量的影响是不同的，考虑各细项后，无限制市场需求可以表示为：

无限制市场需求＝已经出售的客房数 ＋可以出售但没有出售的客房数 －预订房间，但没来入住的房间数 － 取消预订的房间数＋超额预订后到达酒店但被安排到别的酒店住的房间数

从以上公式可以看出，无限制市场需求可能很大，有可能超过酒店的客房总数。在实际预测中，已经出售的客房数是确定的数字，但之后的4项数字是不确定的，酒店需要依据过往的数据和资料，进行预估。如果酒店平时不注意收集、整理这4项的数据，就无法进行有效的预估。

2. 客房预订量和预订进度

客房预订量是指未来一段时间内客房的预订数量。这里的一段时间，可以是一天、两天、三天、一周、两周、一个月、两个月和三个月等。一般而言，酒店需对未来7～90天的客房预订量进行预测以便各部门提前做好准备。

在具体预测时，酒店需预测各细分市场的预订量和预订进度，各预订渠道的预订量和预订进度。由于市场需求一直在变化，酒店对客房预订量和预订进度的预测也需及时更新。酒店需根据历史预订量预测未来预订量，根据历史预订进度预测未来预订进度，根据预测的预订量和预订进度，动态调整房价和客房销量策略。

3. 市场份额

市场份额预测是指预测酒店未来一段时间内在本区域的市场份额以及酒店各细分市场在总的销售量中所占的份额。酒店需要关注竞争对手的数量、价格、营销策略和本地区的政策变化，关注本酒店销量在本地区的份额以及本酒店各细分市场的份额变化，并分析这种变化的内外部原因。

4. 客房超订量

客房超订也称客房超售，是指在客房全部售出的情况下，酒店再额外销售一定量的客房。酒店超售客房的原因是一部分客人预订了客房，但临时取消了预订，会产生空房，或者一部分客人预订了客房，但没有入住，也会产生空房。空房意味着酒店将失去一部分本可获得的收入。酒店应尽量减少空房的情况，就需要超售。

酒店如果超售过多，有些客人到达酒店时，酒店没有剩余空房，就得将顾客安排到临近的酒店，这将产生额外的支出。顾客也可能会不满，索要额外赔偿，或者在社交平台上发表对酒店不利的言论，对酒店的商誉造成一定损害。更有甚者，酒店可能失去这些被超售的顾客，如果处理不当，还可能引起法律纠纷。

因此，预测合理的超订量或超售量就非常必要。这要求酒店对现有预订量、

预订但没有入住的数量、取消预订的数量等历史数据有全面的记录和归纳。合理的超订量可以依据以下公式进行计算：

$$Q = \frac{(N - G) \times (m + n) + G \times u - L \times v}{1 - (m + n)}$$

上式中，Q 表示超订的数量，N 表示酒店可供出租的客房总量，G 表示续住的客房数量，L 表示预期离店的客房数量，m 表示预订未到率，n 表示预订取消率，u 表示提前退房率，v 表示延期入住率。

二、预测步骤和指标

（一）确定预测对象

酒店收益经理每天都要进行多个指标的预测，并且每周、每月、每年都要进行一些指标的定期预测。每一个预测对象适用的预测方法不尽相同。因此，确定预测对象是进行预测的第一步。有时，在预测一个对象时，会连带关注另一个对象，收益经理需要将预测对象结合起来，统筹兼顾。

（二）收集数据和资料

预测需基于一定的数据和资料，包括历史数据和资料、现状数据和资料、未来数据和资料，可以来自酒店内部，也可以来自酒店外部。对于宏观经济、行业发展情况，只能从酒店外部获得数据和资料。对于酒店的细分市场特征、各产品的出售情况，只能来自酒店内部。酒店收益经理需了解宏观经济的发展态势，酒店行业的最新发展趋势，熟悉酒店销售和运营的各类数据，进行有针对性的调用和输出，并定期更新一些重要的数据，以备随时使用。

在收益管理中，收益经理应掌握以下信息并及时更新：历年来各种房型的数量、价格、销量、销售收入。历年来各预订渠道的销量、销量占比、价格和销售收入。历年来各细分市场的销量、销量占比、价格和销售收入。历年来的客房收入、宴会收入与会议收入的比例。历年来的预订被取消情况。历年来的超额预订情况。历年来的竞争对手的销售量、价格和销售收入情况等。

有些信息来自顾客、员工或第三方渠道的评价，酒店市场部和收益管理部需收集和整理这些信息，从中归纳、提取共同的信息。在必要的时候，酒店需要做问卷调查，有针对性地收集一些信息。

（三）数据处理和分析

在获取数据和资料后，需按照一定的方法，对数据和资料进行处理。对于不同的数据、资料和分析对象，需选择合适的处理方法。收益经理需从各类纷繁的资料中提取出有用的信息，从庞大的数据中总结出内在的规律。作图、作表是进行数据处理的常用方法，也是展示数据处理结果的必备方式。在必要时，收益经理需借助专门的数据软件，比如 Excel 的统计函数，SPSS 统计软件，STATA 数据处理软件或者酒店购买的收益管理软件，对数据进行汇总、整理和分析。

在数据处理中，一般需要找到某一指标的最大值、最小值、平均值、中位数并做出柱状图或折线图，以反映出变量的变化趋势。

（四）给出预测及策略

数据处理之后，需对未来的发展趋势做出预测，提供可供选择的策略，并预测实施该策略后的可能结果。

（五）实施策略及修正预测

酒店收益经理在预测的基础上，提出定价和销售策略，并与酒店相关部门协商，实施全面的收益管理策略。各策略实施后，会影响酒店相关产品的销售，影响各预订渠道和细分市场的销量。收益经理需基于新的数据，及时调整价格策略和销售方案，调整收益预测。

三、预测方法

预测方法有很多种，按照时间长短，分为短期预测和长期预测。短期预测指预测的时间较短，通常指当天至以后的 7 天，最短的预测是当天预测当天的情况，比如客房部当天下午预测当天剩余的潜在需求，决定降低房价或提高房价，从而把当天的空房全部卖出。中期预测指一般指 7 天至 3 个月，长期预测一般指 3 个月至 9 个月，甚至超过一年，例如本地区将成为城市副中心，本地区将被拆迁，本地区将新开一家酒店等。

按照采用的手段和方法，分为定性预测和定量预测。定性预测主要基于主观评价和判断，如问卷调查法、文义分析和集合意见法等。定量预测主要基于客观数据和历史资料，如统计分析、时间序列分析和回归分析等。在实际工作中，定性预测和定量预测是互补的，决策者需把两种方法结合起来，综合运用。

（一）定性预测

1. 市场调查法

市场调查法是酒店销售部门为获取一些特定的信息，访谈特定对象，或向特定对象发放问卷、回收问卷，分析问卷的一种分析方法。具体步骤为：

第一，确定要获取的信息和内容。例如顾客对某个特定问题的意见或看法，第三方渠道对某项问题的评价等。

第二，设计调查方案。包括调查对象，访谈提纲，问卷调查的题目设计，调查方式，调查人员的安排，调查进度的安排，以及调查的费用和成本。

第三，实施调查。调查人员可以与调查对象面对面访谈，也可以通过电话、邮件、网络等形式收集调查对象的意见和建议。如果是问卷调查，涉及发放问卷，采集数据，回收问卷等环节。

第四，分析问卷数据。主管部门收回问卷后，需对问卷中的问题和指标进行归纳、统计和分析，提供改进建议和策略。

第五，实施新策略并追踪结果。管理者基于市场调查的结果和建议，择优实施相关的策略，销售部门或收益管理部门需追踪新策略的实施结果，用于未来决策。

2. 集合意见法

集合意见法是通过问卷、口头访谈等形式，将酒店高层管理人员、部门管理人员和其他相关人员的意见集合起来，根据他们的经验和判断对酒店的市场指标进行分析和预测。其他相关人员可以是酒店的一线员工，也可以是酒店业的专家人士。

一般而言，这种方法由销售部门或收益管理部门牵头负责，可以在全面收益管理例会中征询各方面的意见，可以分别当面征询意见，也可以通过网络收集意见。一般要求征对象给出某指标的预测值，包括最大值及其出现概率，最小值及其出现概率。销售经理将汇总各数据后，计算出期望值，作为对未来预测的参照点。

3. 语义分析法

语义分析法主要是对顾客在线点评进行分析的方法。如今随着 OTA 的发展以及顾客在线点评的增多，酒店越来越重视顾客的在线点评信息。除了安排专人关注顾客在各大 OTA 的点评信息、回复顾客的点评外，还需对点评信息进行归类汇总，提取出关键的信息，并反馈给酒店的相关部门。

目前的语义分析法有三种：

一是在顾客点评前，针对一些特殊的问题，设置一些不同的等级，如非常满意、一般、不满意、非常不满意等，供顾客点击确认，以表明一种强度或等级序列。二是在顾客点评后，将所有的句字拆分成一个一个的词语，去除“的”“地”“得”等助词，“和”“与”“及”等连词或介词，“啊”“呀”“哇”等语气词，然后统计剩余各个词语的词频，看那些出现频率较高的名词、动词或形容词。例如顾客的回复中，“噪声”一词的出现频率较多，表明酒店存在噪声较大的问题，应引起相关部门的关注。三是在深度语义分析中，将形容词分别赋值为1－2－3－4－5－6－7，以表示不同的程度，统计出各自的数量和占比，给出直观认识，反映正面评价和负面评价的对比情况。

（二）定量预测

1. 加法预测法

加法预测法是基于现有的客房出售量，加上历史上同期又增加的客房出售量，得到未来某日预计的客房出售总量。

如表5－1所示，酒店收集了去年5月中旬至6月中旬的每天预订量数据。5月15日这一行的数据显示，离入住日还有7天时，酒店已经卖出170间客房；离入住日还有14天时，酒店已经卖出115间客房；离入住日还有21天时，酒店已经卖出88间客房；离入住日还有28天时，酒店已经卖出50间客房。在入住日5月15日这天过完时，酒店共卖出了290间客房，这意味着，在离入住日7天内，酒店又卖出了290－170＝120间客房；在离入住日14天内酒店又卖出290－115＝175间客房；在离入住日21天内，酒店又卖出了290－88＝202间客房；在离入住日28天内，酒店又卖出了290－50＝240间客房。以下各行的数据含义类似。

表5－1　加法预测法的计算

时间	入住日的结果(间)	距离住店日还有若干天时预订的情况(间)			
	－1	7	14	21	28
5月15日	290	170	115	88	50
5月22日	295	168	105	75	38
5月29日	294	180	105	83	26
6月5日	296	206	103	55	28
6月12日	290	185	115	75	33
平均数	293	182	109	75	35
离入住日不同天数时还可新增的售房量	0	111	184	218	258

将5月15日至6月12日的五行数据平均，得到每个日期的平均数。最后一行是距离入住日的不同期限内，酒店还可以新增的售房量。

该表对酒店的参考意义有两个：一是今年的5月中旬至6月中旬酒店客房预期销售量可以参考去年的数据，收益经理可以据此控制销售进度，或者预留一定客房给重要客户。二是表5-1中的平均数可供其他月份的参考。比如，现在离入住日还有21天，该酒店已经卖出了70间客房，酒店总经理问，截至入住当晚，酒店预计总共出售多少间客房？答案是70+218=288间客房。

2. 乘法预测法

乘法预测法与加法预测法类似，不同之处是要计算出已出售客房占入住日实际出售客房总量的百分比。这一百分比具有重要的参考意义。

如表5-2所示，只有最后一行的数据与加法预测的表格不一样，其他各行的数据是一样的。最后一行数据的含义是，在离入住日还有28天时，酒店已经出售的客房占最终出售客房总量的12%；在离入住日还有21天时，酒店已经出售的客房占最终出售客房总量的26%以此类推。在离入住日还有14天时，如果酒店已经出售的客房量还没有达到预定目标的37%，酒店应尽快采取一些措施，增加预订量，比如增加销售渠道，降价促销，提供附加值服务等，否则，酒店可能完不成预定的销售目标，影响收入和利润水平。

表5-2　　乘法预测法的计算

时间	入住日的结果(间)	距离住店日还有若干天时预订的情况(间)			
	-1	7	14	21	28
5月15日	290	170	115	88	50
5月22日	295	168	105	75	38
5月29日	294	180	105	83	26
6月5日	296	206	103	55	28
6月12日	290	185	115	75	33
平均数	293	182	109	75	35
占入住日当晚夜审时客房出售总量的百分比(%)	100	62	37	26	12

3. 移动平均预测法

酒店每天的客房销量也不尽相同，不同季节的客房销量也不尽相同，具有一定的季节性趋势。为消除季节性影响，可以采用移动平均法。该方法即计算一定时间段的平均数，并固定时间段，往下平移，用该平均数代表新近时间点的预计

销售量。用公式表示，即

移动平均数 = 过去 N 个时段销售量的总和/N

例如，某酒店过去 10 周每周三的客房销量如表 5 - 3 所示，现在预测第 11 周的预计销量。

表 5 - 3　　移动平均预测法的计算

序号	日期	实际销售量(间)
1	11 月 28 日	280
2	12 月 5 日	257
3	12 月 12 日	270
4	12 月 19 日	268
5	12 月 26 日	289
6	1 月 2 日	297
7	1 月 9 日	259
8	1 月 16 日	288
9	1 月 23 日	279
10	1 月 30 日	283

如果按照 3 周的数据计算，则第 11 周的预计销售量是（288 + 279 + 283）/3 = 283（间）。如果按照 4 周的数据计算，则第 11 周的预计销售量是（259 + 288 + 279 + 283）/4 = 277（间）。如果按照 10 周的数据计算，则第 11 周的预计销售量是（280 + 257 + 270 + 268 + 289 + 297 + 259 + 288 + 279 + 283）/10 = 277（间）。

如果第 11 周的实际销售量是 278 间，则计算第 12 周的预计销售量时，若按照 10 周的数据移动平均，可以剔除第 1 周的数据 280 间，替换为第 11 周的 278 间，计算的结果是 277 间。

由此可见，移动平均法的计算过程中，时间段不是固定的，而不断向前平移，平移多少取决于计算者的主观选择。在平移过程中，离现在较远的数值不断被离现在较近的数值取代。一般而言，用来计算移动平均的时间段越多，越能平滑掉数据的季节性波动和随机性影响，计算的结果越接近于真实值。当然，这一方法的局限在于给离现在不同时间的时间段赋予同样的权重。实际上，多数情况下，离现在越近的数值，越有参考价值，在短期预测（比如两周）中应赋予更大的权重。这就是下一种方法：加权平均预测法。

4. 加权平均预测法

加权平均预测法同时考虑短期和长期，但给予短期和长期不同的权重，计算出未来销售量的加权平均数。一般而言，我们将离预测期近的观察值，赋较大权重，将离预测值远的观察值赋予较小权重，一系列观察值对应着一个权重序列，通过计算加权平均数，来计算未来的预测值。

以移动平均预测法的表格为例，在右侧增加一列，给 10 个时间点赋权重，离现在越近的日期，赋予的权重越大，离现在越远的日期，赋予的权重越小。可以计算 10 期的加权平均值，作为第 11 期的预测值。计算公式为，

$$Q = 280 \times 0.01 + 257 \times 0.01 + 270 \times 0.01 + 268 \times 0.03 + 289 \times 0.05 + 297 \times 0.05 + 259 \times 0.07 + 288 \times 0.07 + 279 \times 0.2 + 283 \times 0.5 = 281\ (\text{间})$$

表 5-4　　加权平均预测法的计算表

序号	日期	实际销售量(间)	权重
1	11 月 28 日	280	0.01
2	12 月 5 日	257	0.01
3	12 月 12 日	270	0.01
4	12 月 19 日	268	0.03
5	12 月 26 日	289	0.05
6	1 月 2 日	297	0.05
7	1 月 9 日	259	0.07
8	1 月 16 日	288	0.07
9	1 月 23 日	279	0.20
10	1 月 30 日	283	0.50

（三）根据预订进度预测

在实际工作中，一种更简单易行的方法是根据预订进度预测未来的销售量和销售收入。基本的计算公式如下，

客房预计销售量 = 已销售的客房数 + 已预订但没付款的客房数 + 预计将增加的预订数 − 预计将取消的客房数 − 预计不来入住的客房数 − 预计提前退房的客房数 + 预计推迟退房的客房数

客房预计销售收入 = 已取得的销售收入 + 已取得的部分预付款收入 + 预计将增加收入 − 预计取消而减少的收入 − 预计不来而减少的收入 − 预计提前退房而减少的收入 + 预计推迟退房而增加的收入

在以上公式的计算中，除了已销售的客房数、已取得的销售收入是确定的数据外，其他数据均需基于历史数据。酒店在运营中，需每天记录这些相关的信

息，供未来决策参考。

[关键术语]

细分市场　上门散客　协议散客　会议团队　旅游团队　需求预测　供给预测　无限制市场需求　市场份额　超订量　预测步骤　定性预测　语义分析法　定量预测　加法预测法　乘法预测法　移动平均预测法　加权平均预测法

[思考与实践]

1. 不同酒店的细分市场有哪些共同点和不同点?

2. 不同酒店各细分市场的市场份额有哪些区别，为何存在这些差异?

3. 一家酒店细分市场之间的比例并非稳定不变，影响酒店细分市场份额变化的趋势性因素有哪些?

4. 市场预测时，需要关注哪些重要的指标，常见的预测方法有哪些?

5. 调研一家商务酒店和一家度假酒店，获取两家酒店的细分市场信息，分析各自细分市场的异同和规律。

6. 调研一家五星级酒店或民宿的客源市场，分析其过去一年的销售数据，提出优化收益的策略，并预测管理方采纳该方案后，未来一年将获得的收益提升效果。

7. 收集一家酒店在OTA网站的顾客点评信息，并进行语义分析，总结出顾客最关注的方面，并基于点评信息和历史预订数据，预测未来一段时间内酒店的预订量变化趋势。

第六章　客房收益管理

【本章概要】

客房收益管理一直是酒店收益管理的重点。本章首先讲述客房产品、客房的价格体系，然后讲述客房收益管理的衡量指标，并在此基础上讲述客房收益管理的常见做法。

【学习目标】

1. 认识客房产品，区分客房静态价格体系的划分标准。
2. 列举并阐释客房收益管理的衡量指标。
3. 理解并能运用客房收益管理的实践做法。

第一节　认识客房及客房价格体系

一、认识酒店客房

客房是酒店的主要产品之一，也是酒店的主要收入来源。一些经济型酒店或民宿没有餐饮，或者只有早餐和小卖部，客房收入占酒店收入的90%以上。五星级酒店的收入主要来源于客房和餐饮，客房收入大多占酒店总收入的一半以上。在民宿、经济型酒店、主题酒店和星级酒店中，星级酒店的客房种类最多，尤其以五星级酒店的客房种类最多。

一般而言，三星级以上的酒店客房至少包括普通房、行政房和套房三种大的分类（见表6－1）。普通房包括双床房（即标准间）和大床房两种房型。行政房在酒店的行政楼层，也包括双床房和大床房两种房型。套房有多种类别，一般包括普通套房和行政套房两种。

表 6－1　三星级以上酒店的常见客房类型

客房类别	同档次客房细分种类
普通房	大床房、双床房
行政房	大床房、双床房
套房	单卧室＋会客厅、双卧室＋会客厅

普通房是酒店的基准房型，也是酒店的主打房型。在五星级酒店，普通房对外称呼经常是豪华房。行政客房的档次高于普通房，这主要体现在房间楼层、房间面积、房间设施、客房服务内容等方面。套房的档次高于行政客房，体现在面积、房间设施和服务等方面。每个酒店的套房类型各不相同，通常是一个大床房加一个会客厅或者一个大床房加一个亲子房和一个会客厅。

在客房的称呼上，早前称为单人间、双人间、三人间，分别指一个房间有一张床、两张床和三张床。近年来，开设三人间的酒店较少，单人间的床一般是大床，因此人们将单人间称为大床房，将双人间称为标准间或双床房，分别均可以接待一人或两人入住。一些经济型酒店将不同档次的大床房和双床房前加上经济房、商务房等称呼，如经济大床房、经济双床房、商务大床房、商务双床房，以做区分。五星级酒店会给普通房、行政房和套房起一些非常雅致的名字，如悦享房、至尊房或尊享房等。

在客房的设施方面，早前的酒店客房只是供人们住宿休息，包括床、桌、椅等硬件设施及被褥、毛巾等日用品，卫生间也是每个楼层共同的。后来随着人们生活水平的提高，酒店的设施设备也逐渐升级，在客房内增加了电视、沙发、电话等硬件设施，并且每个客房均有独立的卫浴设施。再后来，客房内新增了空调、暖气、地毯、衣柜、保险箱、小冰箱、迷你吧等设施设备，客房的墙壁上也多了壁画、壁纸、吊篮等艺术饰品，洗漱用品的种类不断增加，品质不断升级，客房服务也不断升级，包括早上电话叫醒服务、开夜床服务，送餐服务等，并附加健身房、康乐中心等，总体上更加无微不至，更加周到，为顾客营造一种宾至如归的感觉。今天，普通档次的酒店仅包括基本的设施和服务，酒店档次越高，包含的设施设备越齐，服务越周到全面。

酒店收益管理实践中，一些酒店将客房差异化分类运用到极致。即使是基准档次的客房，也会根据朝向、光线、设施等进行细分，如海景房、湖景房、园景房、香薰房、清新房等类型，执行不同的价格。一些酒店更进一步，对于同样的海景房，提供不同的增加值服务，比如是否含双早，是否含周围景区的门票，是否含送餐服务等，然后以不同的价格出售。

除了以上三种常见的房型外，个别经济型酒店会设有少量三床房（即三人间）和套房。五星级酒店还有其他具有本酒店特色的房型，比如女士客房、商务客房、家庭套房、总统套房等。各酒店需根据自身的目标顾客群体，安排各种档次房间的数量比例以及同档次房间中的大床房、双床房和三床房的数量比例。

近年来，随着人们物质生活水平的提高，个性化消费需求越来越多，主题酒店、主题客房也应运而生。如电影主题酒店、咖啡主题酒店、兵马俑主题酒店、动漫主题酒店、京剧主题酒店、摄影主题酒店等。一些酒店开设茶文化客房、禅文化客房、女士客房、电竞客房等。这些主题酒店和主题客房的差异，主要体现在客房设施、客房装饰方面，创造了新的消费产品，给人耳目一新的感觉，提供不一样的入住体验。以前，人们只有在外出商旅时才住酒店，酒店主要满足人们的住宿和用餐需求，顾客常见的关注点是安全、干净、安静、整洁、卫生。如今随着这些新颖酒店和新颖客房的推出，人们外出旅行时，除了基本的住宿和用餐需求外，还希望获得精神和文化的收获，主题酒店和主题客房可以满足一部分这样的需求。本地人士也会像体验一家特色餐厅的美食、参观一家展览馆一样，光顾一家主题酒店或一家酒店的主题客房，体验其独特的主题文化和客房产品。主题客房和主题酒店满足了新的市场需求，吸引了大量本地和外地的体验式入住顾客。

二、客房价格体系

客房价格体系是一种静态的价格列表。新开业酒店需首先设定一套价格体系，然后运营中在此价格体系的基础上，动态地调整各房型的价格。一家收益管理做得好的酒店，每年年底均会根据竞争对手的变化，调整既有的客房价格体系，拟定新的客房价格体系，作为接下来一年调整房价的参照点。

中国的酒店在接触收益管理理念之前，每种房型一个价格，价格一旦确定，谁来入住，什么时候预订，价格通常一样，并且长时间不变。在接触收益管理理念之后，客房价格不再是一成不变的，散客价格不同于团队价格，平日价格不同于周末价格，不同预订渠道的价格也不一样，价格体系变得复杂起来。随着收益管理技术的发展，一些酒店的某房型价格在一天之内也会发生变化，即酒店在动态地定价。一般而言，客房价格体系是静态的，定期调整，动态定价发生于每天的运营当中，参照之前拟定的静态价格体系。

客房价格体系中的客房价格，包括不同房型、不同目标顾客的入住价格，通常是入住一晚的价格，这些价格是不同顾客入住不同房型的当日最低价（Best Available Rate，BAR），也被称为BAR价或基准价。在每天的运营中，酒店可以执行基准价，也可以基于基准价动态地调高价格。在最简单的收益管理中，酒店制定出基准价后，接下来一年均按此价格体系进行销售，不会发生一天内价格波动的现象，我们称此为静态收益管理，而将基于基准价每天动态调整价格的收益管理称为动态收益管理。静态收益管理适合于小的单体酒店，只要满足基本的收益目标即可，毕竟专门聘请收益经理的成本太高。动态收益管理适合于连锁性的酒店集团，在集团层面或区域层面设置专门的收益经理，通过动态定价实现更多收入。

表6－2是某温泉度假酒店主要房型的2018年静态价格体系表，表中展示了不同房型的数量，不同预订渠道的价格，不同顾客群体的价格，以及各渠道和顾客群体不同入住时间的价格。其中，牌价是法定节假日的统一销售价格。在法定节假日之外，酒店执行细分的价格体系。网络价是指酒店官网和OTA网站的价格，前台卖价是指顾客没有办理预订，直接到前台办理入住的价格。一般而言，前台价如果低于网络价，顾客会在酒店前台或大厅用手机上网，进行网上预订，然后再在前台办理入住，这会增加顾客办理入住的时间，对顾客而言是不好的入住体验，因此很多酒店的前台价与网络价一致，至少与官网价格一致。散客价和团队价是指通过电话预订，根据单次入住的顾客数量而设的价格。该价格体系表明，该酒店鼓励顾客电话预订，因为电话预订时，酒店客服可以获得顾客更详细的需求和信息，为顾客到酒店后提供更好的服务，也为酒店今后营销积累丰富的数据和资料。

表6－2　　2018年某度假酒店主要房型的价格体系

房型	房间数量（间）	牌价（元）	网络价/前台卖价（元）		散客价（元）		团队价（8间成团）（元）	
			周日～周四	周五、周六	周日～周四	周五、周六	周日～周四	周五、周六
特价房	10	1080	398	598	398	598	398	598
标准大床房	12	1280	598	898	498	798	400	680
标准双床房	17	1280	598	898	498	798	400	680
复式套房	8	1980	1198	1598	1098	1498	600	800

表6－3是该度假酒店另一套房型的价格体系表，该表增加了政府、旅行社和商务公司的协议价格，其他各价格的含义与表6－2相同。表6－3的附注说明了更详细的价格执行原则。该酒店还设置了与“客房＋餐饮”消费组合，“客房＋餐饮＋休闲农场门票”消费组合，在这些消费组合中，客房价格不变，对餐饮和门票设定优惠价格。

表 6-3　　2018 年某度假酒店别墅房型的价格体系

房型	房间数量(间)	牌价(元)	网络价/前台卖价(元)			散客价(元)			政府价/旅行社/商务公司(元)			旅行社团队价(5 间成团)(元)		
			周日~周四	周五	周六	周日~周四	周五	周六	周日~周四	周五	周六	周日~周四	周五	周六
一居别墅	12	4380	1998	2998	3498	1898	2898	3398	1848	2848	3348	1798	2698	3148
二居别墅	13	8180	3998	5898	6898	3798	5698	6698	3698	5598	6598	3598	5298	6198
三居别墅	4	12080	5998	8898	10398	5698	8598	10098	5548	8448	9948	5398	7998	9348
四居别墅	1	17000	7998	11898	13898	7598	11498	13498	7398	11298	13298	7198	10698	12498
五居别墅	1	20500	9998	12898	15398	9498	12398	14898	9248	12148	14648	8998	11398	13648

注:(1)每房含双早;周末~周六入住的,每房另含双人自助晚餐。

(2)其中 2018 年 7 月 1 日~2018 年 8 月 31 日期间所有非周末房价上涨 200 元/间,周末不调整。

(3)团队遵照一团一议原则。

(4)价格有效期:2018 年 1 月 1 日~2018 年 12 月 31 日(法定节假日执行挂牌价,另附说明);别墅入住时间:15:00 后,退房时间次日 12:00 前。

(5)其中 3 月、6 月、9 月等淡季将根据市场动态进行调整;用餐标准:午餐 1000 元/桌起,晚餐 2000 元/桌起。

(6)使用温泉收费标准为 188 元/位,每间房可享受 2 位客人免费使用温泉,小朋友 1.2 米以下免费,1.2~1.4 米收取半价优惠,1.4 米以上收取全价费用。

(7)股东享受前台卖价 7 折,5 万会员享受前台卖价 85 折,10 万会员享受前台卖价 8 折(参照 2017 价格政策执行,不做调整)。

表 6-3 中的说明有一条：团队遵照一团一议原则。这是因为，团队顾客并不知道酒店的这一价格体系，不知道酒店的最低售价。团队预订客房时，销售代表会根据团队要求提供一个价格，双方讨价还价后成交，销售代表当然希望以最低价之上的某个价格成交，完成销售业绩，但成交价最低不能低于表 6-3 中的团队价格。这就延伸出另一个问题。客房价格体系是客房的当日最低售价，顾客只能通过官网、OTA 网站获知酒店的客房价格，也就是说，在表 6-2~表 6-3 中，如果顾客不打预订电话，从公开渠道只能获知网络价和前台卖价，只有这个价格是公开透明的，而散客价、团队价的底价只有酒店内部知悉，并非公开透明，顾客若想知悉，需与酒店讨价还价，这对酒店客服的电话销售技巧提出了较高要求。

在静态客房价格体系中，也有动态价格的一面，体现在节假日的价格安排。表 6-4 展示了该酒店 2018 年各法定节假日的价格安排。在节假日前后，客房价格在周五价格、非周末价格和挂牌价格之间跳跃，体现了酒店收益管理关于节假日的价格考虑。当然，该酒店也有连住房价格，每间夜价格是各天价格的算术平均，在网络预订时，由系统自动计算，在电话预定时，由销售代表计算并提供。

表 6－4　　2018 年某度假酒店客房价格体系关于节假日的补充说明

节日	放假时间	放假天数	执行价格
元旦	12 月 30 日～1 月 1 日	共 3 天	12 月 29 日执行周五价格 12 月 30 日、12 月 31 日执行挂牌价 1 月 1 日执行非周末价格
春节	2 月 15 日(除夕)～2 月 21 日	共 7 天	2 月 14 日执行周五价格 2 月 15 日执行周五价格 2 月 16 日～2 月 20 日执行挂牌价 2 月 10 日、2 月 21 日、2 月 23 日、2 月 24 日执行非周末价格
清明节	4 月 5 日～4 月 7 日	共 3 天	4 月 4 日执行周五价格 4 月 5 日、4 月 6 日执行挂牌价 4 月 7 日执行非周末价格
劳动节	4 月 29 日～5 月 1 日	共 3 天	4 月 28 日执行周五价格 4 月 29 日、4 月 30 日执行挂牌价 5 月 1 日执行非周末价格
端午节	6 月 16 日～6 月 18 日	共 3 天	6 月 15 日执行周五价格 6 月 16 日、6 月 17 日执行挂牌价 6 月 18 日执行非周末价格
中秋节	9 月 22 日～9 月 24 日	共 3 天	9 月 21 日执行周五价格 9 月 22 日、9 月 23 日执行挂牌价 9 月 24 日执行非周末价格
国庆节	10 月 1 日～10 月 7 日	共 7 天	9 月 28 日、9 月 29 日、10 月 7 日执行非周末价格 9 月 30 日执行周五价格 10 月 1 日～10 月 6 日执行挂牌价

表 6－4 的静态价格体系中，在时间上只区分为平日和周末、平日和节假日。一些酒店将平日又进行了细分，为周一、周二、周三、周四制定不同的价格标准，周末的三个晚上——周五、周六、周日——也执行不同的价格标准，这样的静态价格体系就更加复杂了。

第二节　客房收益管理的衡量指标

一、内部指标

（一）客房收入

客房收入也称为客房收益，是指酒店各类客房的销售收入。按不同房型，可以计算普通房收入、行政房收入、套房收入。按不同时间段，可以计算日收入、周收入、月收入、季度收入、年收入。

客房收入的简化计算公式是，

$$客房收入 = 客房销量 \times 房价$$

详细的计算公式是，

$$客房收入 = \sum_{t=1}^{n}\sum_{i=1}^{n} 客房销量_i \times 房价_i$$

该式中，i 表示第 i 种房型，t 表示第 t 天，先算每天的客房总收入，乃将每一种房型的销量与各自房价相乘，加总得到当天总的销售收入，然后将 1 个月各天的销售收入加总，得到月收入，将一年各天的收入加总，得到年收入。

客房收入是衡量酒店客房部和销售部业绩的直观指标。酒店高管可以将本年收入与上年收入作对比，将本月收入与去年同期收入相比，以衡量酒店经营业绩，并做出相应决策。

表 6－5 提供了一个简化的客房部收入与利润核算过程，在表 6－5 中，先计算客房部所有的收入，然后核算所有的成本、支出和费用，再扣除折旧后得到利润总额，交完所得税后得到净利润。这与一般的利润表计算过程不太一样，在会计学中的利润表核算中是先用主营业务收入减去主营业务成本，得到主营业务利润，然后加上其他业务收入，减去其他业务成本，得到营业利润，然后再减去其他支出和费用，计算利润总额和净利润。

在表 6－5 中，固定资产折旧和摊销的处理有一定的灵活性，该项既可以像表中所列，单独核算，也可以将其结转到主营业务成本、管理费用和销售费用中，不在该表中显示。有些酒店上市公司乃按后者处理。在这里，我们仅是计算客房部的收入和利润，可以不进行区分。

表 6－5　　客房利润核算表

	2019 年	2018 年
收入		
主营业务收入		
其他业务收入		
支出		
成本		
主营业务成本		
其他业务成本		
营业外支出		
销售费用		
管理费用		
固定资产折旧和摊销		
利润总额		
所得税		
净利润		

（二）客房收益率

客房收益率指在一定时间内酒店客房实际销售收入占潜在销售收入的比例。计算公式为，

$$客房收益率 = \frac{客房实际销售收入}{客房潜在销售收入} \times 100\%$$

客房潜在销售收入是指酒店所有的客房以最高房价销售出去时可以获得的收入，最高房价通常以客房的牌价为准。一般情况下，客房收益率小于 100%，因为客房出租率等于 100% 的情况并不多见，即使客房出租率等于 100%，客房售价也不可能都等于挂牌价，客房售价低于挂牌价的情况是常态。当酒店的销售部和预订部运用各种销售策略，不断提高客房收益率，当客房收益率接近 100% 时，酒店可考虑调高牌价，调高客房价格体系中的部分客房价格。或者，销售部和预订部仍按照常规的销售策略，当市场需求增加，客房出租率提高，销售收入增加，从而客房收益率提高，此时酒店可以适当地调高房价，获得更高收入。尤其是当出租率接近 100% 时，适当提高房价可以获得更多的收入。

（三）边际收益

边际收益是指客房收入减去客房变动成本（亦被称为运营成本）后的收益，用于抵偿固定成本。当固定成本被抵偿完时，剩余的为客房边际利润。用公式表示为，

$$边际收益 = 房价 - 变动成本$$

$$边际利润 = 房价 - 变动成本 - 固定成本$$

变动成本是指客房销售出去后，产生的水电费、上网费、燃气费、保洁费以及重新补足客房用品（洗漱用品、一次性拖鞋等）的支出。在一些高档客房，变动成本还包括在店礼物、水果果盘、迷你吧的矿泉水、茶叶和咖啡等。

固定成本是指客房硬件设施的折旧，包括墙壁装修、墙壁壁纸、空调、电视、卫浴设施、床、桌、椅、地毯、台灯、吊灯、落地灯、房间灯控系统等。中国酒店业目前对客房设施设备的常见折旧标准是4～8年。根据此标准，我们可以大致计算出每间客房的边际收益和边际利润。

（四）客房出租率

客房出租率（Occupancy Rate，OCC）是指酒店出租出去的房间数量占酒店拥有的可出租的房间数量的比例。在销售过程中，出租有时也被称为出售。在夜审时，客房出租率也被称为客房占用率、客房入住率。用公式表示为，

$$客房出租率 = \frac{已出租的客房数量}{可供出租的客房数量} \times 100\%$$

可供出租的客房总数不包括酒店自用房、坏房及酒店员工或顾客造成的不能用于出租的房间。自用房是指酒店固定的几个房间，不对外销售，通常供内部员工临时入住、供促销活动中的赠房入住、招待业主、招待团队顾客的导游或司机等。各酒店均有自用房的专项制度。坏房是指房间有故障，需要维修且当日无法完工，故该房当日不能计为可供出租房。与坏房相联系的另一个名词是故障房，故障房是指客房产生故障（比如灯坏了），暂停出租，等待维修，并且维修当日就能完成，在维修完成之前，该房不是可供出租房。当维修完成后，该房重新变为可供出租房。酒店员工或顾客造成的不能用于出租的房间是指客房运营中，因为发生误解、纠纷或其他事宜，该客房暂时不能用于出租。

客房出租率的最小值是0，最大值通常是100%。一般而言，出租率为0的情况较为少见，近年来随着新的营销模式的推出（比如小时房、分时客房等），客房出租率就可以超过100%。

客房出租率是客房运营中需关注的一个重要指标。大多数酒店追求较高的出租

率，因为出租率低意味着客房空置，没有发挥其应有的价值。但是，高出租率对酒店运营提出了高要求，在水、电、安全保障、客房服务等方面均需酒店加强管理。

汉庭酒店自用房管理规定

一、目的与适用范围

1. 目的

明确门店使用自用房的条件和用途。

明确门店自用房城区审批监管流程。

明确自用房使用与酒店业务及营运关联性，确保酒店经营利益最大化。

2. 适用范围

适用于各品牌所有直营店和加盟店。

二、自用房理由释义

1. 城区促销、单店促销

指城区或单店范围内自行开展的促销活动，城区促销如“欢乐6加1”“积点卡8加1”等，单店促销如“时租6免1”等，均可在客人入住时归入“自用房”。

2. 临时宿舍、临时仓库

指门店以作为宿舍、仓库为目的临时用房。长期的宿舍和仓库用房，不得使用自用房项，需报城区总部及总部销售部审批后，申请从PMS系统的可售房中剔除。

3. 城区员工出差、培训

指同城区员工出差、培训用房。

注：以下情况不属于此范畴：若城区间或总部员工出差或培训用房，按正常客人入住手续办理，付全额房费后回城区或总部报销。

4. 员工加班

指门店员工（含店长）因加班无法正常下班，店长安排住门店客房。店长若长期驻店需占用客房的，需报城区总部审批同意。

5. 外部工程施工人员

指由于门店硬件安装或维护需要，外部施工人员无法当日结束离开酒店，经店长及相关审批后安排客房住宿。

6. 公关招待

指门店为与政府职能部门、大协议公司、供应商等建立长期合作关系而提供的招待用房。

7. 团队免房

指作为接待团队客人时免收司陪房费理由，例如团队预订 16 间客房，免费送司陪用房 1 间，该司陪房不收房费，以自用房操作。

8. 业主

指为维护门店与业主的良好关系而招待业主的用房。

三、自用房审批

除“促销活动”“团队免房”外，其他途径自用房的使用总量：

每人每次连续使用自用房不超过 2 间夜（包括 2 间夜），需店长的直接上级审批。

每人每次连续使用自用房超过 2 间夜的，需逐级提交审批至城区总部。

未提前提交审批，必须在 3 个自然日内补报审批；若已操作的自有房邮件未审批通过，若超时未审批（发生后 3 个自然日内），门店应自行承担费用，并补入 PMS 系统。

以上规则，自 2012 年 10 月 1 日起正式执行。

汉庭酒店集团运营部
汉庭酒店集团收入审核组
2012 年 9 月

资料来源：汉庭酒店集团。

（五）平均房价

平均房价（Average Daily Rate，ADR）是指酒店客房销售收入与酒店已出租的客房数量的比值。平均房价用于衡量酒店客房的综合价格水平。用公式表示为，

$$平均房价 = \frac{客房销售收入}{已出租的客房数量}$$

该指标的重要性在于当酒店有多个房型时，不同房型的房价不同，出租率也可能不同，用哪一种房型的价格代表酒店的价格水平都不合适，因此需要衡量一

个酒店客房的综合价格水平，即平均房价。不同酒店的平均房价不同，通常代表着销售业绩的差异。如果两家酒店的客房出租量相近，则平均房价的差异通常反映出客房档次的不同。

（六）单房收益

单房收益（Revenue per Available Room-Night，RevPAR）指酒店客房销售收入与酒店可供出租的客房数量的比值。单房收益也被称为单房收入、每间可供出租房收入。用公式表示为，

$$单房收益=\frac{客房销售收入}{可供出租的客房数量}$$

如果将客房出租率和平均房价考虑进来，单房收益可以进一步表示为，

$$单房收益=\frac{已出租的客房数量}{可供出租的客房数量}\times\frac{客房销售收入}{已出租的客房数量}$$

可以简写为，单房收益 = 客房出租率 × 平均房价

$$RevPAR = OCC \times ADR$$

单房收益是客房收益管理的一个综合指标，也是最常用的指标，用来衡量平均每间可供出租客房带来的收入贡献。该指标表明，提高客房出租率和平均房价均可以提高单房收益。然而，平均房价与客房出租率呈反向相关关系，平均房价越高，客房出租率越低，平均房价越低，客房出租率越高，酒店需要在这两者之间进行权衡。

我们假设一家酒店有 200 间客房，未来某天的平均房价有如下 10 种情形（见表 6－6、图 6－1），每种房价对应一种客房出租量和出租率，我们可以将平均房价乘以出租率，得到单房收益。将平均房价乘以客房出租量，得到客房总收入。

表 6－6　平均房价、客房出租率与单房收益的关系

情形	平均房价（元）	客房出租量（间）	出租率（%）	单房收益（元）	客房总收入（元）
1	598	200	100	598	119600
2	688	180	90	619	123840
3	798	170	85	678	135660
4	969	160	80	775	155040
5	1169	140	70	818	163660
6	1296	120	60	778	155520

续表

情形	平均房价(元)	客房出租量(间)	出租率(%)	单房收益(元)	客房总收入(元)
7	1556	100	50	778	155600
8	1696	80	40	678	135680
9	1796	60	30	539	107760
10	1896	40	20	379	75840

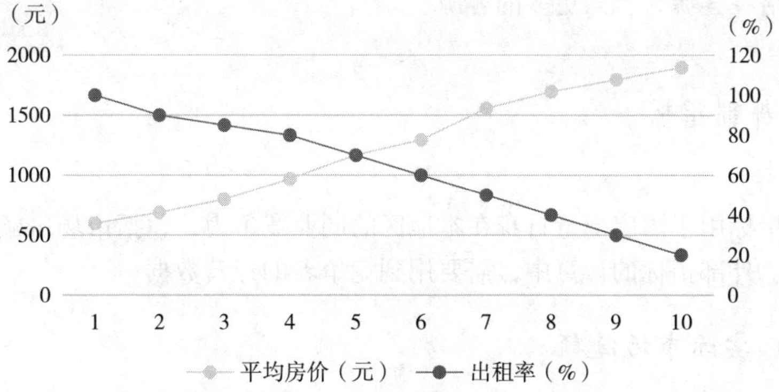

图6-1 平均房价、出租率与单房收益的关系

如果酒店追求高的出租率，则第一种情形最好，出租率为100%，然而此时客房总收入仅119600元，在10种情形中倒数第三。酒店员工辛辛苦苦忙碌一天，却只得到较少的收入，事倍功半。如果酒店追求较高的平均房价，则第10种情形最好，但此时出租率最低，总收入在10种情形中倒数第一。酒店员工倒是清闲了，但是收入也大幅减少。

因此，仅考虑出租率或平均房价均是片面的，酒店应同时考虑这两方面。仔细观察表格，我们发现第5种情形的总收入最高，此时平均房价是1169元，出租率是70%，平均房价和出租率均居于中等。反映在图中，即两条线的交叉点。此时也是单房收益的最大值，酒店以适中的出租率，适中的员工工作量，适中的客房损耗，实现最大的收入水平。

从单房收益的角度，第3种情形和第8种情形的单房收益相等，第6种情形和第七种情形的单房收益相等，这两组的各自对比中，哪种情形对酒店更有利呢?

先看第3和第8种情形的对比，前者比后者多卖90间客房，将增加酒店员工的工作量，增加固定资产的折旧和损耗，人多也会带来安全的隐患，加大了管理的难度。不过，如果酒店管理得当，多卖的90间客房将产生额外的消费，如餐饮消费、商店购物、健康娱乐服务等，为酒店带来额外的收入。当然，如果酒店的人手不够，为保证入住顾客的在店体验，避免人多带来的服务质量下降，顾客投诉增多，采用第八种定价策略也未尝不可。

再看第 6 和第 7 种情形，前者比后者多卖 20 间房，同样会产生顾客增多带来的损耗增多、管理难度增加、员工工作量增加等问题，同时顾客在店消费种类和金额也可能增加，为酒店带来更多的收入，酒店需要在这个方面权衡。一般而言，如果单房收益相近，客房出租率也相近，酒店会选择高出租率的情形，以争取更多的潜在客源，积累更多的客源。

二、外部指标

外部指标用于酒店衡量自身在本地区的同业竞争力，包括市场份额，市场渗透指数等。外部指标的计算中，需要用到竞争者的经营数据。

（一）实际市场份额

实际市场份额即实际市场占有率，指酒店客房销售量占所在地区（或所在商圈）客房销售总量的比例。用公式表示为，

$$实际市场份额 = \frac{酒店客房销售量}{该地区客房销售总量} \times 100\%$$

如果计算某种房型的市场份额，上式中的客房销售量和所在地区客房销售总量只统计这一种特定的房型。例如在某城市郊区的几家度假酒店中，普通房型（大床房与双床房之和）与套房的数量比例约为 6∶4，如果仅考察套房的销售业绩，则上式中仅统计各酒店套房的数量即可。

实际市场份额越大，表明酒店在这一地区、这一细分市场的竞争能力越强，市场认可度越高。

（二）应有市场份额

应有市场份额指酒店可供销售的客房数量占所在地区可供销售客房总量的比重。该指标衡量酒店的供给能力或市场潜力。

$$应有市场份额 = \frac{酒店可供销售的客房数量}{所在地区可供销售的客房总量} \times 100\%$$

在酒店运营中，应有市场份额是个参照点，酒店需要拿实际市场份额与应有市场份额比较，衡量短期或长期的经营业绩。如果前者小于后者，表明酒店处于

竞争的不利地位，一些市场份额被竞争对手争夺去了。如果前者大于后者，表明酒店获得了竞争对手的市场份额，酒店具有较强的竞争能力和盈利能力。如果两者相等，表明酒店的市场地位与自身的潜力相当，应居安思危，防止实际市场份额下降。

（三）市场渗透指数

市场渗透指数（Market Penetration Index，MPI）是酒店自身的客房平均出租率与本地区酒店客房平均出租率的比值，并以百分数形式表示。计算公式为，

$$\text{市场渗透指数} = \frac{\text{酒店客房平均出租率}}{\text{所在地区客房平均出租率}} \times 100\%$$

市场渗透指数基于客房的出租率的比较，不同于实际市场份额基于客房出租数量的比较。因为出租数量的多少取决于酒店客房总量。例如某地区有两家酒店，一家500间客房的酒店出租100间房，相比于一家100间客房的酒店出租90间房，前者的实际市场份额和应有市场份额均高于后者，但显然后者的出租率较高，后者的经营业绩更好。而用市场渗透指数来衡量，就可以避免这种判断的偏误（见表6-7）。

表6-7 市场渗透指数与市场份额指标的比较

	A酒店	B酒店
客房总量	500间	100间
客房销量	100间	90间
实际市场份额	100/(100+90)=52.6%	90/(100+90)=47.4%
应有市场份额	500/(500+100)=83.3%	100/(500+100)=16.7%
市场渗透指数	(100/500)/(190/600)=63.2%	(90/100)/(190/600)=284.2%

（四）平均房价指数

平均房价指数（Average Rate Index，ARI）指酒店自身的平均房价与酒店所在地区平均房价的比值，并以百分比的形式表示。该指标用于反映某一酒店的平均房价与所在地区酒店平均房价的对比情况。计算公式为，

$$\text{平均房价指数} = \frac{\text{酒店客房平均房价}}{\text{所在地区客房平均平均房价}} \times 100\%$$

（五）单房收益指数

单房收益指数是酒店自身的单房收益与所在地区酒店单房收益的比值，并以

百分数形式表示。该指标用来反映酒店与竞争对手相比，每间客房获利能力的高低。计算公式为，

$$单房收益指数 = \frac{酒店单房收益}{所在地区酒店的单房收益} \times 100\%$$

根据单房收益的变形公式，单房收益等于出租率乘以平均房价。考虑市场渗透指数和平均房价指数后，单房收益指数是以上两个指数的乘积。用公式表示为，

$$单房收益指数 = 市场渗透指数 \times 平均房价指数$$

第三节　客房收益管理的常见方法

在收益管理的五要素（产品、时间、价格、渠道和顾客）中，销售渠道管理已经讲述过了，完全适用于客房收益管理。在客房收益管理实践中，除了关注销售渠道外，也需要围绕产品、时间、价格和顾客这 4 个方面，分别采取适当的方法。客房收益管理方法如图 6－2 所示。

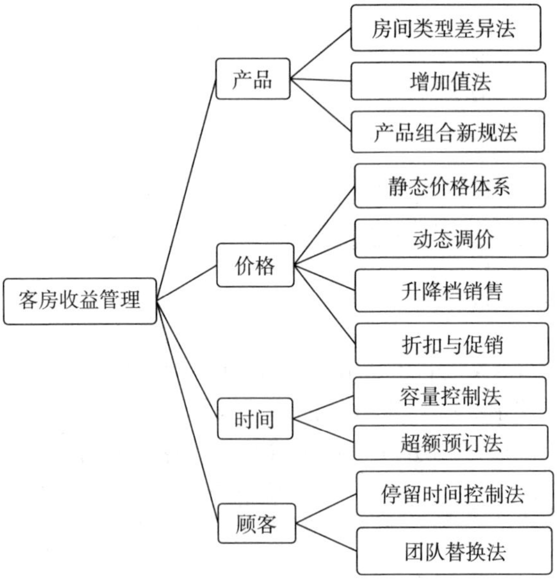

图 6－2　客房收益管理方法一览

一、房间类型差异法

房间类型差异法就是寻找客房的差异，设置客房的差异，提供各式各样的客房，满足不同的顾客群体。

客房的差异体现在房间大小、房间位置、朝向与光线、房间内设施、与房间相关的服务等方面。

表 6-8　根据房间差异对客房的分类

种类	区分标准	实际例子
1	房间大小	迷你房、大床房、套房
2	房间位置	地下室房、半地下室房； 低楼层客房、高楼层客房； 无烟房区域、吸烟房区域； 东区、西区、南区、北区； A 区、B 区、C 区、D 区
3	朝向与光线	阳光房、晨曦房、夕阳房； 临街房、背街房； 有窗房、无窗房； 海景房、山景房、湖景房、园景房
4	房间内设施	香薰房；温泉房；电脑房；麻将套房； 无烟房、吸烟房（有烟灰缸）； 普通房、豪华房、超级豪华房
5	房间相关服务	免费取消预订、不可取消预订、取消预订收一定费用
6	房间名字与历史	尊享房、至尊房、雅致房； 贵宾房、名人房、明星房
7	入住时间	中午 12 点以后；下午 6 点以后； 14 点～18 点；10 点～18 点

针对表 6-8 前 4 种客房，在同一时间对同一顾客群体的售价可能不同，这种价格差异完全是由客房本身引起的，这种差异是客观存在的。表 6-8 中 5、6、7 三种客房，在同一时间对同一顾客群体的不同售价，是经营者赋予了客房差异，人为地将客房额外地进行区分，客房种类在现有基础上更多了。

一种极端的情况是在“房间名字与历史”中，尊享房、至尊房、雅致房之间可能并无明显差异，甚至有可能是同一类客房，在同一楼层，彼此紧邻，酒店分别起了三个名字，以迎合不同顾客对房间名字的偏好。更极端的情况是，酒店只剩一间客房，取三个名字，告诉顾客还有三间客房，价格不一样，顾客只需要一间客房，在三个客房中选一个，其实顾客无论选哪一个，预订或入住的都是唯一的那一间客房。之后，酒店立即停止另外两个客房的挂牌销售。在此例中，酒店利用信息不对称的优势，虽然有欺骗顾客的成分，但是顾客一般不会验证，不会细究客房的差异，并且很有可能选择中间价格、高价的客房，酒店会因此获得额外收入。即使顾客细问三类客房的差异，销售人员也可以说位置不同、朝向不同等，进行解释。当然，这也提醒顾客，在遇到客房名字很接近的情况时，最好关注下客房间的实质差别，或者选择最低价的客房即可，不要被收益管理了。

无论哪种情况，设置客房差异、寻找客房差异是收益管理的基础，是从产品这一源头进行收益管理。相对而言，渠道管理属于收益管理的中间端，而区分和维护细分市场是收益管理的终端。静态价格体系是收益管理的参照点，动态调价、容量控制、折扣与促销、超额预订等是收益管理的实用工具。

二、增加值法

增加值法是指客房不降价、不打折，在原有房价的基础上提供额外的产品或服务，为顾客提供增加值。增加值法也被称为附加价值法，顾客不需要为这些附加的产品或服务额外付费。

现实生活中，低档产品经常会打折促销，季末促销，薄利多销。高档产品一般不会轻易打折。价格代表着高档产品档次。如果顾客希望高档产品打折，卖方一般会告知，不可以打折，或者适逢某某节日或某某活动，可以赠送相关的产品，或者提供额外的服务。

在酒店业，中低档次酒店经常有促销活动，如 77 元体验入住，88 元体验入住，是一种吸引客源的促销活动。如预充值 1000 元获得 1500 元，预充值 5000 元获得 8000 元，是一种变相的折扣。高档酒店的类似活动较少，房价有波动，对协议客户有协议价，对不同级别的会员有会员价，但是对于普通散客，一般不会有折扣价，如果顾客非常在意价格，一再要求，酒店人员可以提供权限内的增加值服务。在这里增加值服务是为了抚慰顾客心理。

以上高档次酒店提供的增加值服务是被动的。当然，酒店也可以主动提供增加值服务，以彰显与竞争对手相比的优势。比如本酒店与竞争对手的客房价格相当，然而本酒店可以提供以下增加值服务，显示在官网或OTA的客房预订界面上，如提前入住，延迟退房，免费停车，免费洗车，双倍会员积分，额外赠送一份餐厅的代金券，多赠送一份温泉券，赠送酒吧的特色饮品，赠送客房水果，夏天免费提供一碗绿豆汤，冬天免费提供一碗热姜汤等。顾客以同样的价格，获得更多的增加值产品或服务，同样会增加对本酒店的好感，选择下榻本酒店。

三、产品组合新规法

产品组合新规法是指将客房产品与其他产品打包或重新组合成新的产品，再对外销售。酒店可以将客房与本酒店的产品组合销售，也可以将客房与酒店以外的产品组合销售。在形成新的产品组合后，可以提出新的销售规定和服务细则。

（一）酒店内部产品组合

顾客到酒店入住，如果是商务出差，则日程较紧，仅在客房休息一晚，到酒店其他部门消费的可能性较低，甚至有可能深夜入住，第二天早上很早就离店，根本不可能到酒店其他部门消费。如果顾客是休闲度假，则有很大可能在酒店用餐或到酒店的健身房、康乐中心、酒吧、卡拉OK、水上乐园等部门消费。因此，将客房与餐饮打包销售，客房与康乐打包销售，客房与温泉打包销售，或者将客房、餐饮、康乐等部门的多项产品打包，推出不同种类的产品组合，并适当给予价格的优惠，很受消费者欢迎。

在酒店业中，经济型酒店的酒店内部打包情况不多，而高档酒店、度假酒店的酒店内部打包情况较多。经济型酒店的主要功能是为顾客提供便捷的住宿服务，客房是最重要的部门，也是最大的部门，除了早餐外，其他相关的设施和服务相对有限，产品组合的种类受到很大限制。然而，度假型酒店有多个部门、多个康乐项目、多个玩乐设施、多个娱乐场地，酒店就可以推出两项、三项和多项的产品组合，满足不同消费等级的顾客，满足拥有不同需求的顾客群体。

内部产品组合的另一种方法是，当顾客提出需求后，酒店临时增加客房产品或服务。例如，顾客要求加床，要求送餐到客房，要求接送机等。酒店针对这些新增的需求，设定收费标准，为顾客提供周到的服务。

（二）酒店外部产品组合

酒店外部产品组合主要应用于景区附近的酒店、名胜古迹附近的酒店、商场附近的酒店、游乐园附近的酒店、演出场馆附近的酒店，体育场馆附近的酒店等。酒店提前与相关的第三方联系，推出一些产品组合，供顾客选择并预订。酒店与第三方定期确认销量并结算，各自获得分成收入。此时，酒店相当于第三方的销售代理。当然，当这一产品设计好之后，第三方也可以销售此打包产品，例如旅行社推出的定制游中，包括住宿这一项，酒店不与顾客结算资金，而定期与旅行社结算资金。

外部产品组合的常见做法是，到店入住的顾客可以免费获得门票、代金券、优惠券等，或者以较低价格购买以上门票、代金券、优惠券等。

四、静态价格体系

静态价格体系即酒店的最低可售价格（Best Available Rate，BAR）体系。每家酒店都有一套这样的价格体系，区别在于，收益管理好的酒店，静态价格体系更复杂，涉及的分类和条款更多，并且除这个价格体系外，还有动态调价的做法。

早前的静态价格体系比较简单，一种房型一个价格，一个价格适用于全年。这种价格体系迄今仍存在于一些小的旅馆、招待所、内部培训中心和公寓式酒店等。

随着酒店业逐渐熟悉收益管理，静态价格体系变得越来越详细，越来越复杂。在理论上，静态价格体系可以无限复杂，最精细的静态价格体系可以细到每一种销售渠道、每一个顾客、每一层客房，甚至每一间客房。目前没有酒店能达到这样的收益管理水平。未来随着大数据的积累，人工智能计算水平的提高，酒店收益管理将无限地逼近于这一水平。今天，我们已经在中国的“双十一”电商节推销、互联网广告投放、微信广告投放等领域看到了基于大数据计算的精准广告投放，未来随着大数据的积累、互联和共享，一些酒店集团除了自己积累顾客信息外，也有可能从其他渠道获得更多的数据信息，借助大数据计算软件和收益管理软件，收益管理的精细化程度将逐渐提高，静态价格体系将是一张巨大的表格。

单体酒店有其独自的静态价格体系。随着酒店的集团化运营，酒店集团的价格体系也应运而生。在酒店集团内，各酒店的收益管理归集团层面统一管理，集团层面的收益管理部为旗下酒店制定价格体系，旗下各酒店执行集团给定的价格体系。在集团内部，各酒店的价格体系既有共同点，又有一定差异。差异主要体现为区位差异，比如同样是万豪酒店，纽约某万豪酒店的平均价位不同于北京某万豪酒店的平均价位、新加坡某万豪酒店的平均价格。同样是 7 天酒店或如家酒店，中国一线城市的价格高于三线城市的价格。国际性的五星级酒店集团中，管理是分地域管理的，比如大中华区有一个管理层，管理本地的几十家、上百家酒店。收益管理也按地域管理，但是由于大酒店的客房种类繁多，目前还不可能大中华区层面管理本区内所有酒店的收益管理工作，所以细分到城市和商圈，在某商圈内几家酒店共用一个收益管理中心，制订总体的收益管理计划，每个酒店再设收益管理部，制定更详细的收益管理工作。而对于经济型连锁酒店，比如 7 天、如家、汉庭等，由于客房种类远少于五星级酒店，单个酒店就不用专设收益管理部，而地区层面或集团层面的收益管理中心非常重要，一个收益管理中心管辖几家或几十家酒店也是有可能的。

静态价格体系在本质上是差异化定价，是三级价格歧视各细分项的列示，房屋类型、销售渠道、细分市场、入住时间、地理位置等因素均可作为客房价格的区分标准，区分标准越多，价格种类就越多，价格体系就越复杂。比如，不同城市 7 天酒店的平均房价不同，就是基于地理位置的差异，其背后是经济发展水平的差异。

静态价格体系在执行过程中，根据时间进行关闭和开放。例如，平日执行细分价格体系，节假日执行牌价。平日运营中，如果预订达到一定进度，出租率达到一定标准，或者（平均）客房收入达到一定标准，就关闭较低的价格，执行新的价格标准，新的价格通常高于之前的价格，这一方法即触发点价格控制法(见表 6－9)。

表 6－9　　客房出租率触发点价格控制法

出租率(%)	最低价格(元)	开放或关闭的价格等级
0	899	开放所有价格等级,最低价格为 899 元
30	1099	关闭小于 1099 元的价格等级,开放大于等于 1099 元的价格等级
50	1199	关闭小于 1199 元的价格等级,开放大于等于 1199 元的价格等级
70	1299	关闭小于 1299 元的价格等级,开放大于等于 1299 元的价格等级
80	1369	关闭小于 1369 元的价格等级,开放大于等于 1369 元的价格等级
90	1469	关闭小于 1469 元的价格等级,开放大于等于 1469 元的价格等级
95	1699	关闭小于 1699 元的价格等级,开放大于等于 1699 元的价格等级

五、动态调价

动态调价是指酒店根据供求关系，动态地调整房价。

最初级的动态调价是对静态价格体系设置节假日规则，平日执行一套价格体系，节假日执行另一套价格体系。销售人员根据两套价格体系，自行调整销售价格，与顾客达成购买意向。

当收益管理的经验更丰富后，就要关注价格的季节性趋势、月度趋势、每周趋势以及每天不同时间的预订进度，灵活调整价格。

较高级的动态调价是酒店根据预订进度调整静态价格体系中的基准价格，其他价格随之改变。其他价格包括各个渠道、各个细分市场的价格。这种价格调整可能指当天的价格，也可能是未来几天的价格、未来几周的价格。

动态调价在理论上容易理解，但在实践中非常复杂。有些酒店的房价在一天之内就有多次调整，房价走势如股票价格走势一样，上下波动，使人很难判定该酒店的收益管理水平是高还是低。

六、升降档销售

升降档销售一般是指顾客到达酒店前台时，前台工作人员根据当时的客房情况，根据顾客的偏好和特征，向顾客推荐更高档次的客房或更低档次的客房。升降档销售也出现在电话销售中，既有针对散客的，也会有针对团队的，一般均需了解顾客的预算支出或支付能力，向顾客推荐相应的客房，尽可能留住这些客源。升降档销售在本质上是一种销售策略，之前属于销售部的工作范畴，有了收益管理部之后，划归收益管理统筹协调，属于收益管理的工作。实际工作中，升档销售的情况较多，降档销售的情况较少。

日常生活中常见的升档销售是汽车销售，顾客本来看中了某一配置的汽车，销售人员与顾客沟通的过程中，推荐一些升级版的配置、额外的配置或者推荐了另一款车，只需顾客再增加少量的预算支出即可。另一种升档销售出现在飞机机票的销售中，在经济舱没有余座或余座较少的情况下，可以向顾客推荐商务舱或头等舱。其他在住宅、数码产品、衣服、餐饮等销售中，均会遇到升档销售的情况，除非顾客坚持自己的预算支出不动摇或者顾客发现了性价比更好的购买对象。

（一）升档销售

升档销售是几乎所有销售领域的常态，因为更高配置的产品，利润通常更大。例如一个 1 元钱的产品，最大利润也只有 1 元钱，一个 1 万元钱的产品，利润当然远大于 1 元钱。

在酒店客房电话销售和前台销售中，如果顾客对客房的选择和意向并不明确，应尽可能先销售高档客房，向顾客介绍高档客房的设施和服务，推荐顾客体验入住。如果顾客非常明确地说，不要高档客房，再向顾客推荐相邻档次的低一级客房，直至与顾客的心理预期一致并成交。如果顺序反过来，由低档次向高档次推荐，大多数顾客会在较低档次的客房上达成购买意向，而一些优质顾客会觉得酒店看不起他，给他推荐的客房低于他的消费档次，对酒店会心生意见。

升档销售的业绩取决于销售人员，善于观察、灵活应变的能力是必需的，完善的培训、丰富的经验、同事间经常交流以及完善的绩效奖励制度均是非常必要的。当然，升档销售并非欺骗顾客，让顾客购买超出其购买能力的客房、过度消费、更不能以次充好、欺诈顾客。升档销售的本意是，在顾客支付能力允许的范围内，提升顾客的支付意愿，为其提供更好的产品和服务，同时为酒店创造更多的收入。

（二）降档销售

降档销售的情况出现于顾客购买意愿的优化。例如，会员顾客 A 一家四人外出，本来希望入住一个家庭套房，由于套房数量有限，已被卖完，酒店为顾客 A 着想，劝说其入住两个相邻的普通房间，顾客 A 同意。此时，酒店其实是在做降档销售，不过客房档次降了，酒店的收入有可能反而增了。

另外一种降档销售的做法是，会员顾客 A 两人外出，本来希望入住普通客房，但是普通客房已经卖完，相邻档次的客房只剩一间套房，经销售人员介绍推荐，顾客 A 预订套房。之后，有顾客取消普通客房预订，有两间普通客房空了出来。有顾客 B 希望预订一间套房，此时，如果 A 尚未入住或离住店日还有几天时间，酒店可联系 A，将其更换到普通客房，同时安排 B 入住套房。此时，A、B 的意愿均得到满足，而 A 由套房回归到原本希望的普通客房，是一种降档销售。

（三）升级客房

前台工作中，升降档销售的另一种做法是价格不变，升级客房，即顾客以低档客房的价格入住高档客房。酒店这样做的一个原因是原有档次的客房住满了，升级客房后降低了较高档次客房的空置率，虽然升级客房相当于较高档次的客房降价，但是新价格仍大于运营成本，只是给酒店带来的边际收入减少了。如果不升级客房，较高档次客房空置，酒店将失去这部分收入，已经预订的顾客无法入住，可能产生不满或争吵，对酒店不利，酒店可能失去这一顾客。如果升级客房，顾客得到意外的惊喜，增加对酒店的好感，有可能成为本酒店的忠实顾客。升级客房对酒店和顾客均是好事，双方皆大欢喜。

酒店运营中，升级客房时，几乎所有顾客都会欣然接受。降档销售一般不常用。升档销售时，会员顾客的接受概率大于非会员顾客，老顾客的接受概率大于新顾客，协议顾客的接受概率大于非协议顾客。

七、折扣与促销

折扣与促销在本质上是营销策略，属于酒店市场营销的范畴。在收益管理中，折扣与促销只是辅助性方法。

折扣是酒店为特定的顾客提供一定的价格折扣，如会员折扣、贵宾折扣、协议价折扣。这里的折扣与之前的增加值服务并不冲突。增加值服务是指约定价格后，不能打折。这里的折扣价是提前定好的价格，对未来的固定客人提供价格优惠。

折扣关注的是价格，促销关注的是销量。促销的目的是增加销量，获得额外的收入和利润。折扣有时是为了凸显身份，有时也是一种促销方法，同样是为了增加销量。

酒店的促销方法不计其数。例如特定时间段的促销，比如开业大酬宾、开业周年庆、开业十周年庆、圣诞跨年促销中，入住顾客可以参加酒店举办的特色活动，获得纪念礼物，附赠酒店的餐券，获得一定的价格优惠等。再例如，将客房与宴会、会议室打包，其中给予客房一定折扣或赠送品。

一种将折扣与促销融合的方法是住宿天数折扣。例如，酒店规定，入住一晚无折扣，入住两晚打九五折或者第二晚的房价打九折，入住 3 天、4 天、5 天、更多天的折扣力度更大。正如一些 OTA 网站显示的那样，长住 5 天或 10 天可优惠上百元，甚至上千元、上万元。不同折扣方法的房费总额如表 6 – 10 所示。

表 6 – 10　　不同折扣方法的房费总额　　单位：元

房价	入住一晚	入住两晚	入住三晚
100	100	总价打九五折:190	总价打九折:270
		第二晚房价打九折:190	第二晚房价打九折、第三晚房价打八折:270
800	800	总价打九五折:1520	总价打九折:2160
		第二晚房价打九折:1520	第二晚房价打九折、第三晚房价打八折:2160

另一种将折扣与促销融合的方法是办理会员卡，充值后再消费，比如充值1000元得1200元，充值3000元得4000元，充值5000元得6500元，充值10000元得14000元等。该方法是一种变相的打折，也是一种促销，目的是为顾客提供优惠，获得稳定的客源，锁定未来的销量和收入。并且会员充值时，酒店已获得这笔收入，相当于提前获得未来的收入款项，这可以增加酒店的现金流，提高酒店的财务稳健性。这一方法可以更进一步，即酒店为充值后消费设置一些条款，如会员卡仅限本人使用，还是可以为他人办理入住，如果是后者，顾客办理会员并充值的积极性将更高。再例如，首次消费不能超过全部额度的60%，以防止顾客某次消费时，因消费额较大，临时充值，用完后下次重新办会员，重新充值并使用。不过，若顾客也并非来自本地，酒店并非连锁的品牌酒店，顾客也并非经常出差，这一方法对顾客的吸引力其实并不大。对于连锁酒店，这一方法对于那些经常出差的顾客有较大吸引力。对于非连锁的单体酒店，本方法适用于本地经常有住宿需求的顾客或者本地商家经常接待客户，为客户办理住宿的情况。

八、容量控制法

（一）容量控制法内容介绍

容量控制法是酒店将客房一间一间、一批一批地往外销售，而非一次全部售完，再来顾客时，导致顾客没房了，失去了高价卖房的机会。换言之，容量控制法是酒店预留一定数量的客房，在适当的时间，以适当的价格，通过适当的渠道销售给适当的顾客。容量控制法的本质是控制销售的时机和节奏，把最好的留到最后，发现最优价值的客人。

在没接触收益管理理念之前，一些酒店的房价是固定不变的，以出租率为考核指标，以天天满房为目标。在刚接触收益管理理念时，一些酒店仍以天天满房为目标，于是降低房价，房间很快被预订完，并引以为荣。可是，这种降低房价后的满房，却减少了酒店的总体收入。在深刻领会收益管理的理念后，酒店会认识到，出租率并不是最重要的，单房收益和房价总收入才是最重要的，因此不需要追求天天满房。酒店可以控制销售的进度，在不同的时间以不同的价格销售同样的客房。

在接触收益管理理念之前，酒店在接受预订时，往往是先到先得，来者不拒，房间卖完后，就只能眼看着顾客去竞争对手那里，以高价入住，相当于本酒店将高收入拱手送给竞争对手。在接触收益管理理念后，酒店可以拒绝一些顾客的预订，接受另一些顾客的预订。因为不同顾客的支付能力是不同的，同一个顾客在入住日前一个月和入住日当晚的支付能力也是不一样的。酒店若充分理解并运用容量控制法，就能牢牢掌握销售的主动权，获得最大销售收入。

容量控制法在电话预订中，销售人员可以直接鉴别顾客的人数、需求和预订意愿，告诉顾客是否有空房，空房的数量和价格，讨价还价后，接受或拒绝预订。

容量控制法在网络预订中，酒店一般通过网络后台控制销售进度，如果不想售卖某日某类客房，可以将其状态显示为“订满”“预订完”或“无房”。过后可以再放出一定数量的客房，再次开放网络预订链接。这类似于中国前些年春运火车票的销售，售票首日放出一定量的票，卖完后售票平台显示为无票，一周后、两周后、发车日前两天、发车日前一天再分别放出一定车票，供临时出行的顾客购买，平衡不同顾客的出行诉求。

容量控制法的现实应用是，酒店一般会预留少量客房给临时上门的散客，不会将所有客房通过网络渠道、电话预订渠道全部卖完，而当散客上门时，告诉散客没有房了。酒店一般会将少量客房保留到当天下午或晚上的某个时候，最后的散客抵达酒店时，通常愿意支付高价，酒店可以获得更多的收入。

容量控制法除了控制销售的节奏外，也包括控制自用房、免费房的比例。酒店的自用房、免费房不创造收入，但却是正常运营中的必要点缀，合理的房间比例是收益经理、销售总监和酒店总经理必须考虑的问题。

（二）容量控制法应用举例：5 间客房收益管理

5 间客房收益管理是一个经典的例子，可以揭示酒店预订决策中容量控制的重要性。假定一家酒店只有 5 间客房，客房类型一样，只考虑一个预订渠道：电话预订。针对未来的某一周，酒店将接到多个预订电话，各个预订者的入住间数、入住天数不完全相同，酒店对不同的顾客群体收取不同的房价。房价差异与入住天数无关。酒店预订经理需要在接电话的几分钟内，决定是否接受预订，如果接受就不能更改，不能退订，如果不接受，也不可挽回。酒店需安排一种预订组合，使一周内的客房总收入最大化。

已知本酒店的顾客群体有三种：普通散客、A 公司协议客和 B 公司协议客，各自的每间夜入住价格分别是 100 元、90 元和 80 元。

具体而言，预订经理面前有表 6 – 11，每次电话预订中，接受预订就在上面写数字，拒绝预订就留空不填。

表 6-11 5 间房收益管理的初始空表

类别	周一	周二	周三	周四	周五	周六	周日
客房 1							
客房 2							
客房 3							
客房 4							
客房 5							

接下来，预订经理将先后接到以下预订电话，得到相关的预订信息并凭借经验迅速作出决策：接受预订或拒绝预订。在接完所有电话之前，预订经理并不知道总共有多少个电话打进来（见表 6-12）。

表 6-12 预订经理将接到的预订电话

序号	顾客类型	到店时间	入住房间数(间)	入住天数(天)
1	B 公司协议客人	周一	1	1
2	B 公司协议客人	周一	1	3
3	B 公司协议客人	周一	2	1
4	普通散客	周一	1	1
5	B 公司协议客人	周二	1	2
6	B 公司协议客人	周二	2	2
7	A 公司协议客人	周二	1	3
8	A 公司协议客人	周一	1	5
9	A 公司协议客人	周二	1	1
10	B 公司协议客人	周三	2	3
11	B 公司协议客人	周三	1	2
12	A 公司协议客人	周四	1	2
13	B 公司协议客人	周四	2	2
14	普通散客	周四	1	3
15	B 公司协议客人	周五	1	2
16	B 公司协议客人	周六	1	2
17	A 公司协议客人	周六	1	2
18	普通散客	周三	1	5
19	B 公司协议客人	周二	2	5

假设总共有以上 19 个预订电话，从最开始的第 1 个电话到最后的第 19 个电话，前后时间相隔很短，在该段预订时间，未来一周内的基准房价不发生动态变化，房价差异与预订时间的无关。

如果按照先来先得的原则，前面的预订将占用客房，导致后续的预订无法接待，眼睁睁看着顾客流失。以上 19 个预订电话，若由不同人作决策，或者同一个人换一天作决策，预订结果都可能不同，这体现了收益管理的复杂性、艺术性。

该例中，收入最大化的预订决策是，拒绝第 2 个、第 5 个、第 10 个、第 11 个、第 13 个、第 19 个预订，接受其他预订，收入最大化的预订结果如表 6 – 13 所示。

表 6 – 13　　基于不同顾客群体的收入最大化预订结果　　单位：元

类别	周一	周二	周三	周四	周五	周六	周日	合计
客房 1	80	80	80	90	90	80	80	580
客房 2	80	80	80	100	100	100		540
客房 3	80	90	90	90	80	80		510
客房 4	100	90	100	100	100	100	100	690
客房 5	90	90	90	90	90	90	90	630
合计	430	430	440	470	460	450	270	2950

该例中，产品一样，销售渠道一样，预订时间接近，价格差异仅源于顾客群体的差异。其实，该例的顾客群体换为普通散客、政府协议散客、公司协议散客或者别的类型，结论不受影响。

进一步，该例再换一种情况也成立，还是这 5 间同质化客房，顾客群体相同（均为散客），收益经理同时接到以上 19 个入住的需求订单（即预订时间相同），但是订单的来源渠道不同，分别来自官网预订（100 元）、OTA 预订（90 元）和旅行社预订（80 元），收入最大化的预订决策不变，预订结果也如表 6 – 13 所示。

上述例子中，价格差异分别源于顾客群体差异、销售渠道差异。以下例子中，假定顾客群体一样，销售渠道一样，预订时间接近，价格差异源于客房类型。

假定某酒店有 5 个客房，其中 2 个标准间，2 个豪华间，1 个套房，每间夜的价格分别为 100 元、90 元、80 元。预订经理同样将接到以上 19 个预订电话，顾客类型替换为各订单需求的客房类型，预订经理迅速决策，接受预订或拒绝预订使客房总收入最大化。此时，因为客房类型不同，就存在升级客房的情况，低价位预订可以免费升级到更高级的客房，高价位预订不可降级到低档客房，比前例中多了一个考虑因素。

此种情景下，收入最大化的决策结果是接受第 2 个、第 3 个、第 4 个、第 8 个、第 9 个、第 12 个、第 16 个、第 17 个、第 18 个、第 19 个预订，拒绝其他预订。收入最大化的排房结果如表 6－14 所示。

表 6－14　　基于不同客房类型的收入最大化预订结果

房型	客房	周一	周二	周三	周四	周五	周六	周日	合计
标准间	客房 1	80	80	80	80	80	80	80	560
	客房 2	80	80	80	80	80	80		480
豪华间	客房 3	80	90	80	90	90	80		510
	客房 4	90	90	90	90	90	90	90	630
套房	客房 5	100	80	100	100	100	100	100	680
合　计		430	420	430	440	440	430	270	2860

表 6－14 中，有四个地方涉及客房升级，已用粗体加下划线突出显示，涉及第 3 个、第 19 个预订。第 19 个预订中，其中一个房间的顾客周二升级至套房，周三升级为豪华间，周四、周五入住标准间，周六升级为豪华间。这里默认顾客接受该升级方案。

以上各种情形中，将客房价格由 100 元、90 元、80 元改为 500 元、450 元、390 元或者其他的阶梯形价格组合，结论均不受影响。收入最大化的预订组合既可以通过手工演算得出，也可以通过 Excel 的规划求解得出。价格种类越多，计算过程越复杂，越需要借助于软件。现实中，酒店客房数量普遍大于 5 间，房间类型普遍多于 3 种，顾客群体可以细分为好多种，销售渠道也普遍多样化，因此，完全凭经验进行容量控制，完全靠手工进行收入演算，仅靠 Excel 优化决策，工作量将非常庞大，这正是专业化收益管理软件的用武之地，运用专业化收益管理软件的必要性可见一斑。

九、超额预订法

一般的商品销售中，买卖双方不能强买强卖，买家可以拒买或退货，卖家一般不能拒卖。如果卖家展示了商品，但又拒卖，将遭受各种指责。例如我们去超市，看到货架上摆放着某商品，我们希望购买，超市就得按标价出售，不能拒卖。

但是酒店客房销售的不同点在于，酒店某时某刻是否有空房间待售，顾客并不知道，也不可能去验证。由于信息不对称，酒店掌握着销售的主动权。在节假日或旺季，酒店可能预留一定量的客房，不在公开渠道显示，希望卖给愿意出高价的顾客群体或者某个重要的协议客户，当其他顾客预订或到店住宿时，酒店前台可以告诉顾客没有空房了，顾客只能另寻其他酒店。在这种情形下，酒店实际上在挑选顾客，是否销售、销售给谁，酒店掌握着主动权。

酒店除了拥有是否销售、销售给谁的主动权，还拥有超售的主动权。在房地产行业中，一套房子卖给两个顾客是违法的，因为两个顾客同时验房时，商家不可能再克隆出一套房子出来。在酒店业，一间客房卖给两个（或多个）顾客是被允许的，只要两个（或多个）顾客同时到达酒店，酒店能安排入住即可。这种将一间客房卖给两个或两个以上的顾客，将 100 间客房预订 100 次以上的做法，酒店业称之为超额预订。值得注意的是，超额预订不等于超售，过度超额预订才是超售。酒店可以进行适度地超额预订，但尽量不要超售。

（一）实施超额预订的原因

超额预订最早应用于航空业，后来应用于酒店业和其他行业。为何要超额预订呢？原因有以下几个方面。

第一，有些预订顾客过后又取消了预订。例如航空业中，顾客若在飞机起飞的当日或前一日取消预订，而此时又没有新的顾客，该座位将空置，不能发挥其应有的价值。在酒店业，顾客在预订后的次日、一周或者入住日的当天取消预订，如果没有新的顾客，该客房装饰空置，酒店会损失一笔潜在的收入。顾客取消预订的原因各种各样，如自身身体不适，家人临时有事情，工作上临时有事导致行程变化，暴雨暴雪等天气原因，道路交通阻塞等外在原因等。

第二，有些预订的顾客没有取消预订，但是也没有按期乘机或没有按期入住酒店。这可能是顾客忘记了此事，或者之前预订有误却不知晓，或者天气原因、道路原因等导致不能按时抵达。

以上两个超额预订的原因同时适用于航空业和酒店业。对于酒店业，还有另外两个实施超额预订的原因。

第三，顾客延迟入住。顾客因个人、家庭、工作、天气、交通等无法按期到达酒店，具体而言，无法在当天晚上酒店管理人员夜审前到达酒店，可能推迟几个小时、一天或两天到达酒店，这也会造成客房当晚空置，减少客房的收入。

第四，顾客提前退房。顾客临时有事、行程有变、提前退房，也会造成客房空置，减少酒店收入。

综合以上 4 点，我们发现，因为种种情况可能导致客房空置，所以酒店要超额预订。超额预订的最主要目的就是减少客房空置的情况，为酒店赢得更多的收入。

（二）超额预订的不良后果

超额预订的好处是降低客房空置率，为酒店争取更多的客房收入。然而，如果当天客房全满，仍有超额预订的顾客到达酒店，酒店将为此付出一定的代价。这些代价至少包括以下几方面。

第一，安排这些顾客到邻近的酒店入住，本酒店将承担交通费，一晚的住宿费，相关的通信费（包括酒店的通信费、顾客必要的通信费）等。如果顾客第二天还要返回本酒店住宿，本酒店还需负担返回的交通费。

第二，顾客可能的用餐费。比如顾客从本酒店到另一酒店，可能需要一段时间，错过了正常的用餐时间，这种餐费本来可能是顾客自行承担的，现在因酒店方面的超额预订，顾客可能让酒店承担。

第三，顾客可能因不能正常入住而生气，索要赠送品或更多服务，增加酒店的运营成本。

第四，顾客可能非常生气，在转宿其他酒店后，再也不回本酒店了，今后也不再预订本酒店，本酒店将永远失去这些顾客。顾客也有可能向亲友讲述在本酒店的遭遇，将对本酒店的不满转告亲友或在网络上给予差评，传播不利于本酒店的评价和言论，影响本酒店的声誉。

第五，通常被安排到其他酒店入住的顾客是最晚到达的，酒店前厅职员和夜班经理直接面对顾客的不满、压力和投诉，前厅职员和夜班经理本来上夜班已经很辛苦，又遇到充满怨气的顾客，会使他们工作张口难辩，有苦难言，对工作产生抵触情绪，报怨和反对预订部的超额预订工作，造成前厅部和预订部之间的矛盾。

以上五个方面，前三个是有形的经济成本，后两个是无形的成本。无论哪个，对本酒店均是不利的。因此，酒店一方面需要超额预订，降低客房空置率；另一方面，也要控制超额预订的数量，不能毫无章法，过度销售，增加酒店的运营成本，增加前厅部的运营压力，也损害酒店的声誉。

（三）超额预订数量的估算

超额预订就是在可供出租的客房已被订满的情况下，继续适当增加订房数量。问题是，再增加多少订房数量呢？一个大致的估算公式是：

超额预订的客房数量 = 取消入住的数量 + 没有入住的数量 + 提前退房的数量 - 推迟退房的数量

上式中，等号右边的四项数据均是基于历史数据，计算推演而来。酒店需经常汇总历史数据，统计出不同季节、月份、平日和节假日的数字规律。不同酒店的适宜超订数量不同，且同一酒店在不同日期的适宜超订量也不同。各酒店需因时而异，审慎决策。一个可供参考的经验数据是，因种种原因而取消预订的客房数占预订总数的 5% ~10%，预订但因种种原因没来入住的顾客占预订总数的 3% ~5%，综合这两个方面，且不考虑提前退房、推迟退房的情况，酒店适宜的超订数量应是预订总数的 8% ~15%。

在实际运营中，超订时还需考虑以下几种情况。

第一，前一天取消的顾客或没有入住的顾客若预订的是两晚以上，这些顾客未到酒店，除了影响前一天晚上的客房入住量、超订数量，也会影响第二天的超订数量。在这种情况下，第二天的超订数量应随之增加。

第二，如果当天预订的房间量很大，则可以调高超订数量。如果当天预订的房间量较少，则需调低超订数量。

第三，如果团队顾客较多，则可以调高超订数量。如果散客顾客较多，则需调低超订数量。因为散客取消的可能性通常较小，团队顾客通常会多订，以保证所有成员都能入住，但是团队预订中，通常入住时达不到预订的房间数，给酒店造成一定的收入损失。

第四，如果是旺季，整个商圈的客房供应量都很紧张，就应减少超订。如不这样，当超订顾客到达酒店后，得安排到别的酒店入住，而别的酒店也可能没有空房或者价格更高，这就额外增添了本酒店的运营压力和运营成本。而如果超订量很少并且出现空房，就可以接纳别的酒店送过来的超订顾客，本酒店将坐享其成。

（四）超额预订的顾客抵达酒店后怎么办

超额预订（以下简称“超订”）是一把“双刃剑”，如果控制得当，则可以增加酒店收入，如果控制不当，则会增加酒店的运营压力和成本。无论酒店收益经理多么善于计算，料事如神，酒店运营中也一定会碰个超订顾客到达酒店后，酒店没有空房，不得不安排到邻近酒店的情况。当前厅部员工遇到这种情况时，应该怎么应对，最大可能地让顾客满意并最大可能地维护酒店利益？

应对超订顾客的一个基本原则是：超订的顾客应得到超额的待遇。当超订顾客到达酒店前台时，酒店前厅部应遵循这一原则，以和善的态度满足顾客提出的一些要求。超订是酒店想多赚钱引起的，责任应由酒店承担，不能为难顾客。酒店首先要告诉顾客无房的事实，其次给出解决的办法，看顾客是否接受，如果顾客不接受，再征求顾客的意见，看顾客有哪些要求，尽可能使顾客满意。最后，要及时当面、电话或以邮件的形式回访顾客，关心顾客的感受，询问顾客的意见和建议。酒店应特别关注超订顾客提出的意见和建议，他们的意见和建议通常包含着一定的合理成分，是酒店未来改进的方向。顾客一般会说当初为何预订本酒店，这代表着本酒店的竞争力，现在对本酒店的哪些方面不满意，这是本酒店的不足之处。酒店若想从别的渠道获得这些意见和建议，则需要请专门的咨询公司，成本和费用可能很大。酒店需将超订顾客的不满，转化为酒店改进和发展的良机。

在具体工作中，在顾客预订之后，酒店需在顾客到店之前就着手处理超订事宜。首先，酒店需建立与几家邻近酒店的沟通机制，互相协助应对超订的情况，当本酒店有超订顾客时，可以安排到邻近的酒店。当几家邻近酒店都无空房时，酒店需联系稍远的酒店。这要求酒店的销售部经理、收益经理或预订部经理与相关酒店建立互惠合作关系，以协议价安排本酒店顾客到对方酒店入住。

其次，根据预订信息，提前与顾客确认到店信息。在所有预订中，有些已经在线支付过款项，有些交了定金或保证金，有些没有交定金或保证金。如果没交定金或保证金，就督促顾客先交，因为本酒店当天满房，不交定金可能无法保证其到店后有房可住。如果不能交、不愿意交，就建议其取消预订，另寻其他酒店，以免耽误行程。如果顾客坚持不提前交定金，可告知顾客客房最多保留到当天中午 12 点或下午 6 点，请顾客悉知。酒店与顾客提前确认信息一般发生在顾客入店的当天，如果是旺季，这种确认需提前到入住的前一天、前两天甚至前三天。

再其次，在入住当天的适当时候（通常是快满房的时候），打电话给尚未到店的顾客，确认顾客是否将按期入住，大概什么时候到达酒店。如果顾客说还在半路，临时遇到天气情况、交通情况，可能无法按时到达酒店，酒店需做记录，并考虑进一步跟进。如果几轮电话确认之后，还有超过客房接待量的顾客，意味着当晚将出现超订顾客到店现象。这时酒店需尽快考虑如何应对，通常有两种应对思路：内部解决或将顾客安排到邻近的酒店。

如果本酒店不希望将顾客拱手送给邻近酒店，就考虑内部解决。内部解决至少有四种办法：一是为顾客免费升级客房，很少有顾客会拒绝这一安排，大多数会非常开心地接受这一安排。因为每个预订都是锁定了房型的，所以超额预订是指某种房型的超额预订。如果标准间满房了，可以升级到行政间，行政间满房了，可以升级到套间，套间也满房了，可以升级到总统套房。如果总统套房真的住了总统或重要贵宾，酒店一般会减少顾客总人数，有时甚至会提前清场，以保证总统或贵宾的人身安全。所以，内部解决总是有办法的。升级客房会增加顾客对本酒店的好感，培养顾客对本酒店的忠诚度。在有选择的情况下，为谁升级客房，需预订部和前厅部提前查阅顾客信息，锁定对酒店最有价值的顾客。二是降级客房，给顾客一定的物质补偿或经济补偿，比如退差价，并赠送午餐或晚餐，赠送康乐服务等。三是腾退内部用房。酒店会有少量的自用房，供经理们加班后住宿，在客人房间满房的情况下，可以动员经理打车回家，腾出来房间给客人。四是调整客人住房。动员团队顾客中两个同性别顾客将各自的单间腾出来，两人入住一个双床房或套房，将腾出的单间给新到的顾客。或者，动员旅行团的司机或领队，在团员客房中加床。团队顾客一般价格较低，司机或领队一般是熟客，有商量的空间和余地。

若酒店不愿为顾客升降级客房，也无法腾退内部用房，调整客人住房，此时，酒店需要给个别顾客再打一次电话，告知无房的事实，询问顾客的意见，如果顾客同意到邻近酒店入住，顾客可以直接到达邻近的酒店，不用再先到本酒店，再移步到邻近酒店，同时节约顾客的时间和酒店的成本。这里涉及一个顾客的挑选问题，也即征求哪些顾客的意见，哪些顾客更容易接受更换酒店这一事实。通常，那些单人出行，自己付费的顾客，年轻的顾客，对住在哪里并无明显偏好的顾客，更易接受这一事实。有些顾客对酒店的超额待遇感到惊喜，酒店免费安排顾客到邻近的酒店，有可能赠送一些礼物或优惠券，也有可能赔偿第一晚房费，这是一件开心的事情。如果安排到另一家酒店后还升级了房型，则更是开心无比。如果这样，这些顾客有可能由此而喜欢上本酒店或者更加喜欢本酒店，并将此事作为一件乐事分享给亲友，在网络上给本酒店好评，这将提升本酒店的声誉。通常，那些携家小出行的顾客，行李多，行动不便，不愿意接受更换酒店。那些 VIP 顾客、商务出差人士、公司协议客户也不愿意接受更换酒店，他们通常有紧密的行程安排，有时也是公费出行，在报销上有公司明文规定，更换酒店会增添他们过后的工作量，让他们不胜其烦。

当然，酒店也可以不打最后这个协商安排到邻近酒店的电话，而是提前联系邻近酒店，确定可以安排超订顾客的酒店。当超订顾客到前台时，耐心解释无房事实，并提出解决办法与补偿措施，尽量使顾客高兴地接受转换酒店这一安排。正常情况下，最后到达酒店的顾客在到达之前已接到过酒店的电话，不愿意直接转向新的酒店，而是带着情绪，带着碰运气的心理到酒店，这时酒店前台需有充分的心理准备，若能提供待遇丰厚的补偿措施，顾客大多会满意地接受，比如退回当晚的房费，转到另一家酒店后升级房型，赠送双人午餐或晚餐等。

最后，随着收益管理的发展，酒店希望尽可能掌握预订进度的主动权。近年来，无定金预订的情况正在减少，全额在线预先支付款项的情况正在增加，很多酒店推出不可取消条款，或者取消预订后征收罚金的约束，这就减少了取消预订的可能性。只要酒店逐日统计相关预订数据，就能估计出本酒店的超订规律，从而减少超订顾客到店后无房的情况。无论怎样，酒店超订中，顾客是无辜的，酒店应负主要责任，酒店应善待每一个到店的超订顾客，一旦哪个顾客没有被冷落、被无视、被不公对待、甚至被粗暴对待，将可能演变成新闻事件，对酒店造成恶劣的负面影响。

十、停留时间控制法

停留时间控制法是指酒店规定顾客在酒店最少入住的天数、最多入住的天数，以平滑客房的出租率，熨平出租率的波峰和波谷，实现更多的客房收入。

（一）最少入住的天数

最少入住天数用于酒店的淡季或旺季，即出租率的波谷或波峰时。

在淡季，酒店为减少客房空置，通常会推出特价房，顾客若想以特价入住，需至少入住一定的天数。

在旺季，酒店本来不愁客源，不过不同顾客的入住天数不一样，在前后顾客的轮换之间，可能会出现某些客房空置一晚的情况，酒店为减少这样的空置，就规定顾客最少入住的天数。这样，就把那些短期入住的顾客谢绝在外，仅接受入住时间较长的顾客，使每一间客房都带来最大的收入。

最少入住天数的一个附带好处是，住店客人可能在餐厅、康乐中心、商店、礼品店部门等消费，酒店将获得更多的收入。

（二）最多入住的天数

最多入住天数适用于两种情况：一是协议顾客，二是优惠券、代金券的使用。针对协议顾客，酒店一般规定其全年最少入住天数，但对一些特殊的顾客，也会规定其全年最多入住天数、某些特殊节假日的最多入住天数，以保证协议顾客的市场份额不会挤占酒店的其他市场份额，降低酒店收入水平。

一些酒店会在顾客退房离店时，附送优惠券或代金券，欢迎其下次光临。不过规定每次使用优惠券的最多数量，使用优惠券时单次入住的最多天数以增加顾客的回头率，顾客每次回头入住，就会给酒店带来新的收入。优惠券或代金券的另一种适用情况时，酒店规定，在特殊节假日时，优惠券或代金券最多入住一定天数，以防止此类特惠顾客挤占高价散客入住酒店。

（三）钟点房

几百年来，酒店业的主要定位是提供客房，供顾客晚间休息，客房在白天则经常空着。第二次世界大战前夕，一些发达国家出现了钟点房住宿，酒店客房销售给白天的住店顾客，并打破了以往酒店按天收费的标准式，改为按时间段收费，这是酒店业的一大创新。钟点房的客房类型既包括普通的客房，又包括套房。

钟点房在国内的发展历史较短。国内最早的钟点房出现在火车站、长途汽车站附近的酒店，主要面向短暂停留的过往旅客是真正的便民服务。时至今日，钟点房的顾客至少有以下几种：一是火车站、汽车站和飞机场的过往旅客。二是酒店附近公司或单位的上班人士，他们到酒店客房午休后，保证下午的工作效率。三是商业人士、商务人士，在上午或下午到酒店寻找一个安静的空间，商量重要事宜。四是短暂相聚的群体，如同学相聚、家人小聚、亲人叙旧、情侣约会等。例如，送别远道而来的亲人或朋友时，在火车站附近的酒店开一个钟点房，短暂停留，再次叙旧，在火车快开时再进站乘车。五是酒店业的体验人士、开发人员、创业人员，他们经常光顾新开业不久的酒店，体验酒店的设施和服务。六是竞争对手，他们到酒店入住，观察体验本酒店的设施和服务，寻找对方的不足之处，总结学习对方的可取之处。

目前，除了五星级酒店的钟点房较少外，其他酒店几乎都有钟点房，经济型酒店的钟点房最多。酒店一般会同时规定停留时段与停留时长，例如停留时段为12：00～18：00、14：00～18：00、9：00～18：00、10：00～16：00或18：00～22：00，最多停留时长是2小时、3小时或4小时。一些火车站附近的酒店在夜间也出售钟点房。另外，有些酒店规定超过规定的时长就收取全天房费，超过18：00或22：00就收取全天房费。

酒店设置钟点房后，可以提高单房出租率，进而提高客房的总体出租率。酒店开设钟点房之前，日出租率最大为100%，开设钟点房后，假设一天多出租10间、20间、30间钟点房，则日出租率为110%、120%、130%。这些多出租的客房，将为酒店带来更多的收入，扣除运营成本后，酒店的利润水平也将上升。

钟点房备受诟病的问题是来往人员鱼龙繁杂，暗藏着黄赌毒，对酒店的安全带来隐患。酒店需加大与公安机关的信息对接力度及时识别不法分子，保障其他在店顾客和人身和财产安全，营造安全、安静、舒适的住宿环境。

（四）分时酒店

在钟点房的基础上，近年来分时酒店正悄然崛起。钟点房控制使用时段，限制最长停留时间，分时酒店更进一步，按小时销售客房。顾客购买和消费分时客房，就像购买和消费电话费储值卡，购买一定面值的卡，每次使用后结算，剩余时长可下次再用。顾客购买电话费储值卡后，为减少花费，通常会尽量缩短单次通话时长。顾客购买酒店的分时客房后，为减少花费，通常会尽量缩短单次停留时长。

分时酒店的市场背景是，有些商务顾客、外出赶路的顾客晚上很晚才到酒店，第二天早上很早就离开酒店，在酒店停留的时间很短，在客房内使用的设施和服务很有限，却要支付全价房费，心有不甘。一些酒店推出分时销售模式，顾客一次性购买一定的小时数，每次入住后，从总时间中扣除入住的时长，剩余的时长可以记录下来，之后可以再次使用。随着市场的发展，此类酒店和此类销售模式正在逐渐兴起，未来可能普及开来。

分时酒店一般会规定单次最低入住时长，有些分时酒店也会规定最早（最晚）入住时间、最早（最晚）退房时间、有效期等。分时销售模式也将提高客房的周转率，使单房日均出租率有望超过 100%。

在理论上，所有推出钟点房的酒店，都可以进一步推出分时销售模式。只要定价得当，酒店就会在弥补运营成本的基础上，获得利润。分时销售模式尤其适用于经济型连锁酒店，顾客购买后的入住范围很大，并且价格亲民，易被顾客接受。分时销售模式中，酒店提前获得未来的款项，相当于提前获得一笔现金流，也不用支付利息，类似于免费的融资，将提高酒店的财务稳健性。

分时酒店的顾客群体除了钟点房的顾客外，还包括那些经常出差的商务人士，长年在路上奔波的司机，经常外出旅游的旅游达人。旅游达人经常早出晚归或晚出早归，行李很少且简装易拿，随身携带，在酒店只是睡个觉，停留时间很少，分时模式可以节约他们的住宿花费。

分时酒店是现有酒店在现有经营的基础上，设立的新的销售模式与现有销售模式并列，同时存在。近年来一种新的分时酒店模式是分时睡眠舱、分时租赁睡眠舱，由一家专业的公司专门运营，该模式是一家公司在写字楼附近、人流量大的商圈投放睡眠舱，顾客用手机扫二维码入住，根据睡眠时间长短付费，付费标准可以细化到分钟。这一模式中，顾客的入住时间没有限制，顾客付费包括保洁费和时长费两部分，时长费按分钟计算，最低消费金额为保洁费。当实时房费到达所订房间的全天房费时，当天费用不再增加。这一模式的本质也是分时酒店，与传统的酒店区别在于，这一模式只提供顾客短暂休息，空间也很有限。如果说传统酒店是肯德基套餐，这一模式只销售其中的一项，属于细分领域的销售。2018 年前后，分时睡眠舱在中国的一线城市风靡一时，其安全问题、卫生问题备受诟病。不过，随着各方面政策的完善，管理的优化，这一业态有可能迎来发展机遇。

十一、团队替换法

团队替换法又称团队置换法，是指酒店在接受未来的预订时，将团队顾客与其他细分市场比较，决定是否接受团队的预订或者在各个团队之间比较，选择能给酒店带来综合收入更多的团队。团队替换法的应用场景有以下几个。

第一，今天是 10 月 25 日，两个月后的 12 月 25 日前后，有公司希望来我们这家度假酒店开年会，团队人数约 100 人，需要大概 60 间客房，一个会议室，一个宴会厅，酒店需决定是否接受该预订？酒店愿意给的最低报价是多少？

第二，本酒店是一家拥有 100 间客房的度假酒店，今天是 10 月 25 日，两个月后的 12 月 25 日前后，除了第一条中的公司外，另有一家公司希望预订 80 间客房，一个会议室，一个宴会厅，不过希望走协议价，酒店需决定接受哪家公司的预订。

第三，一家公司希望与本酒店签订协议价合同，公司员工和客户大概全年入住 300 个间夜，另一家公司也希望与本酒店签订协议价合同，大概全年入住 1000 个间夜，酒店是否与这两家公司签订协议价，对这两家公司的报价有多大差别？

置换分析法经常用到的公式如下：

$$剩余空房数 = 总房数 - 在手预订量 - 预计新增预订量$$

$$置换房数 = 团队需要的房数 - 剩余空房数$$

$$被置换的散客房费 = 置换房费 \times 散客平均房价$$

$$置换产生的收入 = 团队总房费 - 被置换的散客房费$$

在做团队替换分析时，需首先预测未来预订时期内各个细分市场的需求情况和可能的最佳组合，预测平均房价、出租率和房价总收入等指标，用于参照和比较。其次计算团队顾客可能带来的综合收入。再其次计算团队顾客入住后，可能挤占的市场份额，可能减少的其他细分市场的收入，该收入是给团队顾客的最低报价。最后比较团队顾客带来的综合收入与其他细分市场可能减少的收入，决定是否接受团队预订，并给出团队顾客的限制条款和促销条款，提高团队顾客给酒店带来的收入，并使酒店在预订时期内的整体收入接近最佳收入水平。

[关键术语]

普通房　套房　客房价格体系　客房收入　客房收益率　客房出租率　平均房价　单房收益　实际市场份额　应有市场份额　市场渗透指数　平均房价指数　单房收益指数　房间类型差异法　增加值法　产品组合新规法　静态价格　动态价格　升降档销售　容量控制法　超额预订　停留时间控制法　团队替换法

[思考与实践]

1. 制定静态价格体系时，需要设立哪些区别标准，最简化的静态价格体系需包括哪些方面？请为一家经济型酒店和一家五星级酒店分别设计一套静态价格体系，比较两者的异同。

2. 平均房价、出租率与单房收益三个指标之间的内在逻辑联系是什么，为什么说单房收益是一个理想的客房收益管理衡量指标？

3. 调研一家单体酒店，结合本章内容，总结其在客房收益管理中的实践做法，分析各做法的适用性和实践效果。

第七章　餐厅收益管理

【本章概要】

餐厅收益管理的重要性曾一度被忽视，近年来随着客房收益管理的普及，餐厅收益管理也逐渐引起经营者的关注和重视。本章在讲述餐厅运营特征的基础上，讲述餐厅收益管理的特殊性和主要方法。

【学习目标】

1. 熟悉餐厅运营与客房运营的区别之处。
2. 列举并阐释餐厅收益管理的衡量指标。
3. 理解并能灵活运用餐厅收益管理的实践做法。

大多数酒店都以客房为最主要的经营业务，甚至有些酒店只有客房，不提供除客房以外的餐饮、康乐、会议室等产品和服务，因此客房收益管理是酒店收益管理的重点，在很长一段时间内，人们讲酒店收益管理指的就是客房收益管理。然而，近些年来，随着国内外客房收益管理的普及，客房业务的收入增长点已被广泛挖掘，于是酒店经营者将关注的目光投向酒店的另一大块业务：餐饮。餐饮收益管理正如火如荼地发展。酒店的餐饮部包括餐厅和宴会两大部分，宴会经常与会议室一起打包销售，所以本章讲述餐厅的收益管理，下一章讲宴会和会议室的收益管理。

本章的餐厅收益管理主要指酒店内部的餐厅，包括中餐厅和西餐厅。其中的指标和方法也适用于酒店的大堂吧、咖啡厅、酒吧以及酒店外的一般的餐馆、快餐店和各类饭店。

第一节　认识各类餐厅的运营特征

餐厅按照提供的餐品不同，可以分中餐厅和西餐厅。中餐厅按菜系可以分为川菜、鲁菜、徽菜、粤菜、湘菜、闽菜、浙菜和苏菜等。西餐厅按国家可以分为日本料理、韩国料理、俄式餐厅、英式餐厅、法式餐厅和意大利餐厅等。当然，今天的中国酒店里，通常对西餐厅有明确的区分，中餐厅通常同时提供多种中国菜品，各式各样，兼容并包。

在餐厅的装修风格和环境布置上，中西餐厅通常有明显的区别，中餐厅之间的差别却不大，除非该餐厅希望突出其主要的餐饮特色，各细节会突出该餐饮的相关文化。

一、餐厅的运营特征

餐厅是供顾客用餐、交流的地方。有些餐厅侧重于餐品以一样或多样食品为亮点，吸引顾客。有些餐厅的餐品一般，但是有精美的装修，柔和的音乐或者精彩的表演，周到的服务，吸引顾客前来消费。有些餐厅环境一流，餐品上乘，且价格适中，是顾客理想的用餐选择。

无论哪一类餐厅，均基于一定的营业场所和一定数量的服务人员，具有以下共同特征。

（一）供给能力相对固定

一个餐厅建造、装修之后，其经营面积就固定下来。桌位摆放完毕之后，每餐所有桌位同时接待的顾客最大值也基本固定下来，偶尔增加的桌椅凳子，仅对顾客总量有小幅影响。后厨灶台数量、厨师数量决定了菜品的出锅速度，当餐厅正式营业后，灶台数量和厨师数量基本固定下来，每餐能生产的菜品数量也基本固定下来。

如果顾客较多，厨房的生产效率较高，增加服务员数量将提高桌位的翻台效率，从而增加服务的顾客数量，增加销售收入。餐厅正式营业后，服务员数量也将基本稳定下来，餐厅在每餐期间服务的顾客总数存在一个理论上的上限。

（二）座位易逝

餐厅销售的是餐品、环境和服务，顾客一般为餐品付费，不为环境付费，在高级餐厅顾客也为服务付费。从收益管理的角度，餐厅销售的内容也包括座位，餐厅的产品可以理解为一个座位在一段时间内的可消费餐品。以此观之，餐厅提升营业收入的办法包括：提高每个座位在就餐期间可消费产品的种类和金额，增加座位，延长消费时间等。

餐厅的座位具有易逝性，座位在每餐的使用中具有时效性。在一个用餐时段，如果一个座位空置，则意味该座位在随着时间流逝，没能创造价值。如果过了用餐时段，则该座位流逝的价值将无法追回来。如果一个座位在一个用餐时段被几拨不同的顾客先后使用，中间间隔时间很短，短到可以忽略不计，则该座位发挥了其最大价值。

（三）高固定成本低变动成本

一个餐厅一旦建造、装修完毕，正式营业后，则固定成本就基本上变为沉没成本，餐厅只有尽可能地从之后经营中获得收入，逐步回收之前的固定成本。固定成本越高，正式营业后的销售量可能越大，但是销售量不会反过来影响固定成本的总额。

餐厅的变动成本包括每一项餐品的成本，例如每一位顾客在用餐期间所产生碗筷洗涤费、餐纸费、水电费等。相对于建造费、装修费、桌椅碗盘、后厨设备等固定成本，这些变动成本相对较少。变动成本与餐厅的销量正相关，销量越多，变动成本越大。如果考察某一单位的具体餐品，则其变动成本也是其边际销售成本，餐厅的边际销售成本也远低于固定成本。

（四）需求具有波动性

餐厅运营中，有可能天天火爆，人流如织排长队，有可能偶尔火爆，也有可能一直很冷清。顾客需求的波动性体现在每天、每周、月度和季度等方面。

在一天之内，即使最火爆的餐厅，也有高峰期和低谷期，例如海底捞火锅的午餐和晚餐经常需要等位，但是夜间则顾客较少。

在商务写字楼附近的快餐厅，平日客流量大，周末则顾客很少。度假酒店的餐厅，平日顾客较少，周末和节假日则顾客较多。

在旅游景区的餐厅和饭店，寒暑假时顾客较多，平时相对较少。温泉度假酒店的餐厅冬季客流量较大，夏季顾客相对较少。

总之，不同餐厅由于营业时间不同，所处位置不同，顾客对象不同，从而市场需求量不同，并且呈现出一定的波动性。餐厅经营者需预知这种波动性，提前做好各项准备工作，比如在市场需求较大时，储备更多的食材，安排更多的员工，合理安排预约的顾客，在市场需求较小时，推出一些营销活动，保证基本的经营效益。

（五）需求可以预测

正因为需求具有波动性，如果餐厅经营者熟悉本餐厅的市场定位、营业特点、顾客对象，就可以预测顾客的需求。经营者既要预测顾客对菜品的需求，对服务的需求，又需要预测顾客数量及顾客数量的周期性波动情况。

为了合理的预测，餐厅经营者需掌握餐厅的实际销售数据和预约情况。深入分析实际销售数据，可以分析顾客的消费偏好、顾客的平均用餐时间、顾客对价格的敏感程度等数据。根据预约情况，可以提前安排其他桌位的销售，提前做好各项食材的准备工作，提前做好特殊事件的预备工作。

二、餐厅运营与客房运营的不同点

餐厅运营与客房运营的不同点在于，客房运营属于服务业，餐厅兼具服务业、流通业和制造业的特点。服务业中，顾客为某种服务支付费用，在这种服务中，人是最重要的因素，比如理发师的理发服务，快递员的快递服务，质量好坏在很大程度上取决于提供服务的人。客房运营中，客房硬件设施在短期内无法更改，顾客到店后遇到的服务员的接待方式就很重要，比如是否温和、是否冷漠、是否热情等。在餐厅运营中，服务员的服务水平也非常重要，是否微笑、是否热情、是否干练利落、是否恰到好处，均是决定服务水平的重要方面。然而，餐厅运营中，也会销售一些酒水饮料，这些酒水饮料通常并非餐厅自酿，而是购买自专门的供货商，餐厅以低价买入，加一定价格后销售给顾客，这属于流通业的特点。餐厅运营的最大特点是，根据顾客点的菜单，加工生产出相应的菜品或餐品，销售给顾客，这属于制造业的特点。一些餐厅也销售纪念品、土特产礼品盒，既有自制的，又有采购自上游供货商的，分别体现出制造业和流通业的特点。餐厅运营同时具有各种特点，就决定了餐厅运营的复杂性。

纵然餐厅运营与客房运营存在多个不同点，餐厅运营的五个特征却与客房运营相近，因此餐厅也可以进行收益管理。餐厅收益管理就是将适当餐品、在适当时候、通过适当的渠道、以适当的价格销售给适当的顾客。

第二节 餐厅收益管理的衡量指标

餐厅收益管理的衡量指标与客房收益管理有一样的地方，比如两者都要关注营业收入。也有类似的地方，如客房关注出租率、餐厅关注上座率、桌位利用率；客房关注每间可供出租房的收入，即单房收益，单房收益通常以天为衡量单位，餐厅关注每餐位小时收益。不同的是，同一间客房同一天可能出租两次或更多，仍以出租率来衡量，而餐厅运营中有一个专门的指标——翻台率。餐厅运营中另有一个专门的指标——餐厅坪效，该指标借鉴于商场经营，已被越来越多地运用于餐厅、饭店和咖啡厅等。

一、营业收入

营业收入是指餐厅为顾客提供食品、酒水和饮料等所获得收入。这里的收入是主营业务收入，不包括餐厅的其他业务收入，比如变卖空酒瓶的收入，也不包括营业外收入，比如顾客给的感谢费。

餐厅需关注日收入、月收入和年收入三个指标。日收入可能有波动，例如一个商务酒店，平日的餐厅收入多于周末的收入，一个度假酒店的周末收入多于平日收入。月收入也可能有波动，例如一个温泉度假酒店在冬季月份的收入多于夏季月份的收入。一些景区酒店在学校寒暑假（7 月、8 月、1 月、2 月）的收入多于其他月份的收入。一般年收入比较稳定，在宏观经济形势、行业发展趋势、所在地区人流量基本不变的情况下，年收入受餐厅经营策略的影响。

二、上座率

上座率是到店的顾客总数占餐位总数的比重。用公式表示为：

$$上座率 = \frac{顾客总数}{餐位总数} \times 100\%$$

当餐厅正式营业后，餐位总数一般是稳定不变的，此时，上座率与前来消费的顾客人数成正比。大多数餐厅的用餐期间，刚开始时人较少，然后人逐渐多起来，快过用餐高峰期时，人数逐渐减少。餐厅开餐期间，顾客人数一般呈正态分布，上座率一般也呈正态分布。有些餐厅比较火爆，刚开餐就很快客满，一段时间后顾客先后餐毕离开，上座率逐渐下降。当然，现实中也会现如下情况，例如一次用餐期间，上座率上下波动，有可能快打烊时，上座率还很高。再例如，由于天气原因，某日午餐期间，到店顾客寥寥无几，上座率一直较低。

上座率与桌位的搭配有关系。餐厅一般分为二人桌、四人桌、六人桌、八人桌、十人桌等桌型。如果两位顾客用了一张四人桌，导致两个座位空置，则会降低上座率。如果一张十人桌坐了十一人，则会提高上座率。

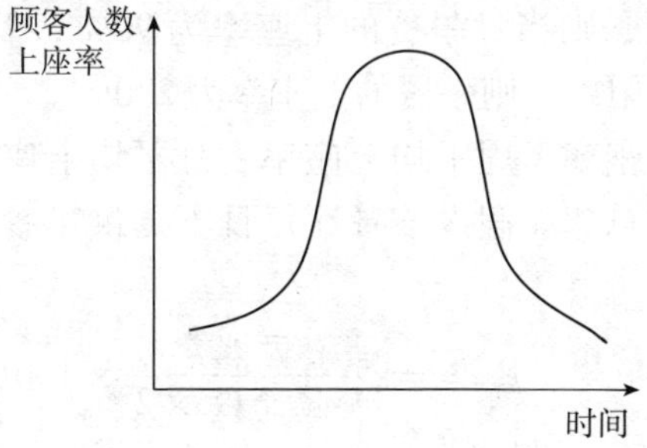

图 7－1　顾客人数与上座率随时间变化

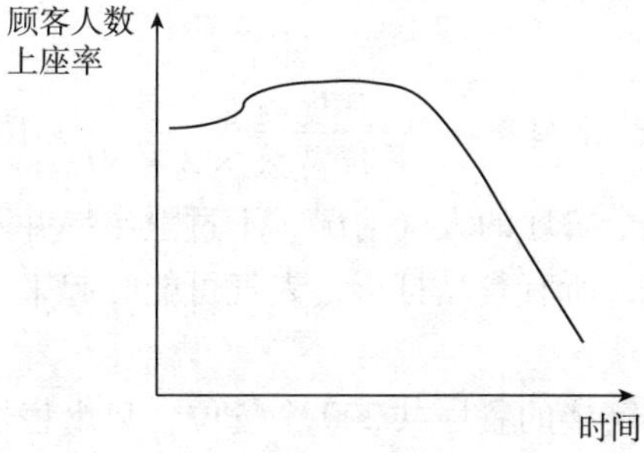

图 7－2　顾客人数与上座率随时间变化

上座率既有时点概念，也有时间区间概念。例如，图 7－1 和图 7－2 曲线上的每一点都是时点概念，指当时的上座率。而午餐上座率是指整个午餐期间到店顾客数量占餐位总数的比重。在计算公式上，如果分子分母均是某一时点的数据，则计算的是该时点的上座率。如果分子分母均是某一个用餐时段（如午餐）的数据，则计算的是该用餐时段的上座率。

上座率有可能小于 100%，也有可能大于 100%，在时点概念上如此，在时间区间概念上也如此。

在时点概念上，假如一个餐厅有 100 个餐位，某个时点共 80 人在店用餐，则当时的上座率为 80%。若在某时点，座位全满且某个桌位多挤了 1 个人，则当时的上座位为 101%。值得注意的是，上座率与顾客的实际人数有关，而与顾客占据的座位数无关，假如一个餐厅只有一个十人桌，座位总数是 10，某日来了 1 位顾客，包桌用餐，则上座率也只是 10%，而非 100%。某日来了 7 位顾客，使用 7 个座位，将随身携带的背包放在另 3 个座位上，这 3 个座位虽被占用，但是上座率也仅是 70%，而非 100%。

在时间区间概念上，例如，一个餐厅有 100 个座位，某日午餐期间，若有 90 个人到酒店用餐或消费，则当日午餐的上座率为 90%；若午餐期间部分餐位曾翻台，共有 270 人到店用餐，则午餐的上座率为 270%。

如果计算日平均上座率、周平均上座率、月平均上座率，则分母需是每日、每周、每月的可用座位总数。假设该餐厅每日不提供早餐，只提供午餐和晚餐，则计算公式分别为：

$$\text{日平均上座率} = \frac{\text{当日顾客总数}}{\text{餐位总数} \times 2} \times 100\%$$

$$\text{周平均上座率} = \frac{\text{一周顾客总数}}{\text{餐位总数} \times 2 \times 7} \times 100\%$$

$$\text{月平均上座率} = \frac{\text{月度顾客总数}}{\text{餐位总数} \times 2 \times 30} \times 100\%$$

上座率可以反映一个餐厅的人气情况，不过上座率并不是越高越好。例如一个餐厅为了提高上座率，所有餐品打折，人气可能旺起来了，餐厅的利润却不一定多于以前。

举例如下，一个写字楼的餐厅共 200 个餐位，只出售快餐，所有快餐均为 20 元一份，每份快餐的成本为 10 元，假设一餐的客流量是 110，则上座率是 55%，收入是 2200 元，毛利润为 1100 元。该餐厅希望提高上座率，采取打折的策略，所有快餐打 8 折，一餐的客流量增加到 150，上座率提升到 75%，收入提升到 2400，毛利润降为 900 元（计算过程为：$2400 - 150 \times 10 = 900$）。此例中，上座率的提升并没有带来利润的提升，反而使利润减少了，并增加了员工劳动强度，增加了劳动力成本，对餐厅是不利的。另外，较高的上座率会使餐厅显得拥挤，顾客体验可能会变差，也对餐厅不利。

三、餐桌利用率

餐桌利用率是指开餐期间提供服务的桌位数占餐厅桌位总数的比重。

$$餐桌利用率 = \frac{提供服务的桌位数}{桌位总数} \times 100\%$$

餐桌利用率与上座率不是一回事。以一个四人桌为例，假设只有两人使用，则上座率为 50%，餐桌利用率为 100%。1 个人使用一个十人桌，餐桌利用率为 100%，而上座率仅 10%。可见，餐桌利用率并不能代表餐厅的经营效益。

餐厅运营中，最好的情况是每一个餐桌均入座既定的人数，例如六人桌坐 6 人，十人桌坐 10 人。当然，四人桌坐 6 人情况，十人桌坐 12 人的情况可能会显得拥挤，降低顾客满意度，偶尔如此可以，如果经常这样，餐厅就要考虑增加大桌的数量，提升顾客满意度。

四、翻台率

翻台是指餐厅桌位在用餐期间接待过第一拨顾客后，餐厅服务员收拾餐具，将桌椅清洗干净后，继续接待下一拨顾客，下一拨顾客用餐完毕后，服务员再次收拾餐具，清洗桌椅，再次接待下一拨顾客，一直重复下去。在餐厅里，台位也称桌位，翻台也称翻桌。

例如，一张四人桌在某日午餐期间只接待过一拨顾客，此拨顾客共 3 人，则这张四人桌在当日午餐期间没有翻台。如果这张四人桌在当日午餐期间接待过三拨顾客，分别是 2 人、3 人、4 人，则翻台两次。由此可见，一个桌位的翻台次数等于接待总次数减去一。翻台与桌位的入座人数无关，桌位入座人数只影响上座率，不影响翻台率。

翻台率有一个桌位的翻台率，也有所有桌位的总体翻台率。一个桌位的翻台率即一个桌位的翻台次数，多个桌位的翻台率需要计算多个桌位的使用次数。餐厅通常更关注总体翻台率，因此在谈论翻台率时，通常指的就是总体翻台率。

$$一个桌位的翻台率 = 该桌位接待的顾客次数 - 1$$

$$总体翻台率 = \frac{桌位使用次数 - 桌位总数}{桌位总数} \times 100\%$$

实际运营中，餐厅需关注每餐的翻台率、每日的翻台率、每月的翻台率，根

据翻台率变化，调整经营策略。一家只提供午餐、晚餐的餐厅，每日翻台率和每月翻台率的计算公式为，

$$每日翻台率 = \frac{当日桌位使用次数 - 桌位总数 \times 2}{桌位总数 \times 2} \times 100\%$$

$$每月翻台率 = \frac{当月桌位使用次数 - 桌位总数 \times 2 \times 30}{桌位总数 \times 2 \times 30} \times 100\%$$

值得注意的是，桌位总数不等于餐位总数。一张两人桌是1个桌位，1个台位，2个餐位；一张八人桌是1个桌位，1个台位，8个餐位。一个四人桌的餐位总数是4，但桌位总数是1。再例如，一个餐厅有8张两人桌、6张四人桌、5张八人桌和4张十人桌等，则餐位总数是各桌子所能落座的顾客人数总和，桌位总数是这些不同大小桌子的总数，计算公式为，

$$餐位总数 = 8 \times 2 + 6 \times 4 + 5 \times 8 + 4 \times 10 = 120$$

$$桌位总数 = 8 + 6 + 5 + 4 = 23$$

翻台率与顾客平均用餐时间有关。一般而言，每张桌位的人数越少，用餐时间越短，反之则相反。例如，一张两人桌的用餐时间通常小于十人桌的用餐时间。因此，小桌的翻台率通常大于大桌的翻台率。在火锅店，一顿晚餐期间，一张四人桌可能翻台两次，接待3拨顾客，而一张十人桌可能不会翻台，翻台率为0，原因就在于十人桌的用餐时间通常多于四人桌的用餐时间。

假如一个餐厅的一个桌位在一顿饭期间接待了3位不同的顾客，则该桌位的翻台率是2。假如一个旋转自助寿司餐厅有100个座位，各座位都是独立的，在一次用餐期间，其中20个座位接待了3次顾客，30个座位接待了2次顾客，40个座位接待了1次顾客，10个座位均被先后进店的顾客放置衣包，则本餐翻台率为，

$$\frac{20 \times 3 + 30 \times 2 + 40 \times 1 + 10 \times 0 - 100}{100} \times 100\% = 60\%$$

假如该旋转自助寿司餐厅每日午餐和晚餐期间营业，座位总数为100，午餐和晚餐的接待情况如表7-1所示。

表7-1　旋转自助寿司餐厅的桌位接待情况

	接待0次	接待1次	接待2次	接待3次	接待4次	总数
午餐	5	35	30	20	10	100
晚餐	6	20	24	25	25	100
总数	11	55	54	45	35	200

那么，午餐的翻台率为：$(5\times0+35\times1+30\times2+20\times3+10\times4-100)/100=95\%$

晚餐的翻台率为：$(6\times0+20\times1+24\times2+25\times3+25\times4-100)/100=143\%$

当日翻台率为：$(11\times0+55\times1+54\times2+45\times3+35\times4-100\times2)/200=119\%$

进一步计算，午餐的上座率为：$(35\times1+30\times2+20\times3+10\times4)/100=195\%$

晚餐的上座率为：$(20\times1+24\times2+25\times3+25\times4)/100=243\%$

当日的上座率为：$(55\times1+54\times2+45\times3+35\times4)/(100\times2)=219\%$

由以上计算可以得知，当一个餐厅的桌位数与餐位数相等时，也即均是独立桌位，没有两人桌、四人桌、八人桌等桌位时，翻台率与上座率存在以下关系。

$$翻台率=上座率-1$$

这一公式适用于每餐，也适用于每日、每月。该公式表明，上座率越高，翻台率随之越高。然而，现实中除了这类旋转自助餐厅外，大部分餐厅的桌位数与餐位数不相等，便不存在以上严格的数学关系，翻台率和上座率之间的同增同减关系将变得模糊起来。例如，酒店 3 人使用四人桌，7 人使用八人桌，8 人使用十人桌，则翻台率和上座率之前也存在一定的同向变化关系，只是变化幅度不像上式那样精确。相反的情况是，若经常是两位顾客使用四人桌，六位顾客使用十人桌，则会出现上座率较低、翻台率很高的现象。这一情形也会造成等位现象，一些等位顾客可能中途转向别的餐厅，影响本餐厅的收入水平。因此，翻台率并不一定能真实反映酒店的人气情况，为综合分析餐厅经营状况，需将翻台率和上座率结合起来。一些高星级酒店的餐厅或者一些生意火爆的餐厅里，服务人员经常引导顾客落座，除了给顾客营造热情服务的印象外，也是为了合理安排座位，防止座位空置，减少不必要的翻台。

五、人均消费额

人均消费额是指顾客消费总额与顾客人数的比值，也即餐厅主营业务收入与顾客人数的比值。

$$人均消费额=\frac{顾客消费总额}{顾客人数}$$

人均消费额通常代表一个餐厅的消费水平和档次。比如人们在路边小饭店吃碗面，人均消费额仅十元左右，在一些普通餐厅的人均消费额只是几十元，而在全聚德的人均消费额通常超过百元。

通常而言，给定一家餐厅，人均消费额越高，餐厅的效益越好。然而，片面追求较高的人均消费额，可能产生对餐厅不利的效果。例如，一些餐厅提高菜品的价格，将减少顾客流量，进而减少餐厅收入。再例如，消费高峰期，一些高额消费的顾客用餐时间过长，减少了翻台的机会，使其他顾客等位时间较长，导致一些顾客转向临近的餐厅。

六、每餐位小时收益

以上五个指标分别从某一方面反映餐厅的经营效益，营业收入关注总体绩效，不过不能反映收入的贡献来源。上座率关注顾客的数量。餐桌利用率关注餐桌的使用效率。翻台率考察顾客的用餐时间，反映了桌位的周转率。人均消费额反映餐厅的消费水平。每个指标的侧重点不同，也反映出每个指标的片面性。如果餐厅经营者只关注 5 个指标中的一个或几个，很可能使整体效益下降。为科学地考察和促进餐厅经营效益，餐厅经营者需关注每餐位小时收益，该指标类似于客房经营中的单房收益，是餐厅经营效益中最重要的一个指标。

每餐位小时收益（Revenue Per Available Seat Hour，RevPASH）衡量每个餐位在单位时间内产生的营业收入，计算公式为，

$$\text{每餐位小时收益} = \frac{\text{餐厅营业收入}}{\text{餐位总数} \times \text{营业时长}}$$

每餐位小时收益既考虑到餐厅营业收入、餐位总数，又要考虑到餐厅营业时长，是衡量餐厅经营绩效的综合指标。以此指标为参照点，一个餐厅的最好情况是，在最短的时间内用最少的餐位数产生最多的收入。而一些餐厅通过延长营业时间来增加营业收入，并不值得褒奖，除非营业收入变化额与营业时长变化额的比值大于 1，这种经营策略才会带来每餐位小时收益的增加。

七、餐厅坪效

坪效是指每平方米产生的效益，餐厅坪效就是一段时间内餐厅每平方米面积可以产生多少营业收入。计算公式为，

$$\text{餐厅坪效} = \frac{\text{营业收入}}{\text{营业面积}}$$

餐厅既可以计算某日的坪效，又可以计算某一段时间的坪效，分母不变，坪效取决于营业收入所衡量的时间段。日均坪效就是日均营业收入与营业面积的比

值。月均坪效就是月均营业收入与营业面积的比值。

坪效是衡量餐厅经营效益的重要指标。影响坪效的因素中，除了营业额及决定营业额的价格和数量、餐厅营业面积，地理位置也是一个重要因素。不同的地理位置决定了潜在顾客的数量。同样的餐品，同样的餐厅面积，同样的经营人员，同样的经营方法，不同的地理位置，会获得不同的营业收入。地理位置的差异可以从连锁餐厅的营业收入中体现出来。连锁餐厅的餐品一样，经营方法一样，餐厅面积相差无几，经营人员经过同样的培训，业务熟练程度一样，经营收入却不同，这就是地理位置带来的绩效差异。一些快餐店在选址时，制定统一的标准，如都在人流量大的商圈，这就去除了地理位置的差异，在比较餐厅的业绩时，就可以从经营人员方面寻找差异。

第三节　餐厅收益管理的常见方法

一、产品管理

餐厅的产品管理是个广义的概念，既包括食品的种类、品质，食材的来源、卫生状况，又包括餐厅的装修、装潢，楼层、面积，桌椅的材质、数量、摆放形式、摆放密度，服务的品质和周到程度等。餐厅以正式运营后，食品管理是餐厅管理的重中之重。

（一）食品管理

不同餐厅的区别首先源于食品的区别，其他诸如装修、桌椅的设置等均围绕食品展开。中餐厅是中餐厅的风格，西餐厅是西餐厅的风格，快餐店是一种风格，酒楼是又一种风格。因此，食品是餐厅运营的核心，是餐厅立足于市场的根本，其他方面只是锦上添花。其他方面固然重要，但远没有食品重要，其他方面都可以降档求其次，唯有食品的品质不可轻易降低。很少有哪个餐厅的食品口味差，仅靠环境一流，就能客源不断，人流如织。而经常有食品口味好、品质好的餐厅，装修一般，却常常高朋满座，胜友如云。

近些年来，随着人们生活水平的提高，在保证食品口味和品质的基础上，那些装修漂亮，环境高大上的餐厅，往往就是中高档餐厅，菜品的价格往往高于装修一般的餐厅。归根结底，价格基于餐厅的整体定位和顾客对象，而除了餐品以外的其他方面均是餐厅整体定位和顾客对象的体现。一瓶矿泉水在小餐馆卖2元，在一个酒楼、大饭店卖4元，并非矿泉水本身的价值变化了，而是矿泉水所处的位置，所在餐厅的定位，所面对的购买对象变了，价格从而变高了。矿泉水如此，一碗粥如此，一盘酸辣土豆丝、一盘西红柿鸡蛋也如此。菜品品质的些许差异，由于外在因素的变化，价格产生了更大的差异。

食品管理的另外一个方面是食品成本管理。一个精细化管理的餐厅和饭店，一般会核算每一道菜的制作成本、利润率，比较各菜品的利润率。并统计出各菜品的销量，计算出哪些菜品最受顾客喜爱，对餐厅收入和利润的贡献最大，适时推出新的菜品，更新菜单，保持对顾客的吸引力。

（二）桌位设置

桌位设置涉及桌位的材质、风格、数量、比例、可调节程度等。在桌位设置中，最重要的是确定不同桌位的数量和比例，在高需求阶段尽可能容纳更多的顾客，即容量控制。

在餐桌的材质上，木质是通用的。除此以外，西餐厅常见玻璃材质，中餐厅常见大理石材质、不锈钢材质。在座椅的材质上，快餐店以木质的座椅以硬座为主，酒楼和饭庄则以软座为主。其中原因不难理解，快餐店希望顾客快吃快走，不要逗留，而酒楼和饭庄则希望顾客多多停留，多多消费。在桌椅的风格上，西餐厅普遍以简约为主，但简约中附带着匠心，彰显出不简单，中餐厅通常呈现出浑厚的风格，处处体现着中餐的博大精深。

在桌位的材质、风格确定下来后，餐厅需解决不同大小桌位的数量，桌位的摆放位置和密度等问题。餐厅通过配比不同桌型的数量，按一个恰当比例安排小桌与大桌的数量，并按一定的方式摆放开来，做到间隔有距，井然有序，在必要时候可以挪动一些桌椅，进行拼桌，从而调整每餐可以接待的顾客数量，最大限度减少桌位空置。

餐厅的桌位按入座人数，可以分为两人桌、三人桌、四人桌、六人桌、八人桌、十人桌、廿人桌等桌型。按形状，可以分为圆桌，方桌，长条桌，长方形桌等类型。一个餐厅安排不同桌型的数量和比例，取决于顾客的群体和特征。例如中餐厅有十人以上的大桌，西餐厅就很少有十人以上的大桌。在中餐厅，四人小桌普遍是方形，十人以上的大桌普遍是圆形。

我们去肯德基、麦当劳，会发现这两家西餐店的桌子和凳子有很多相似之处，比如小桌较多，大桌较少，有长条桌、十人以上的长方形桌。永和大王、真功夫等中餐厅的风格与肯德基、麦当劳类似，不过在长条桌、长方形桌方面存在细微的差异。以上餐厅均是快餐店，而海底捞火锅却是另一种风格，没有长条桌，没有两人桌，而以四人桌、六人桌、八人桌、十人桌居多。以上餐厅中，各自的主打桌位不尽相同，西餐以两人桌居多，长条桌用于陌生顾客之间的拼桌，中餐以四人桌居多，很少有陌生顾客之间的拼桌。在座椅方面，快餐店的座椅比海底捞火锅店的座椅硬。另外，快餐店没有包间，海底捞有一些半开放式的包间，一些高档中餐厅有附带会客区的包间。

如何解释以上餐厅在桌位设置方面的差异？一个可能的解释是，消费者到一个快餐店的消费额通常固定，弹性不大，因此快餐店希望顾客快速消费，快速离店，给后来顾客腾出位置和空间。而海底捞、苏浙汇等高档中餐厅希望顾客多多停留，吃饭时间长一点，再长一点，通常时间越长，顾客点的菜就越多，从而消费就越多。

对于一个给定的餐厅，合理的桌位大小、数量和比例需要基于餐厅的定位，是定位于快餐，还是慢餐，是以三三两两的为主，还是以 6 ~ 10 人的顾客为主。在确定好大概的桌位比例后，还需预留一定的灵活性，比如在什么情况下可以拼桌，哪些桌位可以方便地拼桌。如果餐厅运营一段时间后，经常发生拼桌现象，3 人坐四人桌的现象，7 人坐十人桌的现象，餐厅就需要调整桌位的大小和数量，重新摆放，以减少桌位空置，提升每平方米的收益。

如表 7 – 2 所示，不同餐厅适宜的顾客人均面积是不一样的，快餐厅的人均面积最小，而大型豪华宴会厅的人均面积最大。

表 7 – 2　　不同类型餐厅的面积配比

餐厅类型	餐位面积(平方米/餐位)
大型豪华宴会厅	1.8 ~ 2.5
大型宴会厅	1.5 ~ 2.0
普通中餐厅	1.2 ~ 1.5
豪华中餐厅	1.5 ~ 2.0
法式西餐厅	1.8 ~ 2.5
美式西餐厅	1.2 ~ 1.5
自助餐厅	1.2 ~ 1.7
咖啡厅	1.5 ~ 1.8
酒吧	1.2 ~ 1.4
快餐厅	1.1 ~ 1.4

资料来源：匡家庆：《餐饮管理》旅游教育出版社 2010 年版。

二、时间管理

时间管理涉及三个方面：预订管理、营业时间管理和顾客的消费时间管理。预订管理涉及顾客到达餐厅之前的各种应对和安排。营业时间管理涉及餐厅对营业时间的设定和调整。顾客消费时间管理主要是尽可能缩短某些环节的时间，提高每餐位小时收益。

（一）预订管理

高星级酒店的餐厅一般都接受预订，一些酒楼、饭庄、特色饭店也接受预订，顾客预订成功后，通常会收到一条确认短信。那些路边小餐馆、快餐店通常不接受预订，顾客随时上门，餐毕即去。那些非常火爆的餐厅，也不接受预订，顾客为了有位置，须提前到店等位。无论怎样，预订管理对于大的餐厅和饭店、档次较高的餐厅和饭店具有重要的意义。

预订管理是指餐厅提前多长时间接受顾客订座，接受预订后，如何与顾客确认，以及顾客到店前多久跟顾客再次确认，顾客到店后跟顾客最终确认等一系列操作与安排。

一个值得思考的问题是，餐厅最早可以提前多久预订？一个月，两个月，三个月，六个月，还是一年？大多数散客的预订时间在一周以内，而团队的预订时间要早于散客，宴请的宾客越重要，餐厅越火爆，预订的时间越早。通常，最早的预订时间不会超过半年，而提前一年预订也并非不可能。例如一些生意火爆的饭店在夏天就开放当年年底年夜饭的预订，大年初一、初二、初三、初四午餐和晚餐的包间预订。一些国际性的论坛和会议，提前一年就确定了举办城市，然后即确定具体地点，在预订酒店的会议室、宴会时，也可能同时预订餐厅，以举办专场招待活动。在瑞士小城达沃斯，由于年年举办国际论坛，一些国际组织在当年会议期间就跟一些酒店和餐厅预订下一年的场地。

不同餐厅需根据自身的市场需求和接待能力确定开放预订的时间。除非官方酒店的餐厅，负有官方接待任务的餐厅，大多数餐厅提前半年接受预订就足以保证顾客流量。预订时间提前过早，顾客可能中途取消预订，这样只会徒增餐厅的预订工作量。例如提前五年开放预订，就对大多数餐厅没有任何意义。当然，提前预订的时间太短，会造成顾客拥挤预订的局面。例如一家餐厅人气非常旺，仅提前两天开放预订，这样就会在开放预订时很快订完，一些顾客没有预订到座位。这是饥饿营销的一种方法，除非餐品确实有特色，顾客品尝后感到满意，口口相传或者在网络上给予好评，否则在信息传播如此快的今天，这种方法并不会给餐厅带来多大好处。

目前大多数餐厅在预订时不需要支付保证金，仅登记姓氏和联系方式即可。为减少顾客取消预订的数量，餐厅预订中可以借鉴客房预订，让顾客提前支付保证金或套餐的全额款项。当然，为鼓励顾客提前付款，餐厅可以为此部分预订顾客最终结账时提供一定折扣或其他优惠。如果餐厅进行超额预订，那么提前一两天跟顾客电话确认预订信息将是非常必要的。即使没有超额预订，餐厅为降低达到的不确定性，也应在用餐当天跟顾客提前联系，欢迎顾客准时光临。

（二）营业时间管理

营业时间管理指餐厅需合理安排每天的营业时间区间以及哪些日子接受特定渠道的预订顾客。

餐厅的营业时间不等于员工的上班时间，营业时间是面向顾客的，员工的上班时间通常比营业时间长，早于开餐时间，晚于闭餐时间。如果营业时间长于8小时，需安排员工轮班。大多数中餐餐厅的营业时间是上午10点半至下午2点，下午5点至晚上22点甚至更晚。一些西餐厅、快餐店的营业时间是上午10点至晚上22点，中途不歇业。“嘉和一品粥”的有些门店营业时间是早上6点半至晚上22点。而一些连锁餐厅和快餐店全天24小时营业，如海底捞、肯德基和麦当劳等。

一些餐厅开放OTA网站的团购预订，一般会规定餐厅在哪些天内接待团购顾客，在哪些天内（如周末、节假日）不接受团购顾客。这也是对营业时间的一种安排。

有些餐厅全年营业，有些餐厅在春节期间关门停业，有些写字楼的餐厅周末停业，度假胜地北戴河、三亚的一些餐厅，在当地旅游淡季时关门停业。

不同餐厅需结合自身的餐品特点、地理位置、顾客对象等，合理安排营业时间，并在顾客的高峰季节或每天的高峰时段做出一定的准备和预案。

（三）消费时间管理

消费时间管理是指合理优化顾客自到达餐厅到离开餐厅的整个时间段，缩短一些不必要的时间，提高顾客满意度，并提高餐厅每小时收益。

顾客在餐厅期间的时间可以细分为两部分：入座前的等待时间、在座位的用餐时间。餐厅运营中，如果有翻台，需考虑翻台的时间。这每一个环节的所用时长都有一定的弹性，餐厅收益管理就是要尽可能地统计出每个环节的平均时长，进行总结分析，提出改进的空间，提升餐厅运营效率，提高每小时的餐厅收益（见图 7－3）。

顾客到达	等位、入座	点菜	加工菜肴	就餐	结账	离店	翻台	下一拨顾客入座
	等待时间	用餐时间					翻台间隔时间	

图 7－3　顾客在餐厅期间的时间细分

1. 等待时间

等待时间分为两部分：顾客等位时间和从餐厅门口到座位的行走时间。等位时间取决于在店顾客用餐快慢，餐厅基本上不可控制。如果在店顾客很快有一桌要结账离店，那么等位顾客很快将入座用餐。如果在店顾客用餐较慢，等位时间将长一些。如果店外有多个等位顾客，排号是公平合理的，有利于减少争议。

入座时间指顾客从餐厅门口到达就餐桌位的时长。顾客可以自行寻找空座，也可以由服务员引领入座，这两种方式所需的时间有细微差异。如果服务员引领顾客直接到达空座桌位，可以缩短这一时间，也可以减少顾客自行寻找的麻烦。在空座较多时，这一安排也可以减少一些顾客的选择纠结症。如今，一些中高档餐厅里，无论是否有等位，服务员均会引领顾客入座，一方面是体现热情服务，营造良好的第一印象；另一方面也有助于减少入座时间。

2. 用餐时间

用餐时间是从顾客入座到离店所需的时间。用餐时间大于顾客真正吃饭的就餐时间。减少用餐时间，尤其是除就餐时间以外的用餐时间，可以提高单位时间内的餐厅收益。餐厅为降低用餐时间的不确定性，就要在用餐的各个环节上引入精细化管理。

写字楼附近的快餐店，小区门口的快餐店、景区附近的快餐店、商业街的快餐店，单个消费者的消费额通常较小，靠客流量累积收入，缩短顾客用餐时间，提高餐位周转率，就非常有必要。

对于中高档餐厅，顾客在店停留的时间越长，消费的食品和酒水饮料将越多。如果餐厅外有等位顾客，餐厅服务人员需想办法缩短顾客在店时间，如及时清理桌上盘子、餐具，提醒顾客是否还加菜，提醒顾客是否结账等，鼓励在店顾客及早离店。

（1）优化点餐时间。点餐是用餐的第一步。精美的菜单，漂亮的文案，合理的菜品分布均将提升顾客的点菜体验。一份精致优美的菜单是顾客用餐的催化剂。

中餐的菜单通常是按照特色菜品、冷菜、热菜、时蔬、汤、主食和酒水的顺序排列。有些顾客在点菜时，会将菜单从头翻到尾，再从尾翻到头，反复几遍，才最终确定菜品。一份厚厚的菜单将增加顾客翻阅时间，为此，一些餐厅推出专门的酒水单，含义很明确，如果只看菜品，就不用翻另一本酒水单了。如果菜品较多，每页的厚度就应该薄一些，如果菜品较少，每页的可以适当厚重一些。可以想象一个顾客拿着一本总体非常厚，每页也用加厚铜版纸菜谱的情形，不仅翻阅体验不好，也不利于迅速确定菜品。

中餐的菜单通常较厚，西餐的餐单通常较薄。而快餐店的菜单仅是一张纸，只有菜名，没有图案。麦当劳没有菜单，所有顾客进门直走，到达收银台，抬头就可以看到几张食品图片，食品的名字和价格醒目易懂。

近年来，随着数字化技术的推进，一些餐厅推出移动平板电脑点餐，手机扫码点餐，这都是缩短点餐时间的尝试。

在点餐期间，顾客可能会与服务员沟通，因此服务员也可以发挥个人影响力，缩短顾客的点餐时间。例如在高峰期，服务人员可以推荐顾客快速搭配菜品，推荐一些易做的菜品，提醒顾客某些菜品需要较长的加工时间或者告诉顾客一些菜品今日售罄等。

另外，如果餐厅可以网络预订，可以在网上提供菜单，方便顾客在预订时点好菜品。如果有等位，最好让顾客在等位时点餐，将点餐时间与等位时间合二为一，顾客入座后，菜品就很快端上，既缩短了整体用餐时间，又提高了顾客的满意度。

（2）缩短加工菜肴时间。加工菜肴是餐厅运营的重要环节。这涉及厨房管理，包括厨师数量、厨师工作效率、食材准备情况、小料准备情况等。

加工菜肴是一项技术活，为保证菜品质量，就不能催促，欲速则不达。加工菜肴也是一项体力活，会产生疲惫感。因此，合理的激励和监督机制，完善的奖惩机制是后厨管理的必要制度。

一些餐厅在菜肴加工时间环节引入时间管理，顾客点餐完，菜单发送至厨房后，厨房需在半小时内制作完所有菜品，提前完成或按时完成，则有一定奖励，如果没有完成，将给顾客赠送一份礼物，同时对后厨扣除一定的绩效奖励或者增加一定的处罚。

（3）适当影响就餐时间。就餐时间是指从第一道菜品上桌，到顾客吃过所有菜品，不再进餐的时间。就餐时间的长短由顾客把控，餐厅一般很难干预，但也可以尝试做一些改变。例如，一些餐厅希望顾客停留时间长一些，多消费一些餐品或者使餐厅看起来人气很旺，就会播放一些舒缓的音乐，赠送一些食品、饮料或水果，鼓励顾客延长就餐时间。一些餐厅在用餐期间举办表演活动，也会延长顾客的用餐时间。一些快餐店希望顾客快吃快走，餐毕不要逗留，就会播放一些轻快的音乐，重复播放一些店内广告，高峰期把音量调大，一些顾客就不会在此驻足很久。

当餐厅有等位时，服务员可以用一些方式，善意地提醒顾客尽早结束用餐。如提前清理餐桌、主动询问是否加菜、主动递送账单等。餐厅也可以在用餐区旁边设置休闲座椅、茶吧，服务员可以提醒顾客餐毕后到那里休息体验。

（4）缩短结账时间。结账时间即顾客花多长时间完成买单。关于结账的时间点，顾客既可以先结账，然后离座离店，又可以先起身离座，结账后再离店。

在早前不能刷卡的时代，顾客需到服务台交付现金，开具发票或者将现金交付服务员，告诉服务员发票信息，服务员找零、开好票后，送回餐位。

可以刷卡支付后，顾客要么到服务台刷卡，开发票，要么服务员拿着刷卡机，到顾客跟前刷卡，然后开发票。

近年来，电子支付日益普及。顾客可以在餐桌上扫码支付，并开发票，这无疑大大提高了结账的效率，缩短了结账的时间。餐厅使用这一支付手段之前，需在每一个桌位放置一个二维码，这个二维码最好跟之前的点菜二维码一致，顾客从点餐到支付，均使用这一个网络链接。当然，餐厅也可以在这个链接上增加更多功能，如跟踪餐品的制作进度，显示餐品是否上齐，顾客在线点评等。

（5）关注离店时间。离店时间是指顾客结账之后，从起身离座到离开餐厅，走出餐厅门口，服务员与其最后道别的所用时长。如果顾客先起身离座，后到服务台结账，然后离店，则离店时间是从其结账之后到离开餐厅的这一段时间。

在理论上，只要顾客起身离开桌位，服务员就可以清理桌位，进行翻桌。顾客的离店时间看起来无关紧要。然而，由于在店顾客人数会影响店内的拥挤程度，因此，适当地引导顾客离店，也是时间管理不可忽视的一部分。

一般而言，离店时间取决于顾客的同行人数，顾客随身物品的多少，桌位离餐厅门口的距离，顾客行走的快慢等。在顾客起身的一刹那，服务员需提醒顾客带好随身物品。在顾客从桌位到餐厅门口的这几分钟内，服务员可以与顾客沟通交流，邀请顾客评价一下菜品或服务，欢迎顾客下次光临。当然，有时店内顾客人数较多，服务员忙不过来，会省于这一引导环节，会老远地说欢迎下次光临，不再引导离店，继续引导下一拨的进店顾客。

3. 翻台时间

翻台时间是服务员清理桌位，重新摆台，使桌位以崭新姿态迎接下一拨顾客的时间。翻台时间取决于桌位的大小，前一拨顾客点餐的多少，盘碟的易碎性，重新摆台的餐具多样性等。

餐厅加快翻台的一个办法是多个服务员同时清理一个桌位，同时摆台。这涉及分工问题以及工作量的问题。餐厅服务员之间的团队精神就显得尤为重要。餐厅加强员工之间的凝聚力，加强团队建设，增强对员工的人文关怀等看似很虚无缥缈，实际上对于餐厅运营非常重要。考察一个餐厅的员工队伍，高峰期的翻台效率就是一个很好的观察点。在非营业期间，加强员工的摆台培训，举办摆台比赛，是提升翻台效率、缩短翻台时间的有效手段之一。

三、价格管理

价格管理是指餐厅设定适当的价格，用价格这一工具甄别顾客群体，引导顾客消费，提升餐厅收入。

餐厅的菜单一旦设计好，并推出后，菜品的价格就在一段时间内固定下来。下一次更换菜单后，菜品的价格才会变化。在下一次更换菜单之前，调整价格是不可能的，餐厅只能通过别的方式进行价格管理。

价格管理的重要方式有两个：一是价格折扣，二是差别定价。价格折扣是对所有菜品或部分菜品的折扣，例如店庆期间所有菜品打九折，消费满 500 元减 100 元，再例如一些餐厅推出每日特价菜，仅某一样或几样菜品有折扣。所谓差别定价，是指设定一些标准，将不同消费能力的顾客区分开来或者引导顾客增加与减少某些菜品的消费。

差别定价的价格区分标准有两类：一是物质型标准，二是非物质型标准。前者包括包间消费标准、大桌消费标准、餐桌位置、当天是否有演出等。后者包括就餐时间、订餐方式、是否使用优惠券等（见图 7－4）。

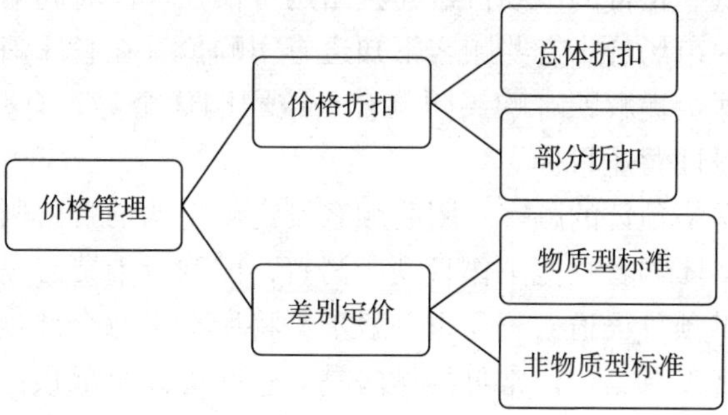

图 7－4　餐厅价格管理的方式

在物质型标准中，一些高档餐厅、人气旺的餐厅会设置包间消费标准，达不到该标准的顾客只能使用大堂的桌位。在大堂，对大桌也会设定消费标准，减少顾客人少却使用大桌的情况，将桌位留给最适当的顾客。如果当天有演出，则可以对能观看到演出的最佳桌位加收一定的服务费。

在非物质型标准中，餐厅可实将就餐时间细化，例如，周末与平日，中餐与晚餐，高峰期与非高峰期，在其中的一个时段执行优惠价或者赠送饮品。按订餐方式，顾客可以对网络订餐者不收包装费，对电话预订、网上预订的外卖顾客不收包装费、快递费，对门店顾客收取打包的包装费。餐厅也可以发放优惠券、代金券，吸引顾客流量，吸引回头客，在顾客流量不多的时期，不控制优惠券、代金券的使用数量，在顾客流量较多的时期，控制两者的使用数量，例如一次只能用一张，消费满 100 元可以用一张等方式。按照是否是会员方式以及会员的级别，餐厅也可以进行价格细分，采用非会员不能享受价格折扣，会员可以享受折扣价，高级别的会员可以享受更多的折扣等方式。

四、渠道管理

渠道管理是指统计各渠道顾客的数量和比例，分析各渠道顾客的特点和需求，适当增加或减少某些渠道的顾客，维护各渠道顾客的利益。

餐厅的预订渠道或方式主要有现场预订、电话预订和网络预订 3 种。网络预订包括官网预订、OTA 网站预订、团购网站预订、微信平台预订、微商平台预订等方式。在一定意义上，团购网站也属于 OTA 网站的范畴，区别在于常见的 OTA 网站（比如携程）执行的是正常的市场价，而团购网站执行的是团购价，即优惠价，一般低于正常的市场价，并且团购价仅在一段时间内有效，过了有效期内又回到正常的市场价。有些顾客不知道有团购价，在餐厅消费时按市场价支付款项。有些餐厅会提醒顾客购买团购套餐或团购代金券，有些餐厅则不提醒，取决于餐厅的阶段性营业目标。

餐厅可以为网络预订的顾客、团购顾客设定一定的消费限制。例如团购者只能午餐到店消费，团购者只能工作日到店消费，团购者消费需提前一天预约等。

即使餐厅提供预订渠道，餐厅也一般不会将所有桌位全部预订出去，导致当天临时到店的顾客没有桌位。常见的做法是，包间可以全部预订出去，大厅的大部分桌位可以提前预订出去，而大厅的少部分桌位须保留下来，供当天的上门散客使用。据观察统计，假如大厅有 10 个桌位，其中 6 个六人桌，4 个十人桌，则一般至少会预留 1 个六人桌、1 个十人桌，不对外预订，只面向当天的散客。

餐厅也可以像客房那样，实行超额预订。因为部分顾客可能因种种原因，取消预订或临时不能到店，造成桌位空置，餐厅面临收入损失。餐厅超额预订的应对比客房容易，只需要告诉超订顾客没有位置，为顾客提供临时的休息座椅，并提供茶水、饮料、棋牌等，大多数顾客愿意稍等一段时间。当然，餐厅超额预订也不能太多，太多则会造成顾客拥挤，增加抱怨和投诉，降低顾客满意度。

五、顾客细分与维护

餐厅顾客可以细分为多个群体，这取决于餐厅的定位和精细化管理的水平。比如，简单的划分，可以分为高收入群体的顾客、中等收入群体的顾客和中低收入群体的顾客。五星级酒店的餐厅通常服务的是高收入群体的顾客，快餐店的顾客对象主要是另外两个群体。

餐厅的地理位置不同，主要顾客群体会有差异。如写字楼的餐厅主要面向白领上班人士。居民小区的餐厅主要面向小区附近的住户。大学校园附近的餐厅主要面向在校学生。商场和购物中心的餐厅主要面向逛街的人士。通常而言，如果顾客会多次重复光临本餐厅，则餐厅的食品质量就尤为重要，是顾客是否前来的重要决策因素。如果顾客只是路过，偶尔来用餐一次，则餐厅的门面、装修和环境就非常重要，需要给顾客留下良好的第一印象。由此看来，写字楼的餐厅、居民小区的餐厅、大学校园附近的餐厅就需要特别注意顾客评价、顾客满意度，而商场和购物中心的餐厅顾客很少会天天来、反复来，性价比通常低一些。进一步讲，那些景区的饭店，高速公路边儿的饭店，性价比较低也是情理之中的，因为顾客经常是顺路经过，以后可能永远也不会再次光临，经营者没有动力去维护顾客。当然，随着互联网的发达，顾客可以在网络上发表攻略，点评餐厅的食品和服务；商场和购物中心的餐厅、景区的饭店、高速公路边儿的饭店若想生意兴隆，门庭若市，也需注重顾客评价，提高性价比，一旦欺客宰客，将可能被公之于众，引起公愤，受到道义谴责和法律惩罚，知情的顾客将不再上门用餐，餐厅关门为时不远矣。

大多数中高档餐厅实行会员制，会员可以享受一定折扣、赠送礼品或特殊待遇（如固定包厢、保证有位置）。餐厅也可以为会员提供附加值服务，例如会员在本餐厅过生日，赠送生日宴的生日蛋糕，每年为特定级别的顾客提供一个餐饮礼品盒、餐具套装等。

普通的餐厅也可以提供附加值服务，例如 24 小时营业的快餐店为晚上到店的顾客提供靠枕，供顾客临时休息，短暂小憩。海底捞火锅店为顾客提供美甲服务，照看小孩儿的服务等。

餐厅为提高客流量，可策划一些特殊的活动，如节假日大酬宾、店庆大酬宾等活动，以优惠的噱头吸引新老顾客到店消费，提高人气和菜品销量。在这些活动中，老顾客、高级别会员的优惠力度大于新顾客、初级会员。

[关键术语]

营业收入　上座率　餐桌利用率　翻台率　人均消费额　每餐位小时收益　餐厅坪效　产品管理　价格管理　物质型标准　非物质型标准　渠道管理

[思考与实践]

1. 为什么说餐厅运营适宜进行收益管理?

2. 餐厅收益管理的衡量指标有哪些，不同餐厅的适用指标存在哪些差异?

3. 以任意一家餐厅一段时间的收银小票为基础，分析该餐厅的收益特征。

4. 收集并整理下列餐饮品牌任一门店不同桌位的数量，在总结分析的基础上，谈谈设置餐厅桌位时需考虑的因素。餐饮品牌包括：永和大王、真功夫、肯德基、麦当劳、海底捞。每个餐饮品牌只需调研一个门店，注明具体地址。每人均须现场调研以上五个餐厅的各自数据，可以组团一起调研。桌位类型包括但不限于单人座、双人座、三人座、四人座、六人座、八人座、十人座、沙发式、长方形和椭圆形等类型。

第八章　宴会与会议收益管理

【本章概要】

长期以来，宴会和会议的收益管理一直处于粗放式管理的状态，近年来虽有改进，但还没有像客房那样，精细化收益管理已经蔚然成风。本章讲述宴会和会议的种类，各自的运营模式，并提供几个收益管理的参照指标，梳理出常见的宴会和会议收益管理的方法。

【学习目标】

1. 区分不同种类的宴会与会议。
2. 认识并阐释宴会和会议的运营模式。
3. 列举并阐释宴会和会议室收益管理的指标。
4. 理解并能运用宴会和会议室收益管理的方法。

随着中国酒店业的发展，收益管理的理念已被越来越多的酒店接受、认可、学习和运用。客房收益管理已在众多酒店集团和著名的单体酒店中付诸实践。不过，在客房收益管理的实践中，一些酒店发现，团队客房业务经常受制于餐饮设施、会议场地等，出现客房数量不匹配，客房价格谈不拢，“客房 + 餐饮 + 会议”打包产品的销售、实施过程中权责不清等问题。因此，一个自然而然的想法是，可否将宴会和会议的管理纳入客房收益管理中。或者，即使一些团队只在本酒店举行宴会或会议，不入住客房，会议和宴会可否单独进行收益管理？

宴会和会议的收益管理在国外著名酒店集团中已有丰富的尝试，中国酒店仍有很大的学习、发展和提升的空间。本章讲述宴会和会议的单独收益管理，不涉及宴会、会议与客房产品的打包组合。酒店各产品打包组合属于全面收益管理的范畴，本书最后一章将专门讲述。

第一节　宴会与会议的运营

虽然我们有时在一个餐厅的某个包间里举行家人的生日宴、寿宴、庆功宴，由于只有一桌，酒店管理中并不将此称为宴会，而是将其纳入餐厅的日常运营范围。酒店运营中所指的宴会，通常是在一个大的空间内举行的多桌宴席。这个大的空间可以在室内，如一个几百平方米的宴会厅；也可以在室外，如一片露天草坪或一个面积较大的楼顶。

图 8－1 是酒店餐饮部常见的组织结构图。餐饮部一般包括中餐厅、西餐厅和宴会部。当然，餐饮部也包括送餐部、大堂吧、酒吧和行政总厨等部门，图 8－1 没有直接显示出来。在图 8－1 中，宴会部是餐饮部的一个下属部门。有些会议型酒店的餐厅较少，餐厅规模也较小，宴会部的规模大于餐厅的规模，因此将宴会部从餐饮部独立出来，单独成为一个部门。

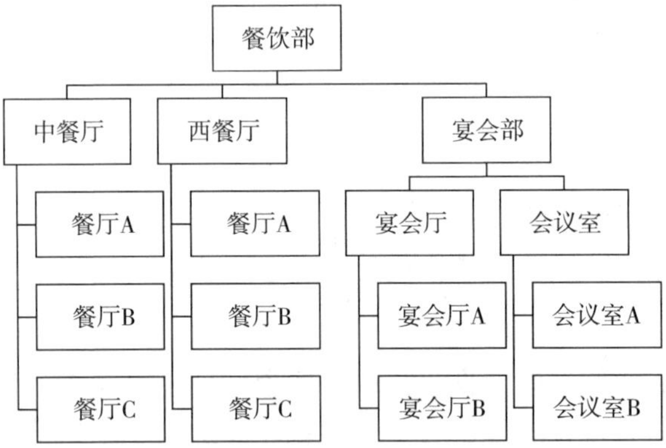

图 8－1　餐饮部和宴会的组织结构

宴会部的经营场地包括宴会厅和会议室两种类型。一些酒店有固定的会议室，会议室内有大的椭圆形或圆形会议桌，该会议桌长期放置，一般不挪动。另一些酒店没有这样的会议室，会议室是一块空场地，根据顾客要求，可以摆出各种造型的会议桌。通常，国企酒店、经常接待政务型会议的酒店，有固定的椭圆桌会议室，而外资酒店、经常接待商务型会议的酒店，会议桌经常根据顾客需求，临时摆放。

宴会部的宴会厅和会议厅可以是同一块场地，白天举行会议，晚上举行宴会或者今天接待一个团队的会议，明天接待另一个团队的宴会。

很多酒店的宴会厅和会议厅设置有隔板，可以把一个大的场地间隔成几个小的场地，收起隔板后，恢复成一个大的场地。一些国际性会议先召开全体大会，然后召开平行论坛，最后再召开全体大会，这样的会议场地安排可以提高场地使用率，酒店可以最大限度降低场地空置率，会议主办方也可以节约场地租赁费用。

宴会部负责宴会的日常运营，包括场地搭建、摆台、餐品的准备和布置，会议用品的领取和摆放等。宴会和会议的销售通常由销售部负责。这与客房部类似，客房部自身负责客房的人员安排、客房的打扫保洁、客房用品的更换和添补等，客房的销售由前厅部、预订部或销售部来完成。

一、宴会的种类与细分市场

宴会有多种类型，按照规格可以分为国宴、正式宴会和便宴；按照餐品的形式，可以分为中餐宴会、西餐宴会或中西合璧宴会；按照进餐形式，可以分为站立式宴会和设座式宴会。按照举办地点，可以分为酒店内宴会和外卖宴会。外卖宴会是指在酒店以外的场地举行宴会，酒店需要将桌椅和食材运送到宴会地点，有些餐品需要在现场加工，酒店服务人员在现场摆台、布置，并服务顾客。

大多数宴会是群体桌餐的形式，每桌坐多人，有多桌，每桌的餐品一样。不过，也有宴会是自助餐的形式，如会议用餐、团队用餐有时采用自助餐的形式。

（一）不同主题的宴会

1. 婚宴

婚宴是比较常见的大型宴会活动。如果有婚礼礼台和相关的会场布置，宴会的摆台需考虑到桌位的大小和间距。婚宴的桌布颜色、桌椅颜色需突出喜庆和吉祥的氛围。菜品名称也需突显幸福和美满。酒店需设计出不同价位的婚宴菜单，供顾客挑选。

2. 寿宴

寿宴一般是老人和小孩的生日宴，也有“十二岁”的贺宴，需突出寿星的特点，了解寿星的爱好和家人的要求，提供有针对性的服务。个性化的服务会让顾客长久铭记，可能成为本酒店的忠实顾客。

3. 家宴

家宴是指家人团聚或宴请亲友。家宴的规模一般较小，注重合家团圆，其乐融融，随意自然，酒店不用特意地布置宴会现场。不过家宴更注重性价比，菜品的报价应具有一定竞争力。

4. 庆典宴

庆典宴是为了庆祝某项事业或事件。高兴、快乐是庆典的主调。庆典宴有时在庆典会议之后，宴会现场通常设置庆典主席台或舞台，音响、灯光、话筒、投影等需符合主办方的要求。庆典宴的规模有大有小，有几千人的宴会，也有几十人的宴会。如果主会场容纳不下，通常会设置分会场，并以投影的形式直播主会场盛况。庆典宴的主题包括但不限于公司成立 20 周年庆典、学校校庆 70 周年庆典、大厦交付使用庆典、某产品发布十周年庆典等。

5. 庆功宴

庆功宴是庆祝某项重要成绩，比如公司某项目取得重要突破、体育团队取得重要成绩、本单位事业取得重大发展、一项谈判顺利结束、一个项目顺利完成等。

6. 迎宾宴

迎宾宴就是欢迎贵宾的宴会，宴会规模取决于主客双方的团队人数。政府招商引资和企业商业合作中，在初次合作或贵宾远道而来时，东道主通常会举办迎宾宴，热情款待以表达热烈欢迎之情，并希望尽快熟络，加深印象，加强交流，最终达成合作。

7. 答谢宴

答谢宴的发起者通常是企业，比如企业答谢各经销商、答谢重要顾客、答谢来自全国各地的销售员、答谢对公司发展做出重要贡献的员工等。当然，经常也有谢师宴、婚礼答谢宴，也是酒店的重要业务。婚礼答谢宴是为了来自两地的夫妻避免重复办婚礼，在正式婚礼后在异地再次举行的宴会。

8. 纪念宴会

纪念宴会是为了纪念某个日子、某件事情、某个成绩、某个人、某些人等。宴会现场一般有与宴会主题相关的图片、物品或音乐等。酒店宴会部门若能提供相关的菜品、礼品，将为宴会锦上添花。

（二）不同顾客群体的宴会

1. 公司宴会

公司宴会的发起人是公司，宴会的主题各式式样，如开工宴、竣工宴、公司年会、公司庆典、公司答谢宴等。近年来越来越多的公司注重企业文化建设，公司年会是回馈员工、凝聚人心的重要契机，大公司年会是五星酒店的重要生意来源之一。

2. 政府宴会

政府宴会的背景通常是招商引资，招待外来的企业家团体、文艺艺术团体、体育团体以及春节团拜会等。发起人是政府或政府的相关部门，遵循节约、简朴的原则。若酒店被政府选中，作为宴会主办地，将提升酒店的影响力并且政府宴会一般不会产生坏账问题，因此一些酒店主动联系政府及政府相关部门，以低价或增加值服务，获取稳定的政府宴会份额。

3. 团体协会的宴会

此类宴会通常有校友会宴会、论坛晚宴、培训晚宴、比赛晚宴，宗亲联谊宴会等，既有欢迎之意，又有答谢的环节。此类宴会通常规模较大，上百人的宴会比比皆是，通常有赞助方或者与会者平摊宴会费用。

4. 社会个人的宴会

社会个人的宴会是指发起人是个人，家宴、寿宴、婚宴、谢师宴等属于这个范畴。此类宴会不像公司年会、校会聚会那样定期举办，因此回头客比例不多。不过因为客源众多，酒店只要能在茫茫人海中吸引很小比例的客源，就足够保证每年的销售业绩。酒店为在这个细分市场中获得稳定的收入，口碑营销非常重要，酒店需重视每一个个体，每一次宴会，争取使每一个到店的宴会发起人、参加宴会的顾客都对本酒店留下美好印象，他们过后向亲友的推荐，胜过酒店自身做的广告宣传。一些新的宴会发起人通常就是之前来本酒店参加宴会的与会者，因此，酒店不能仅满足宴会发起人的要求，还要充分服务好每一个与会者。

（三）不同餐品的宴会

上述各类宴会通常以餐为主，以酒为辅，形式上通常是圆桌餐，餐品包括凉菜、热菜、煲汤以及饮料和酒水。

酒会是另一种宴会，不过酒会以酒为主，以餐为辅。按照酒的种类，餐品可能只有中餐，只有西餐或中西餐兼有。

酒会一般安排在各类正餐宴会的前后或间隙，不安排席次和座次，与会者自由走动，随意活动，自由交流，是一种交际性宴会。酒会的举办地点可以是室内的一个宴会厅，室外的露天花园，室外的露天草坪，楼顶的平台等。

按照酒和餐的内容，酒会分为冷餐酒会和鸡尾酒会。

1. 冷餐酒会

冷餐酒会分为中式、西式和中西餐搭配三种，菜点以冷盘为主，酒水饮料品种多样。与会者自行到餐台取餐，服务员端着托盘，托盘上摆放各类酒水饮料，在会场巡回走动，与会者随意取饮，饮毕放回托盘。

2. 鸡尾酒会

鸡尾酒会是流行于欧美国家的宴请活动。这种酒会随意活泼，轻松自由，与会者来去时间没有明显限制，是一种交际性的宴会。酒会时间一般在下午、傍晚或晚上，有时在正餐的开餐前后，如果是晚间举办，与会者通常身穿礼服。酒会以各式现场调制的鸡尾酒为主，食品是西餐为主，包括甜饼、三明治、小蛋糕、冰激凌等。

二、会议的种类与细分市场

会议是一种社会活动方式。人们在会议中沟通、商讨、传达信息、获取信息。人类社会的会议种类各式各样，举行的方式有多种。越重要的会议，越注重举办地点和仪式安排。时至今日，政府、企业或社会组织的一些会议常在酒店举行，酒店除了提供客房、餐饮服务以外，会议服务也越来越成为酒店运营的重要业务，会议收入也逐渐成为酒店收入的增长点。有些会议仅租用酒店的场地，有些会议则同时在酒店用餐，还有些会议，与会者除在酒店用餐外，也在酒店客房入住，因此会议将带动酒店餐饮和客房的销售，为酒店创造一连串的收入，酒店需接待适当的会议团队。

酒店可以提供的会议场地包括小型会议室、中型多功能会议厅和大型会议厅等。小型会议室和多功能会议厅桌椅可能是固定的，大型会议厅则仅是一个场地，根据不同会议的人数、形式和其他要求，分别摆放不同的桌椅，桌椅的样式和密度也不尽相同。

（一）会议的种类

会议的种类有多种。按照会议包括的区域，有国际会议、全国性会议、区域会议、单位会议和部门会议等。按照会议规模，有大型会议、中型会议和小型会议等。按照会议周期，分为定期会议和不定期会议。按照会议采用的工具和手段，分为常规会议、电话会议、电视会议和网络会议等。

按照内容和性质分类，至少有以下八种会议：一是法定会议或制度性会议，如党代会、人民代表大会、政协委员会议、股东大会、职代会和工会会员会议等。二是决策性会议，如常委会、理事会和董事会等。三是工作会议，如动员大会、工作部署会、总结会、务虚会、座谈会、协调会、工作推进会和经验交流会等。四是专业性会议，如研讨会、培训会、论坛、听证会和鉴定会等。五是告知性会议，如新品发布会、庆祝会、表彰会和庆典会等。六是商务会议，如招商会、订货会、洽谈会、广告推介会和展会等。七是联谊会，如校友会、团拜会、恳谈会和茶话会等。八是信息性会议，如记者招待会、新闻发布会、新产品发布会、新作品发布会、新电影发布会、报告会和咨询会等。

（二）酒店会议的细分市场

1. 政府会议

政府会议是指与政府运行、政务有关的会议，会议的发起人或主办方是政府的相关机构。大多数政府会议在政府内部的会议室举行，不过一些特殊的会议，由于人数、事务、距离等原因，需要在酒店举行。如全省工商联会议，再如近些年各级政府的人代会、政协会的小组会议常在一些酒店举行，酒店需提前很长时间进行准备，除了必要的客房和餐饮准备外，也需加强安保方面的准备。

2. 公司会议

公司会议是公司在酒店举行的会议，如公司年会、股东大会、董事会会议、管理层会议、新产品发布会、销售代表会议等。公司会议在酒店会议中占较大份额。酒店也希望公司成为回头客，在本酒店召开各类会议，并且将会议与客户、餐饮等产品打包销售。

3. 高校和科研机构的会议

高校和科研机构经常举办学术研讨会、高端论坛、培训会、座谈会等，如果参会人数较多，经常会选择在酒店举行，所选酒店的档次也经常代表着会议的档次。国际性会议通常在五星级酒店、国际酒店举行，普通的培训会选一个中档的酒店即可。不同酒店需根据自身的品牌和档次，接待不同的会议。

4. 社会组织的会议

社会组织的会议包括校友会议、企业家会议、作家协会会议和摄影协会会议等，有时也包括一些展览会。

5. 社会个人组织的会议

社会个人组织的会议包括宗亲联谊会议，摄影爱好者会议和体育爱好者会议等。这些会议的规模大小不等，人数少时十来个，多时上百个，对酒店的接待能力要求不一样。

三、宴会与会议的运营特征

（一）供给能力相对固定

酒店一旦建造、设计、装修完工，用于宴会和会议的场地就相对固定下来。一些酒店的宴会厅为多间紧邻，中间用隔音板隔开，收起隔间板，两个厅变一为个大厅，展开隔音板，变为两个独立的厅。这样的设计乃出于接待不同规模的团队，灵活运用酒店空间。不过，酒店宴会和会议的最大空间是固定的，这一最大的空间决定了酒店在同一时间可以接待的宴会和会议的人数。

（二）场地易逝，空置即损失

酒店的宴会和会议场地与客房一样，如果当天在使用，则在创造收入，如果当天空置，没有出租出去，则会影响总体收入水平，不利于实现收入最大化。并且，这些空置的场地，随着时间流逝，意味着潜在收入的损失。因此，酒店一般希望这些场地有较高的出租率和使用率，像客房的高出租率一样。对于会议型酒店，宴会和会议的出租率是本部门考核的重要指标之一。

（三）高固定成本，低可变成本

宴会与会议的固定成本包括场地的地面、地毯、墙面装修、会议桌与凳子、沙发、音响、投影设备、天花板吊灯装饰等。这些投入在酒店开始运营时就需要全面到位，之后运营中个别损坏后，换置新的。可变成本包括每次会议时的电费、水费、便笺纸、铅笔、签字笔及保洁费、服务员服务费和场地布置费等费用。相对于固定成本，可变成本的金额通常较小。这种高固定成本，低可变成本的模式下，宴会和会议场地空置将产生较大的机会成本。酒店档次越高，固定成本越大，固定成本与可变成本的比值也越大。

（四）需求有波动，需求可预测

宴会和会议的需求亦有一定的规律。如岁末年初时，很多公司或组织在酒店开年会，举办宴会，规模也通常较大；春节期间很少有公司或组织到酒店开会、举办大型宴会。对于度假型酒店，周末和节假日的宴会较多。对于城市中心的商务酒店，平时的会议较多，周末也会有培训会、发布会、高峰论坛等会议，一些会议也附带着宴会的需求。总体而言，酒店的宴会和会议需求有季节性的差异，有月历效应（即不同月份的需求有差异），也有周历效应（一周内各天有差异），酒店可以预期到这些差异，在旺季多做一些准备，在淡季推出一些促销的措施，提升业绩。

第二节　宴会与会议收益管理的步骤

宴会与会议收益管理的步骤类似于客房收益管理。客房收益管理通常由四个过程组成：收集数据，分析数据，预测市场，优化价格。由于目前客房收益管理已在中国酒店业广为熟知，已有诸多丰富的实践经验，并已形成诸多规律性的总结，而宴会和会议的收益管理还处于摸索阶段，可以参照的理论和方法还有限，这里将从基本的方法开始，为宴会和会议的收益管理提供参考。

宴会和会议收益管理一般从收集数据开始，然后整理数据，分析数据，根据数据进行预测和定价，再根据实施情况进行评估和优化，优化之后，再收集新的数据，开始新一轮的整理和分析工作，循环往复（见图 8－2）。

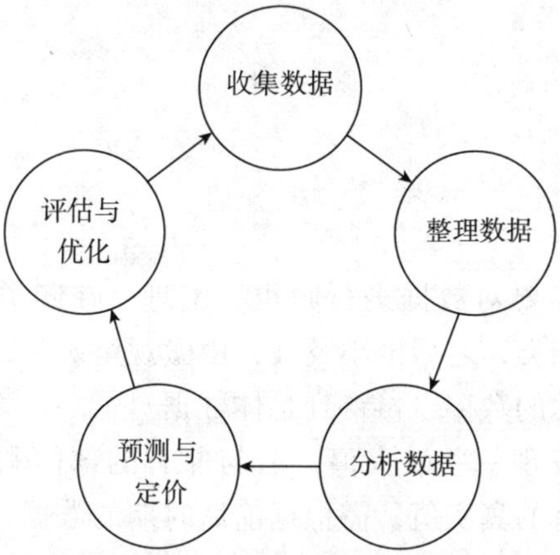

图 8－2　宴会与会议收益管理的一般步骤

一、收集数据

收集数据是收益管理实践的第一步。没有数据，就无法了解现实的经营情况。没有数据，就只能凭空想象，凭空决策，降低决策的科学性。

宴会和会议收益管理需要收集的数据包括四大类：一是基础性的客观数据，如宴会厅的面积、会议室的面积，宴会厅可容纳的最大人数和最适宜人数，会议室可容纳的最大人数和最适宜人数。二是实际运营中有高低波动的数据，如过去一年中宴会厅和会议室接待的团队类型和规模、会议的性质、参会人员的特征、宴会厅和会议室在淡季和旺季出租的平均价格和最低价格、在淡季和旺季的平均出租率等。三是竞争对手的基础性客观数据，竞争对手的实际运营数据，这部分数据可能涉及商业机密，酒店需要与竞争对手建立良好的合作关系，共享一些基本的数据信息。四是市场数据，包括本商圈、本地区、本行业的发展数据，作为本酒店相关产品定价的依据。

收集数据的工作需有基本的分工，销售部收集前期的数据，包括价格、团队来源、团队类型和规模等，宴会厅和会议室的服务人员和管理人员收集真实到店的数据，包括顾客人数、顾客特征（年龄、性别）等。

收集数据要坚持全面、及时、真实、准确的原则。凡是收益经理和高层管理者关注的方面，均需覆盖，并且在业务发生时，及时记录或录入。数据需真实，不能弄虚作假。这一工作是对内进行的，弄虚作假是自我欺骗。准确是真实性的进一步要求，一般能精确的尽量精确，至少精确到个位数，不可粗枝大叶，只记录大概的估计数据。

二、整理数据

有了数据之后，需要对数据进行归类、整理。在归类的时候，需要统一口径，统一单位，分别归类，之后由小及大，由微观至宏观，分类汇总。由一个一个的细分项，得到汇总的数据，再得到总体数据。

数据整理中，会发现一些缺失值，需与原有的部门和人员沟通，补充缺失值。如果无法补充原有的真实值，需根据前后时期的数据，人为地补充数据，并做标注。

数据整理后，理应得到一系列表格，表格与表格之间有内在的联系。各表格和指标井井有条，一目了然。

三、分析数据

在数据归类的基础上，需要分析数据。分析数据有多种方法，对大多数指标的分析，需计算出平均数，找出最大值、最小值。一般至少要与上一期比较，与去年同期比较，与竞争对手比较，与历年数据比较，寻找出重要指标的变化规律。

对于重要指标的分析，需绘制图表，包括柱状图、折线图和饼状图等，更加明确地反映数据变化规律。

在图表的基础上，需增加文字性的分析。分析数据可以单独形成一份报告，比如月度报告，年度报告，以客观反映酒店过去一段时间的经营情况，为下一步的预测和定价提供参考。

四、预测与定价

数据分析是回顾以往的经营情况，分析之后，需预测未来的价格和需求，并且要具体到细分市场的价格和需求。在预测的基础上，收益经理需制定适宜的价格，最大化各细分市场的收入。

预测的方法包括线性预测法和非线性预测法。线性预测是基于过去几期的均值，计算出平均增长率，预测下一期的数值。非线性预测是基于一定的函数，如指数函数，预测不同情况下的细分市场需求。

定价的方法主要是基于供给和需求，基于同行业同位置同档次竞争对手的情况。虽然酒店可以核算出成本，不过成本价是底价，酒店销售中的价格通常远高于底价，以弥补固定投入的跨期摊配。成本导向定价法不是酒店定价的主要方法，顶多应用于酒店内部人员或贵宾的定价中。供求导向定价法是最主要的定价方法。收益经理需基于市场波动情况，动态地调整淡旺季价格、平日和周末价格、每天不同时段的价格。

由于宴会和会议的出租中，通常是提前预订。这不像客房出租中，顾客可以临时到店，即刻办理入住。宴会厅和会议室的使用需要提前布置，最起码需提供茶水、纸笔等零用品。这为宴会和会议的预测提供了更易观测的规律。一般而言，酒店只要根据以往的数据，就可以大致预测未来的需求。

在预测和定价中，收益经理需同时考虑不同情况下（如淡旺季、平日与周末）的需求，以及不同价格水平下的需求，分别准确相应的应对预案，并与相关部门沟通，保持口径一致，保证服务质量。

五、评估与优化

评估是针对之前的定价方案，对比之前的预期需求，酒店实际运营中是否达到了销售量或者超过了销售量。如果没有达到预期值，需分析其原因。如果超过预期值，也需找出超出量的来源和顾客特征。

评估报告通常与数据分析报告同时做，不过侧重点不一样。数据分析仅是分析客观的数据，评估则需与之前的方案比较。评估报告的一个重要功能是反映之前价格方案的成功程度，反映收益经理的预测能力、定价能力和管理能力等。

在评估报告的基础上，收益经理需优化原有的定价方案或销售方案。对个别地方微调，或者根据每年、每月的新情况，动态地调整价格水平和销售方案，并与相关部门沟通协调，推进方案顺利实施。

第三节　宴会与会议收益管理的指标

一、场地出租率

场地出租率也称场地使用率，是指实际出租的场地面积占可供出租的场地面积的比例。

$$场地出租率=\frac{实际出租的场地面积}{可供出租的场地面积}$$

场地出租率衡量场地的使用效率。酒店宴会和会议场地最好天天被使用，出租率天天100%，不过这是不可能的。一些管理水平较高的酒店，客房出租率可以在一年2/3以上的时间达到100%，然而宴会和会议的场地使用率却很少能达到这一个水平。原因在于，不同酒店主要接待的会议类型有些许差异，要么集中于平日，要么集中于周末，即使集中于平日，也不可能天天都有会议，因为不同会议之间有会场布置的时间间隔，会议规模越大，会场布置的时间越长。通常而言，一年之内宴会和会议场地的出租率达到50%就非常优秀了。

二、已用场地每时间段每平方米的收益

已用场地每时间段每平方米的收益衡量已出租场地的绩效是已出租场地的收入与该场地的面积和使用时长乘积的比值。用公式表示为，

$$已用场地每时间段每平方米的收益=\frac{已出租场地的收入}{已出租场地的面积\times已出租场地的使用时长}$$

该指标衡量实际营运的场地的收益，有时也被用来代表宴会和会议场地的实际价格水平。对于给定的会议室，面积是固定的，出租时一般以半天或天为单位，使用时长也是固定的，该指标的直接影响因素是销售收入，也即销售价格。

三、可用场地每时间段每平方米的收益

可用场地每时间段每平方米的收益衡量宴会和会议的整体绩效，是已出租场地收入与所有可供出租场地面积与可用时间乘积的比值。该指标不仅考虑已经出租的地场绩效，也考虑到所有可供出租的场地，是一个综合指标。用公式表示为，

$$\text{可用场地每时间段每平方米的收益}=\frac{\text{已出租场地的收入}}{\text{可供出租场地的面积}\times\text{可供出租场地的可用时长}}$$

该指标是宴会和会议收益管理是核心指标。类似于客房收益管理中的单房收益（RevPAR），以及餐厅收益管理中的每餐位小时收益。

四、与会者密度

与会者密度衡量场地的人气情况和拥挤程度，一个宴会厅、会议室或会议厅同时可容纳的人数一般有个合适区间，人太少显得空旷，人太多显得拥挤，适当的人均使用面积可以使与会者感到宽松舒适，也便于走动和交流。用公式表示为，

$$\text{与会者密度}=\frac{\text{与会者人数}}{\text{已租场地的面积}}$$

如果一次宴会或会议的到会者低于预期，过于冷清或者超出预期，部分参会者无处落座，都表明事先的组织不力，没有做好会议的筹划工作。在组织会议，确定场地和与会者人数时，需考虑到一些与会者会临时取消行程，无法与会，也有一些临时希望与会的情况。会议组织者和酒店的销售人员需考虑到这两种情况。

五、每位与会者平均收益

与会者的平均收益指场地每次租赁出去后，所获收入平摊至所有参会者之

后，每一个与会者所分摊的收入。用公式表示为，

$$与会者平均收益 = \frac{已租场地的收入}{与会者人数}$$

在与会者人数适中的情况下，与会者平均收益越高，表明场地的单次收益越高，业绩越好。在场地收入是平均收入水平的情况下，与会者平均收益越高，表明与会者人数较少，要么是由于会议很重要，限制参会人数，要么是由于会议组织不成功，与会者人数低于预期，通常第二种情况居多。使用该指标时，需同时参考其他指标。

需要注意的是，宴会与会议的成本变化较大，不同于客房相对固定的成本，因此，在衡量宴会和会议的业绩时，要更加关注利润最大化。一种房型出租后，每天提供的产品或服务是标准化的，运营成本基本固定。而宴会与会议一般都是定制化的，不像客房那样提供标准化的产品或服务，每次宴会和会议的成本都不一样，酒店更应关注每次接待活动的细节和价格水平，在保证服务质量的同时实现最大的收入和利润。

第四节　宴会与会议收益管理的方法

宴会与会议收益管理与客房类似，也分别从产品、价格、时间、渠道、顾客几个方面展开，不过由于销售的产品不同，其他各方面也不同，因此收益管理的具体方法有一定的特殊性。例如，酒店的大多数客房在一天之内只出售一次，按天为单位销售，而酒店的会议室则可以一天之内出售多次，可以按小时为单位销售。

宴会和会议销售在引入收益管理之前，一般都是奉行“先到先得”的原则，这意味着酒店可能会接受那些预订较早而给酒店带来收入较少的顾客，坐失那些预订较晚而给酒店带来收入较多的顾客。

一、产品细分

产品细分包括两个维度：一是按产品硬件的细分，明确每一个场地使用用途，最大限度地开发每一个场地的使用潜能。如将宴会厅分为大宴会厅、小宴会

厅，以及大小可调的多功能可隔挡宴会厅①。将会议室分为大会议室、小会议室、圆桌会议室、培训教室、固定桌椅会议室、不固定桌椅会议室等。

二是按产品可供使用的时间分类，例如将所有产品分为上午、下午和晚上三个时间段。小会议室一天之内可以出售多次，上午供一组顾客使用，下午供另一组顾客使用。一家酒店的会议场地出租的时间单位越小，表明产品的细分时间段越短，精细化管理水平越高，也客观上表明产品的市场需求越大。在会议室收益管理较粗略的酒店，会议室经常按天为单位出租，而在收益管理较详细的酒店，会议室经常按小时为单位出租。显然，后者的精细化管理水平更高，可以接待更多的顾客，最大限度来使用场地。

在产品细分时，酒店需考虑宴会和会议的翻台时间。如果翻台时间较长，就会影响场地在临近时间的继续出租。这就需要宴会部加强员工培训和管理，节约翻台时间。

二、制定基准的明细价格体系

（一）基于场地的明细价格体系

基于不同的场地、使用时间和使用时长，酒店的定价相应不同。酒店需制定一个基准价格体系，精确到每一块场地的最基本销售单位。比如，各宴会厅和各会议室的上午价格、下午价格、晚上价格，对于顾客需求较大、使用频率较高的场地，可以精确到每两个小时的价格，甚至每天具体时段的价格。

如果顾客一次性购买多个时段，则在多时段价格总和的基础上重新定价。举例来说，对于一个给定的会议厅，顾客只使用上午时段的价格是5000元，只使用下午时段的价格也是5000元，如果顾客上午、下午均使用，则总价格可以降为8500元。也就是说，顾客只租用一个时段，价格将更贵。因为前后两个会的切换，往往需要酒店做一些准备工作。对于需要搭台和提前布置的场地，顾客只租用一个独立的时段，价格通常更贵。因为该会议举行完毕后，撤台时间也较长，接下来的临近时段也无法销售。相反，对于不需要搭台和提前布置的场地，连用的优惠幅度相对较小。

宴会和会议基准价格体系类似于客房的BAR（Best Available Rate）体系。宴

① 例如一个900平方米的宴会厅，既可以作为一个整体使用，又可以拆分成三个独立的空间，每个空间独立使用。一些大的国际会议经常采用这一模式，开幕式和闭幕式时，三个空间打通，作为主会场。中间的平行论坛时，将会场中间的隔音挡板伸展开来，分隔成三个独立的会议厅。

会厅和会议室的种类越多，销售的基本时间单位越短，该价格体系越复杂。该价格体系一般以周为单位，并且区分平日和周末的不同价格。一个参照性的宴会与会议价格体系表格如表 8－1 所示。

表 8－1　宴会与会议基准价格体系一览表

场地	时间	周一	周二	周三	周四	周五	周六	周日
宴会厅	上午							
	下午							
	晚上							
	一整天							
会议室	8:00～10:00							
	10:00～12:00							
	12:00～14:00							
	14:00～16:00							
	16:00～18:00							
	18:00～20:00							
	20:00～22:00							
	一整天							

当然，表 8－1 的时段细分只是一种参考。现实中各酒店的时段划分可能不一样，比如，会议室也可能按上午、下午、晚上三个时段销售或者以 3 个小时为单位、以一个小时为单位等。有时，夜间也可以作为销售时段。

对于商务型酒店，会议可能集中在平日，平日各时段的价格普遍高于周末。对于度假型酒店，会议可能集中在周末，周末各时段的价格普遍高于平日。基准价格体系（BAR）中，需区分平日价格和周末价格。

（二）基于时长与服务的价格体系

在会议场所的出租中，使用时间越长，酒店可以省于更换会议设施的环节，节约劳动力成本，同时时间越长酒店需提供更多的服务。两者权衡后，价格有一定的浮动空间。总体而言，酒店一般更倾向于提高场地使用率。

当然，场地租赁中，若按人数收费，不按面积收费，并设置最低人数要求，酒店就可以根据盈亏平衡分析，在覆盖固定成本的基础上，快速估算出每场会议的利润。

表 8－2 是一个会议厅的价格体系，首先，设置最低人数，保证基本的收入水平和利润水平，低于这个人数，酒店接待此次活动不划算，不予接待。其次，如果使用时间为一天，将得到更多的服务，并且使用一天的价格仅仅略高于使用半天的价格。这一价格体系将鼓励顾客在酒店停留更长时间，产生其他消费。

表 8－2　　基于时长和服务的价格体系

价格	700 元/位(25 位起订)	800 元/位(25 位起订)
时长与服务明细规定	享用半天商务会议场所 签到台及指示牌 会议用纸、笔、矿泉水、薄荷糖 免费无线宽带网络 投影设备一套 会议室电子显示屏 舞台及立式讲台 麦克风两只 上午或下午茶歇一次 每位顾客一份午餐	享用全天商务会议场所 签到台及指示牌 会议用纸、笔、矿泉水、薄荷糖 免费无线宽带网络 投影设备一套 会议室电子显示屏 舞台及立式讲台 麦克风两只 上午和下午茶歇各一次 每位顾客一份午餐
附注	以上价格为人民币,已包含 15% 的服务费。 会议包价适用于 25 人以上的会议。 会议包价里包含会议用纸笔,矿泉水,会议常用设备(含多媒体投影仪)及音响设备。	

（三）基于不同档次消费项目的价格体系

宴会和会议场地出租中，除了按时段收费、按人员数量收费外，也可以按消费的项目收费。婚宴、年会宴、庆功宴等桌餐预订中，一般不按场地收费，而按每桌消费的菜品收费。这就像我们去一家饭店用餐，饭店只收菜品和酒水的钱，不收场地的钱，我们点多少菜品和酒水，就按各自价格加总后的金额，向饭店支出餐费。

在宴会的桌餐预订中，通常有多桌，各桌菜品一样，酒店通常会设置不同档次的菜品组合，价格不一样，预订者从中选择一种价位即可。当桌数较多时，酒店可以给予一定折扣，或者提供额外的优惠、附加值服务。

表8－3是某酒店宴会部的婚宴价格体系表，涉及季节、消费数量及不同价格对应的服务项目。现实中，各酒店的婚宴价格通常不止两种，价位各不相同，包括的服务项目各有特色，这为销售人员灵活销售余留了空间。

表8－3　宴会部的婚宴价格体系

价格	5999元/桌	6999元/桌
时间	淡季、平季(1~3月、6~8月、11月、12月)	旺季(4月、5月、9月、10月)
数量	预订10桌以上可享受以下优惠	预订10桌以上可享受以下优惠
不同价格所含产品和服务	免费使用音响视听设备 免费婚礼专用红地毯 免费提供香槟塔及祝酒香槟 免费提供一个两磅婚礼蛋糕 免费提供新娘化妆间一间 婚礼场地布置免场租 免费提供婚礼指示牌 免费提供来宾签到台 精品婚宴菜单 用餐期间提供软饮,果汁及精选本地啤酒的无限畅饮 酒水自带免收开瓶费 新婚夜免费入住豪华大床房 免费提供次日精品双人早餐 5张免费3小时地下停车场停车券	免费使用音响视听设备 免费婚礼专用红地毯 免费提供香槟塔及祝酒香槟 免费提供一个两磅婚礼蛋糕 免费提供新娘化妆间一间 婚礼场地布置免场租 免费提供婚礼指示牌 免费提供来宾签到台 为一个主桌免费提供名卡及鲜花 精品婚宴菜单 用餐期间提供软饮,果汁及精选本地啤酒的无限畅饮 酒水自带免收开瓶费 新婚夜免费入住风格套房 免费提供次日精品双人早餐 10张免费3小时地下停车场停车券

三、根据淡旺季动态调整价格

宴会和会议也有淡旺季的区别。旺季有多种类型，一是岁末年初的年会季、开年季，很多公司举办年度总结会、新年誓师会，到会人数通常较多，是宴会和会议的重要收入来源。二是大型会展的举办期，如车展、进出口交易会、美术展、电影展等。参会人员除了在展览现场工作外，也会在酒店举办大大小小的会议，使用会议和宴会场地。三是固定的日历好日子，婚宴扎堆，如每年的元旦、“五一”、国庆节、2·18、6·18、6·19、10·18、12·18等吉祥日子。四是一天之内的淡旺季，通常晚上的价格高于下午，下午的价格又高于上午的价格。

在旺季，宴会和会议的销售价格在基准价格的基础上上浮一定幅度。在淡季，销售价格在基准价格的基础上下浮一定幅度。

四、建立多渠道销售组合

宴会和会议的销售渠道与客房、餐厅的销售渠道类似，包括直接渠道和间接渠道两大类。直接渠道包括酒店的电话销售、邮件销售、官网销售、酒店销售代表销售、集团层面销售代表销售。间接销售渠道包括旅行社、会展公司、公关公司和 OTA 平台等。近年来兴起了专注于酒店会议室和宴会预订的 OTA 网站，如会小二、酒店哥哥和会唐网，专门做酒店婚宴预订的网站，如道喜啦。

其实，无论是酒店的客房、餐饮，还是宴会，最好的销售渠道是直接销售渠道，酒店可以直接接触到顾客，直接获得顾客的信息和需求，直接交易也不存在中间商赚差价的情况。但是，酒店自身的销售人员有限，如果仅限于自己销售，可能会销售不完，造成空间和资源浪费，不利于酒店收入的最大化，所以要增加销售渠道，建立多个销售渠道。多一渠道，就多一种销售的可能性，多一个收入来源。

酒店需要优化各类销售渠道的销售比例，如果自身的销售团队足够强大，就倚重自身的销售团队；如果官网或电话渠道的硬件建设足够好，就可以倚重这些硬件平台；如果有良好的第三方业务联系，如旅行社、公关公司，就可以依赖这些第三方合作伙伴。

五、明确主要顾客群体和细分市场

宴会和会议的细分市场有以下几类：一是“带房带会带餐”的团队，该团队在本酒店开会，在本酒店入住客房，也在本酒店用餐，可以为酒店带来多样化的收入，是酒店的最重要客源。通常入住 10 间以上客房的团队就可归为这一类。

二是纯会议的团队，不在酒店用餐，也不在酒店入住客房。该类团队只是占用本酒店的场地开会，只与酒店的宴会部有业务交集，不影响客房和餐饮部的运营。虽然给酒店带来的收入较单一，但同时业务单一，接待管理起来也容易。

三是纯餐，如宝宝宴、寿宴、庆功宴等，是聚餐性质，不涉及客房和开会，酒店只需要准备桌椅板凳、食材和服务人员即可。

四是婚宴，一般比纯聚餐的规模大，也涉及搭台、场地布置等事项，也可能涉及客房业务，顾客的要求可能较多、较高，酒店需要与顾客详细沟通确认。

五是外卖，在酒店以外的场地举行餐饮接待活动，酒店提供桌椅板凳、食材、音响、红毯等设施设备，并配备一定数量的服务人员。

酒店在选择细分市场的顾客时，最好的策略是“以房带会”或“以会带房”，同时为酒店带来多个收入来源。在合同总体收入相近的情况下，优先选择收入多元化的顾客团队。

当然，也要考虑客户长期关系，也即考虑新老顾客、回头顾客的因素，例如一个婚宴的收入是10万元，而一个纯会议团队的收入是6万元，由于婚宴的顾客跟酒店通常是一锤子买卖，而纯会议的公司经常来酒店办会，此时，酒店应该选择纯会议的团队，而不是婚宴的团队。此乃短期收入与长期收入的平衡取舍。

六、密切关注预订转化率

宴会和会议的销售与客房不同的一点是，顾客预订客房时，一般很快就支付订金或房费，考虑的时长比较短，而顾客预订宴会时，一般会同时问询多家酒店，再三比较，甚至到现场看场地后，再酝酿许久，才最终确定是否在本酒店举行活动，顾客从问询到最终预订的考虑时间比较长。这段时间内，酒店销售人员和收益部门需密切联系顾客，关注顾客的需求和意向，争取客源。可能20个顾客通过各种渠道问询过本酒店的场地，最终只有5个顾客真实预订。真实预订顾客数与最初问询数的比率乃预订转化率。预订转化率可反映酒店的销售能力。如果来问询者多，表明酒店受顾客欢迎，但是真实预订的少，就表明酒店存在这样的那样的问题，没有将潜在客源转化为真实客源，值得酒店相关部门反思整改。当然，这里要考虑到多个顾客预订同一时段同一场地的情况。

宴会和会议的预订状态分为四种，分别是预定、待定、确定、取消。预定是指顾客有预订的意向，打电话来问询关于场地大小、场地使用时间、场地使用价格等信息。一个顾客可能同时问询多家酒店，综合比较后选择其中一家。预定只是一种意向。待定是顾客了解信息后，有一定的意向，酒店已经将合同发给顾客，顾客正在确认合同的各个细节，尚未给酒店反馈。真实预订数量与待定数量的比率乃待定转化率。待定转化率更能表明酒店的销售能力，此阶段顾客一般已将本酒店作为备选项，只要本酒店的价格、服务等方面达到顾客的预期，顾客有很大概率跟本酒店签约。确定是顾客已经跟酒店签订合同，已支付款项。取消是指顾客由于种种原因，取消预订，顾客和酒店将按合同约定的条款，返还款项，收取一定的违约金。

酒店需密切关注预定和待定状态的数量，关注预定转化率、待定转化率的走势，记录每一个来电、来邮件问询的顾客信息、顾客意向，及时跟进，及时回复，必要时登门拜访，向顾客推介本酒店。

七、团队置换法

一家酒店的一个场地在同一时间只能接待一组顾客，如果有多组顾客来问询，酒店需要决定接待哪一组顾客。通常而言，当然要选择那些能给酒店带来收入最多的团队。但是，如果收入相近的情况下，酒店就要考虑顾客来源、顾客背景、顾客客史等因素，此时，收入虽是一个重要因素，但其他因素可能更重要。酒店需要权衡取舍，选择对酒店利益最大的团队。在合同总收入相近，顾客类型相近的情况下，酒店应接待那些收入多元化的团队，例如一个团队是纯会议型的团队，另一个团队“带会带房带餐”，显然第二个团队更优，因为第二个团队可以另外产生康乐、水疗等方面的消费，给酒店带来更多的收入。

在团队置换时，还要考虑团队的消费时间点、消费时长等问题。如果两个团队的消费时间点一样，但消费时长不一样，到底选择消费时间更长的团队，还是消费时长更短的团队，酒店需要综合权衡。

[关键术语]

宴会主题　婚宴　寿宴　公司宴会　政府宴会　酒会　会议种类　政府会议　公司会议　场地出租率　已用场地每时间段每平方米的收益　可用场地每时间段每平方米的收益　与会者密度　与会者的平均收益　预订转化率

[思考与实践]

1. 过去十年中，酒店的宴会类型和会议类型有哪些变化，有哪些新兴的宴会类型和会议类型？

2. 宴会与会议的哪些运营特征符合收益管理的范畴？

3. 宴会与会议的收益管理与客房收益管理、餐厅收益管理有何异同？

4. 调研某五星级酒店的某一个宴会厅，以一个月为周期，调研其接待会议、宴会的类型、规模、价格和收益等信息，分析并评价该宴会厅的运营绩效。

第九章　酒店收益管理系统

【本章概要】

收益管理系统是酒店提升收益管理水平的制胜利器。本章讲述收益管理系统的功能、内部架构，并列举酒店业流行的几种收益管理系统，分析各系统的特点和亮点。收益管理系统固然重要，更重要的是使用系统的人。同一个系统，不同人使用，能挖掘的数据信息，能发挥的价格，差别很大。认识收益管理系统，学习收益管理系统是实施收益管理的先决条件。

【学习目标】

1. 区分酒店管理信息系统与收益管理系统的功能。
2. 认识酒店业常见的几种收益管理系统。
3. 区分各收益管理系统的特点和亮点。
4. 阐释收益管理系统的局限性以及系统使用者的重要性。

收益管理系统也称收益管理软件，并不是酒店进行收益管理的必备条件。很多酒店在没有购买收益管理软件之前，可以基于酒店管理信息系统中的前台模块、预订模块，进行收益管理。一些小酒店甚至没有使用酒店管理信息系统，完全靠人工记录，人工记账，也会进行初步的收益管理工作。不过，人工记账的收益管理、只使用酒店管理信息系统中模块进行收益管理工作，只是粗略的收益管理工作。在强调精细化管理的今天，收益管理如此重要以至于需要引入专门的软件进行收益管理。

收益管理系统可以为酒店运营锦上添花。收益管理系统对于那些大酒店、连锁酒店、酒店集团、客流量大的单体小酒店有重要的辅助作用。恰当运用收益管理系统，可以在很大程度上提高酒店的收入水平。对于客房数量小的酒店（如只有十间房的民宿）、客流量小的酒店，收益管理系统也可以提高酒店的收入水平。不过，由于购买软件也需要支付费用，这类酒店需权衡成本和收益，决定是否使用收益管理软件，或者使用什么样的收益管理软件。

收益管理系统是酒店运营的系统之一，因此需要从酒店整体的角度认识收益管理系统在酒店所有系统中的地位。时至今日，酒店管理信息系统、全球预订系统是几乎所有酒店的标配，而收益管理系统却只用于那些有需求、有条件且有实力的酒店，认识这一点至关重要。

第一节 酒店管理信息系统概要

酒店管理信息系统（Property Management System，PMS）是关于酒店运营的一整套集成模块，涉及酒店运营的多个部门，从一线业务部门，如前台、餐厅、客房和康乐等，到二线后台部门，比如人力、财务、后勤和洗衣房等。一个包括多模块的酒店管理信息系统的年使用费用经常达数十百，甚至数百万、上千万。因此，很多酒店只购买酒店管理信息系统中的个别重要模块，其他模块要么暂时不用，要么用手工记录代替，要么使用同类便宜软件。

酒店管理信息系统一般会定期升级，扩展和丰富现有模块的功能。目前，各大酒店管理信息系统均在不同程度上提升了宾客管理模块的功能、客房管理的功能、餐饮和宴会管理的功能，这些系统虽然不是专门的收益管理软件，但也在一定程度上具备了收益管理的功能。

一、酒店运营需要哪些计算机软件

在没有计算机的时代，酒店运营中没有计算机软件，即管理信息系统。即使今天有了计算机，一些小的酒店和民宿仍然不用计算机软件。这表明，计算机软件并非酒店运营的必备品。

为什么很多酒店使用计算机软件，并且越来越多的酒店开始使用计算机软件，并且他们使用的计算机软件越来越多，越来越复杂呢？因为软件可以代替一些人工操作，可以减少些误差和错误，可以提高效率，可以帮助决策。

时至今日，大酒店、酒店集团使用的计算机软件相对更多，更复杂，小酒店和单体酒店使用的计算机软件相对较少，较简易。当然，随着小酒店不断发展壮大，也将逐渐开始使用大酒店使用的软件。因为，酒店规模越大，管理越复杂，就越需要软件。

对于一个国际性五星级酒店品牌，以最完善、最高的标准，需要哪些软件呢？我们认为，凡是酒店运营中涉及的业务，都应该有一个对应的软件。以此观之，每一个部门都需要一个软件，前厅部、客房部、餐饮部、宴会部、康乐部、财务部、人力资源部、后勤部等部门均需要一个专业化的软件。并且，有些部门的业务不止一种，需要多个软件，例如前厅部，除了登记入住、办理结账外，还要与公安部门对接，财务部需要同时有财务软件、税务软件和办公软件等。

正因为酒店有这么多的软件需求，一些软件公司专门开发酒店管理类的软件，同时囊括满足酒店各业务的模块，供各类酒店使用。这些酒店管理类的软件即酒店管理信息系统，有些系统的亮点在前厅模块，有些系统的优势在客房模块，有些系统的强项在财务模块，等等，不一而足。因此，现实中，很多酒店在购买某种酒店管理信息系统时，只购买其最有特色的模块。结果是，客房部使用系统 A，餐饮部使用系统 B，前厅部使用系统 C，一个酒店可能有十几种系统同时使用。当然，也有一些酒店为了省事，购买一个系统的全套模块，虽然有些模块的功能略有欠缺，但省了对接数据、统一口径的麻烦。

以上采购自第三方的酒店管理信息系统一般来自专门的软件公司。酒店运营中，还有些软件也是来自外部，例如来自政府的公安部门、税务部门和工商部门的软件。除了来自外部的软件，一些酒店也会自己开发专门的软件，小酒店开发此类软件的目的通常是降低成本，大酒店开发此类软件的目的是确保信息的保密性、畅通性，或者市面上的软件无法达到其使用要求，自己开发一套软件，例如万豪集团曾自行开发一个名为 One Yield 的收益管理软件。

酒店业发展到今天，无论什么样的酒店，只要希望通过互联网渠道销售客房或餐饮，只要希望通过软件提高运营效率，就至少有酒店管理信息系统（Property Management System，PMS）、中央预订系统（Central Reservation System，CRS）两个软件，至于其他的软件，各酒店或有或无，或多或少，各有差异。

二、酒店管理信息系统的架构与功能

（一）酒店管理信息系统的架构

酒店管理信息系统的基本架构如图 9－1 所示是以酒店的业务部门为划分标准，分别设立单独的模块，供各部门使用。各部门通常仅有本部门的登录权限，要想看其他部门的信息，得经过其他部门的授权。各部门会将一些公共的信息发布在系统，供其他部门查阅使用，以便加强部门间的协调。

各模块共用一个后台数据库。后台数据库包括多个方面，如中央预订系统、支付系统、酒店网站系统、邮件系统、办公软件系统等。

不同的酒店管理信息系统的模块数量不一样，有的系统除了图9－1所示的模块，还有别的一些模块，比如移动控制模块、云存储模块等。

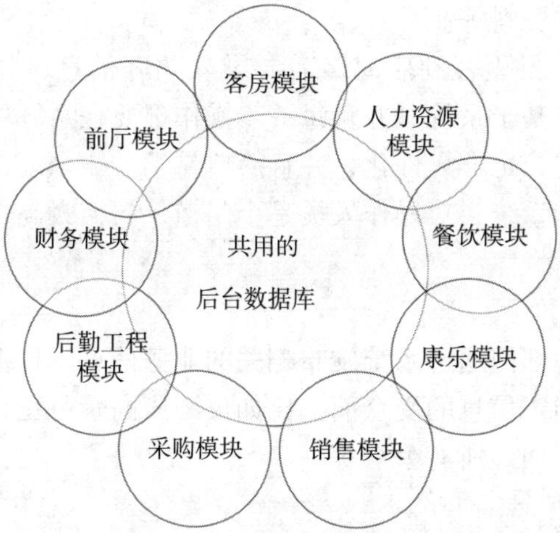

图9－1　酒店管理信息系统的架构

不同的酒店管理信息系统的侧重点也不一样，有的系统在客房模块方面非常完善，有的系统在前厅模块亮点突出，有的系统在餐饮宴会模块独具特色，因此，酒店在选择管理信息系统时，需要货比三家，深入了解，选择最适合本酒店体量、资金实力和实际需求的管理信息系统。比如，一些酒店暂时没有预算购买专门的收益管理软件，就最好购买前厅模块或销售模块较完善的酒店管理信息系统，运用其中的信息，辅助收益管理的决策。

（二）酒店管理信息系统的功能

酒店管理信息系统的功能很多，基本围绕各模块展开。系统要满足各部门的日常运营需求。主要功能包括查询、操作、发布信息、信息处理等。

1. 查询功能

查询功能是最基础的职能。在使用酒店管理信息系统之前，酒店的信息通过纸质文件传递，或者口口相传，不仅效率低，也可能在传递过程中产生信息偏差。引入系统之后，各部门可以直接查到第一手的信息，了解到最新的动态。

以客房部为例，需要能查询客房的使用状态，客房的预订进度，客房的出租率等。以前厅部为例，需要能查询到客房房价、预订进度、客房使用状态、客房顾客的信息等。

2. 操作功能

操作功能是指各部门可以对涉及本部门的业务，在系统中进行录入信息、上传信息、修改信息、删除信息、审批信息等操作。这里的信息既包括数据，也包括凭证、合同、文件资料等。

以前厅部为例，当顾客到店时，需要录入顾客信息、收银、为顾客办理房卡，这些操作均需要基于系统，并且每一步操作都要在系统中留下记录。系统的操作界面需尽量美观，足够人性化，并且简单易学。一个复杂的系统，需要很长时间才能熟练掌握的系统，对操作人员是个门槛，门槛太高，将影响该系统的普及程度。

3. 发布功能

发布功能是指各部门通过系统发布相关的业务信息。根据信息的类别和重要程度，各部门可以指定信息的受众面，比如仅酒店高管可见、仅酒店内部员工可见、仅老顾客可见或面向所有公众等。

4. 信息处理功能

信息处理功能是指系统能够自动地汇总和归类信息，自动地计算和分析，自动生成图表和报告，供各部门员工及酒店高管使用。

信息处理功能是一个软件强大与否重要标准。一个普通的软件只需要具备查询、操作和发布功能即可，而一个强大的软件需要在信息处理方面凸显其优势。由于信息处理乃基于数学模型、统计模型、计量模型和计算机程序语言等，需要大量的研发投入，因此只有那些资金实力雄厚的企业不断投入研发巨资，引进研发人才，强化软件的信息处理功能，使软件具有一定的垄断优势。

三、酒店管理信息系统的种类

酒店管理信息系统的出现，是随着计算机技术的发展逐渐出现并不断升级完善的。在酒店业，大酒店、酒店集团最早产生对酒店管理信息系统的需求，对功能全面的系统的需求也最大。小旅馆、小餐馆、小酒店只是近几年随着管理软件的普及，使用成本的降低，才逐步引入专业化的管理软件，在早前，这些商家普遍是人工记账，人工记录顾客到店信息和消费信息，对信息的处理非常有限，经常停留在浅层次上。引入软件后，就可以从更多角度汇总、分析账单数据，从中得出更多的规律，更好地指导经营实践。

目前，国内外著名的酒店管理信息系统至少有几十种。不同规模的酒店，使用的软件不尽相同。即使同等规模的酒店，使用同样的软件，重点使用的模块也存在差异。一些非常小的酒店、宾馆和民宿，会用一些免费的软件，或者对接到一些 OTA 网站上，或者仍然使用人工记账的方法，不一而足。表 9 - 1 是几种常见的酒店管理信息系统，主要面向一定规模的单体酒店、连锁酒店或酒店集团。

表 9 - 1　　部分酒店管理信息系统

序号	名字	官方网站
1	奥普尔(Opera)	www. oracle. com/industries/hospitality
2	赛博(Sabre)	www. sabrehospitality. com
3	中软好泰	www. cshotel. cn
4	西软	www. foxhis. com
5	千里马	www. armitage. com. cn
6	绿云	www. ihotel. cn
7	泰能	www. talent. com. cn

（一）奥普尔

奥普尔（Opera）是美国麦克柔斯（Micros）公司的产品，是针对接待业的一系列软件集合。2014 年 6 月 23 日，甲骨文（Oracle）宣布以 53 亿美元的价格收购 Micros，自此之后，奥普尔（Opera）是甲骨文（Oracle）公司的产品①。

Micros 总部位于美国马里兰州，提供基于云的移动及本地解决方案，用于管理酒店、零售及饮食服务。麦克柔斯（Micros）的解决方案包括销售点、物业管理、中央系统、商业智能、电子商务、分布式订单管理和劳动力管理应用程序等。麦克柔斯（Micros）拥有一个庞大的用户群体，截至 2014 年 6 月，公司在近 200 个国家内拥有近 60 万项业务，包括酒店、赌场、零售商店和旅行社等。

奥普尔（Opera）系统主要包括酒店前台管理系统（Opera Property Management Solutions，Opera PMS）、销售与宴会管理系统、预订系统、渠道管理系统和收益管理系统等。奥普尔酒店前台管理系统（Opera Property Management Solutions，简称 Opera PMS）是奥普尔（Opera）的核心部分。酒店前台是酒店业最早实现信息化的部门，中国（含港、澳、台地区）大多数高星级酒店的前台用的就是奥普尔酒店前台管理系统，该系统在中国（含港、澳、台地区）的高星级酒店市场中占据较高的市场份额，知名度较高，而奥普尔系统的其他模块并未在这些酒店广泛普及，因此我们经常说的奥普尔其实是指奥普尔酒店前台管理系统。

① 除了表中的网址外，另一个网址是 https：//www. oracle. com/cn/products/acquired - a - z. html，2019 年 4 月 18 日。

奥普尔酒店前台管理系统是目前国际上应用最广的酒店前台操作系统，它能满足不同规模酒店以及酒店集团的需求，为酒店管理层和员工提供全方位系统工具，以便其快捷高效地处理客户资料、顾客预定、入住退房、客房分配、房内设施管理以及账户账单管理等日常工作。同时，其强大的外接接口系统可以与收银系统、PSB（Public Security Bureau）公安系统、支付系统、门锁系统等相连接。

奥普尔酒店前台管理系统的主要功能如下：

第一，客户资料管理。提供客户资料记录功能，全面记录统计包括个人客户、公司、联系人、旅行社、团队、预订源以及零售商等各方面的资料，这些资料是整个系统的工作基础。可以帮助酒店改善服务质量，提供个性化服务。可以帮助酒店分析客源市场及利润来源并制定具有竞争力的市场营销策略。

第二，客房预订功能。可以进行建立、查询、更新客人预定和团队订房等操作，并提供了确认订房、等候名单、房间分配、押金收取、房间共享、团队客房控制以及批房预留等功能。该功能可用来：帮助酒店简单快速地制定团队计划；实时监控可用房数并进行房价管理；自我控制预订以达到最佳出租率。

第三，前台服务功能。前台服务功能是整个酒店运作的焦点，主要用于为预抵店者和住店客人提供服务。该模块可以处理个人客户、公司、旅行社以及无预订客户的入住服务，还设有房间分配、客户留言、叫醒服务以及部门间内部沟通跟进服务等功能。

第四，收银服务功能。收银服务功能包括：客人账单录入、转账分账、押金管理、费用结算、退房及账单打印等功能。

第五，房间管理功能。房间管理功能能宏观掌握房态的整体情况，有效监督实时房态信息，包括可用房、脏房、住客房、维修房等，这些信息将帮助酒店把房态冲突的可能性降到最低，有效地提高出租率和收入，同时可以有效地安排客房的清洁工作。此外，奥普尔酒店前台管理系统还拥有应收账款管理、佣金管理、报表管理、后台接口、功能设置等功能。

（二）赛博（Sabre）

赛博（Sabre）的业务领域包括航空、酒店和旅行等，在各个领域都具有全球竞争力。从独立房产到大型全球连锁企业，赛博（Sabre）优化所有渠道的收入，同时改善客户体验。在酒店业，赛博（Sabre）是一家提供酒店业集成解决方案的公司，截至 2018 年底，为 160 多个国家的 40000 多家酒店，度假村和连锁店提供服务。

赛博同步（Sabre SynXis）的解决方案平台可帮助酒店经营者在客人旅程的每个接触点个性化客户体验，从购物和研究到预订、入住前、到达、入住、结账

和入住后。借助赛博同步（Sabre SynXis）平台，可以管理所有分销，运营和零售需求，同时提供无与伦比的速度、智能和可扩展性。

赛博（Sabre）的综合预订系统、物业管理系统、分销和营销服务可帮助酒店增加收入，识别储蓄并改善客户服务。使用赛博同步（Sabre SynXis）中央预订系统和赛博（Sabre）全球分销系统向各种渠道提供分销。此外，这些解决方案还包括通过赛博（Sabre）物业管理系统进行酒店运营管理，这是一个基于网络的酒店系统，用于管理库存、预订、客户档案、人员配备、后台和支付系统集成。还提供咨询服务和营销策略，用于在线和离线销售，包括移动和社交媒体营销，网站设计和软件托管服务等。Sabre 不单卖某一个模块，而是以整体解决方案为卖点，将前台管理、财务管理、人力管理、后勤管理、客房管理等模块打包出售。

（三）中软好泰

中软好泰（中软）是一家智慧酒店解决方案提供商，前身为成立于 1995 年的北京中软好泰酒店计算机管理系统工程有限责任公司。2015 年同慧评网合并成立北京众荟信息技术股份有限公司。2018 年，携程将众荟信息旗下 PMS 业务板块重组成立中软好泰。

1995 年中软好泰成立时，推出中软酒店管理系统 CSHIS 2. 1，进军酒店管理软件市场；1996 年推出多操作系统版本；2002 年推出软件的国际版；2003 年推出集团化软件；2004 年推出专业版；2007 年推出软件加服务模式，助经济型酒店实现信息化管理；2008 年推出实时在线营销平台，打造软件加服务加客源的模式；2013 年推出酒店云计算解决方案。

（四）西软

西软成立于 1993 年，是中国最早的一批致力于旅游饭店业信息化建设、开发和服务的高科技企业之一。北京中长石基信息股份有限公司于 2006 年 12 月以现金方式收购西软。2008 年与中国酒店业排名前列的四大酒店集团——锦江、首旅、金陵、港中旅维景开始战略合作。2013 年推出新一代云平台酒店管理系统。2014 年向淘宝（中国）非公开发行新股，募集资金总额 28. 1 亿元，发行完成后淘宝（中国）持有公司 15% 股份。

西软的产品包括云平台、移动产品、CS 产品。云平台包括集团系统，云 PMS，云 POS 系统。移动平台包括微网站、移动 PMS、一点通、客房通、移动销售管理系统等。CS 产品包括人力资源、仓库、工程管理、收银等。西软产品广

泛应用于五星级及知名酒店集团成员酒店、商务酒店、度假村及酒店式公寓等。

（五）千里马

千里马酒店管理系统涉及酒店的多个场景和业务，有集团化系统、前台系统、PSP 服务平台、餐饮系统、水疗及温泉系统、会员系统、物流系统、财务系统、票券系统、手机订房系统以及基于手机和 iPad 的自主点菜系统和入住系统。

千里马前台管理系统内嵌有收益管理的功能。该系统以营销为龙头，提升酒店收益。前台系统有完整的公关营销模块，包括房价策略、折扣控制、会员积分、房价计划及套票等功能。房价计划使酒店在展会等旺季能够灵活浮动房租，使酒店的收益提升。完善的套票管理功能，将部门收入自动分拆，并提供一卡通套票方案，为客人提供方便的同时也加强了对套票使用的管理和监控。另设有短信平台，方便酒店与住客的即时沟通及将最新的酒店资讯提供给客户，有利于酒店的促销推介和对客公关。

同时，前台系统提供完善的市场类别分析体系，通过对每日、每月的经营及预算情况进行多角度的比较分析，帮助酒店制定全面、科学的市场细分策略。提供完善的业绩分析体系，包括对主要客户订房及入住情况的分析，对客源、销售等情况的系统分析，通过对每周、月度、年度的业绩进行排行比较，帮助酒店筛选出优质客户。通过时间区间的贡献分析，帮助酒店选取出较优的客户组合。通过纵向及横向的比较分析，帮助酒店实现房价收入保持平稳。

（六）绿云

绿云创建于 2010 年，是国内专业致力于酒店业信息化平台研发、服务和运行的互联网服务型企业。截至 2017 年 10 月，已签约酒店客户上万家。绿云是甲骨文公司合作伙伴网（Oracle Partner Network，OPN）白金成员，2017 年 11 月，甲骨文正式宣布授权绿云分销、实施和支持 Oracle Hospitality 解决方案。

截至 2019 年 4 月，绿云已形成包括绿云前台管理系统（PMS）、甲骨文酒店（Oracle Hospitality Opera PMS）、数据平台和电商平台在内的四大业务集群，为大住宿业提供全面解决方案。绿云前台管理系统包含管理信息系统（Property Management System，PMS）、中央预订系统（Central Reservation System，CRS）、客户关系管理系统（Customer Relationship Management，CRM）、销售点终端（Point of Sales，POS）、移动应用等业务，以 iHotel 平台的构建基础，均为一体化云架构设计，可根据酒店实际需求在公有云、私用云或酒店本地部署。该系统可完美涵盖五星级酒店、中档型酒店、经济型酒店和高端客栈民宿等各种业态，适合各种

单体酒店，更适合连锁型、集团化酒店使用。绿云作为Oracle在华的唯一铂金级会员，组建了杭州澳璞乐信息技术有限公司，专门分销奥普尔酒店前台管理系统，并提供专业的实施和售后服务，为国际高星酒店提供完整解决方案。数据平台业务是一个面向酒店业的企业对企业交易和服务平台，包含酒店联盟平台（连接酒店和酒店）、对接平台（连接酒店与上下游合作伙伴，如在线旅行社、新兴渠道、第三方支付、大数据公司、景区、旅行社、差旅公司、包房商、酒店库存商、分销商等）、中央预订平台、置换平台（酒店与酒店或供应商置换）、服务平台（金融服务、用工服务等）和管理平台。电商平台是为酒店建立的企业对个人（B2C）直销平台，包括网站、微信平台等，建立和连接酒店与客人的直接关系。绿云的信息化平台，汇聚资源，连通交易，为酒店业在新形势下的发展提供了有力的信息引擎。

云PMS系统有标准版、商务版和快捷版等，涵盖大住宿业全业态。包括预订/接待/收银、Housekeeping、A/R账、夜审、报表等丰富而便捷的功能模块，拥有优良的用户权限和代码管理体系、完整的客户及协议单位档案管理功能，是一个同时兼顾市场活动，房价、佣金及公关销售的管理系统。

酒店中央预订系统（CRS）涵盖客房、会议室和餐饮等业务，可以进行渠道管理，进行分类与控制、房量与价格控制、促销策略控制、渠道分析、佣金管理、收益控制等，可以进行客房存量管理和价格管理，登记单详情与业绩回传，提供综合分析报告、支持CTI接口及来电通，支持网站与其他预订渠道接口的一体化控制。

（七）泰能

泰能是一家专注于酒店管理系统的公司，1993年在北京成立，1994年推出国内首家Windows版饭店管理系统，之后不断升级系统。2001年推出集团连锁酒店解决方案，在华润集团应用和推广。2007年推出DELTA饭店管理系统V2008，产品理念上与国际接轨。2009年的全国总用户数超过2000家，2010年集团管理系统上市。2012年12月泰能面向商务型酒店的PMS产品智胜问世。泰能的产品包括集团层面系统解决方案，Delta V系列，Eyou、智胜和智隆等，支持商务型、会议型、度假型、公寓型等综合型酒店。

以Delta V 2012为例，基本功能模块包括预定、接待、收银、客房、客史档案、夜审、前台查询、报表管理、前台应收、公关销售、系统管理和会员管理等，扩展功能模块包库存、电子菜谱、点菜宝、厨房传菜系统、POS收银系统、工程管理、全局预定、电子早餐、桑拿管理和触摸屏管理等。系统支持PC，支持基于苹果/Android平台的移动智能终端，也支持触摸屏操作。在收益管理方面，有智能房价体系、智能预订平台和智能房态盘，并拥有数据汇总分析功能。以智能房价体系为例，可以根据不同客人类型，不同时段等条件调整房价；可以不受限制地扩展房价代码；包括自动处理包，灵活处理免费房、自用房和钟点房的房价；房价可随出租率、平均房价等指标自动调整。

第二节 酒店收益管理系统的功能

收益管理系统（Revenue Management System，RMS）是一个软件，是酒店管理中的一种工具，其目的是帮助酒店实现收入最大化。为实现这个目的，系统首先要知道酒店的基本信息，包括产品信息、现有的价格信息、现有的销售渠道、现有的顾客群体等。因此收益管理系统首先要收集信息，然后汇总各类信息，分析各类信息，给出预测信息，并提出优化的建议，以及实行建议后的销售结果。如果管理者采纳建议，可以方便地进行操作和处理。任何收益管理系统均需要满足以上使用要求，区别在于系统的模块架构、后台分析程序、运行速度和界面的美观程度等。酒店收益管理系统的预期功能有以下几个方面。

一、收集并汇总信息

酒店管理信息系统中包括前台模块（也称前厅模块）、预订模块，其中有客房顾客的一些信息，如顾客国籍、性别、年龄、预订日期、预订价格、入住日期、入住人数、入住天数、离店日期、在店消费内容等。餐饮模块包括有顾客预订信息，在店消费信息，顾客偏好等。在没有收益管理软件之前，这些就是酒店进行收益管理的依据。引入收益管理软件后，收益管理软件需要更深入的分析这些信息。因此，收益管理软件需要与酒店管理信息系统的相关模块对接，自动获取客房、餐厅、宴会等部门的经营信息或称历史数据。

对于一家新开业的酒店，尚没有历史数据，收益管理软件需要预先录入酒店产品的基本信息，包括客房类型、楼层分布和客房数量等，然后收集酒店开业后每日运营的数据。

收益管理系统除了要关注本酒店的数据外，还要关注周围竞争对手的数据。因此，与竞争对手建立合作关系，共享一些运营数据，是收益管理部门的工作之一。

数据是收益管理系统依据的重要信息，在数据之外，其他一些信息也同样重要，包括顾客评价、顾客满意度、酒店员工的反馈等。近年来，随着OTA网站的兴起，顾客在线点评成为分析酒店运营状况的重要参考依据。收益管理系统也需逐步将顾客评论作为分析的依据，基于文本语言分析，得出一些规律性的总结，供酒店进一步调整价格、调整销售策略、提高服务质量。

二、分析并输出信息

分析信息是收益管理软件的一个核心功能。收益管理软件是否强大，很大程度上就在于其是否具备强大的数据分析能力。分析数据乃基于各种复杂的公式和算法，这需要将复杂的酒店运营现实抽象为诸多数学模型和统计模型，并用计算机语言表述出来，编写为一个一个的程序模块，当前端输入相关信息时，后台可以自动计算，并以图、表、数字或文字的形式输出计算结果。

那些功能一般的收益管理软件，只提供普通的计算功能，如计算平均数、最大值、最小值和中位数等，计算结果用表格、柱状图、折线图、饼图的形式展示出来。那些功能强大的收益管理软件，除了以上功能外，还可以自动输入重要指标的研究报告和分析报告，进行历史对比和同行对比，分析结果的输出界面也更加简洁美观。

三、预测和优化

预测是基于历史信息和现有的预订信息，预测酒店未来一段时间内的预订量、预计销售收入，这既包括总体预订量和总体预计销售收入，又包括各渠道、各细分市场的预订量和预计销售收入。

预测结果一般有多种情况并辅之以发生的概率。收益经理和酒店高管在看到软件的预测结果后，需基于经验判断软件的预测准确度，必要时需调整个别参数，重新分析预测结果。在综合考虑各种因素后，收益经理和酒店高管需调整现有的销售策略，运用收益管理的实战方法，比如调整价格，控制预订进度，进行团队置换等，这就是优化。换言之，优化就是基于酒店运营的真实信息以及收益管理软件的计算结果，收益经理和酒店高管调整销售策略，追求更多销售收入的操作过程。

四、定价与控制

收益经理和酒店高管在优化销售策略时，一个重要的方面是调整价格，既可能是总体价格，又可能是某个细分产品、细分市场或细分渠道的价格。这种定价操作需要在收益管理软件中进行，后台一个地方改动，酒店相关系统的相关界面都会随之变动。

定价是收益管理操作的重要方面，除此以外，收益经理可以通过软件控制客房的预订进度，控制客房的预订渠道，控制客房的分配对象，控制不同顾客群体的入住天数和入住人数，控制餐厅的阶段性最低价格，控制宴会厅的最低使用时长等。

总之，控制包括几个层面：一是价格层面；二是产品层面；三是销售渠道；四是销售对象；五是销售进度，也即时间层面。这五个层面也恰好与收益管理的五要素对应。收益管理是一种管理活动，管理的过程有时表现为控制的过程。收益管理的实践中，就是要通过收益管理软件，对这五个方面进行调整、优化和控制。

第三节　收益管理系统的技术架构

一、收益管理系统与酒店其他系统的关系

大多数酒店自运营开始，就有酒店管理信息系统和中央预订系统，收益管理系统是后来逐步引入的。

酒店管理信息系统面向酒店内部，供酒店各部门在日常运营中使用，比如客房部用来察看和调整客房信息，财务部用来处理账务信息，人力资源部用来处理人事变动、薪酬等信息等。

中央预订系统是一个销售中枢，连接酒店内外部的销售数据和销售信息，酒店管理者可以在该系统中管理酒店的价格、客房存量，进行存量客房的分配，设置各销售渠道的销售比例，调整销售条件等。在使用收益管理系统之前，酒店可以通过中央预订系统进行一些控制和操作。在引入收益管理系统之后，之前中央

预订系统的一些功能转移至收益管理系统，并得到强化和拓展。有些酒店管理信息系统中包含中央预订系统的子模块，由于中央预订系统非常重要，我们在图9－2中将其单列出来。

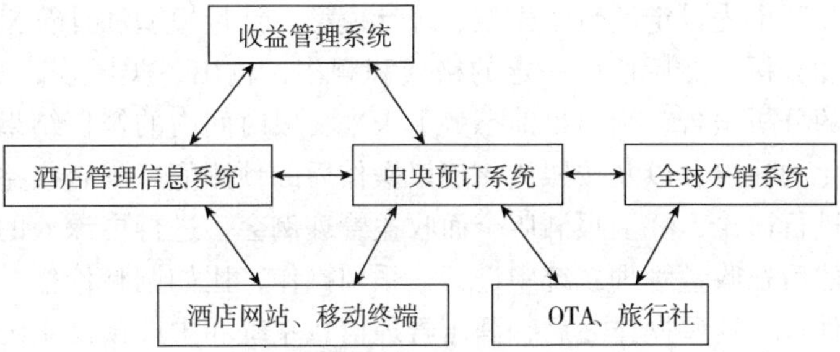

图9－2 收益管理系统与酒店其他系统的关系

收益管理系统的信息来自酒店管理信息系统和中央预订系统，这三个系统的信息流均是双向流动的。酒店管理信息系统中的信息流向收益管理系统，中央预订系统中的信息也输入收益管理系统，收益管理系统经过汇总、计算、分析后，给出调整、完善和优化的建议，管理者在收益管理系统中调整价格，重新设置销售渠道的比例，调整销售条件，之后酒店管理信息系统和中央预订系统中的相关信息同步更新，其他与这两个系统对接的系统也自动更新相关信息。收益管理系统的每个操作，均牵一发而动全身，收益经理的每一个决定，均需深思熟虑，三思而后行。

除了这三个系统外，全球分销系统、酒店网站、OTA和旅行社等也与酒店的主要系统有密切联系。全球分销系统是酒店以外的系统，酒店需要将自身的中央预订系统与全球分销系统对接，承接更多的预订量。当然，酒店也可以拒绝与全球分销系统对接，仅通过电话销售、酒店网站、移动终端、OTA和旅行社销售产品。在信息化如此发达的今天，不与全球分销系统对接的酒店凤毛麟角，因为仅靠自己销售的销售量毕竟有限，多一个渠道，多一些客源，会增加酒店的销售收入。

二、收益管理系统的内部架构

在收益管理系统内部，其运作原理是获得数据和信息，汇总计算分析信息，输出图表和优化建议，酒店收益经理根据系统输出的信息和报告，调整销售策略，并在系统中修改相关的价格和条件，之后，各部门基于新的销售价格和条件，开展新一轮销售，再次向系统输入销售信息，系统进入下一轮的汇总计算和分析，循环往复。

收益管理系统的内部架构如图 9 －3 所示，数据的信息来自酒店管理信息系统和中央预订系统，包括产品、价格、预订、渠道和顾客信息等，数据库收到这些信息后，按照事先设定的数学模型、统计模型、计量模型和计算机模型，进行汇总、计算和分析，然后按照一定的格式和频率，输出各类图表，对相关指标、部门和业务的分析报告，给出目前态势下未来一段时间内的销售结果预测值，并提供几种优化的建议，以及按照优化建议操作后的预测值。酒店收益管理部门在部门例会上进行讨论，并上报酒店全面收益管理例会，进行更深入的讨论，形成决策建议，然后在收益管理系统中进行一系列操作，比如调整价格、设置预订进度和预订条件等。这些操作之后，酒店管理信息系统和中央预订系统的信息会自动更新，形成新的产品、价格、预订、渠道和顾客信息，酒店基于这些信息运营后，会产生新的销售数据和信息，再次进入收益管理的数据库，数据库再次汇总计算和分析，再次输出相关结果，周而复始，不断改进，不断提高。

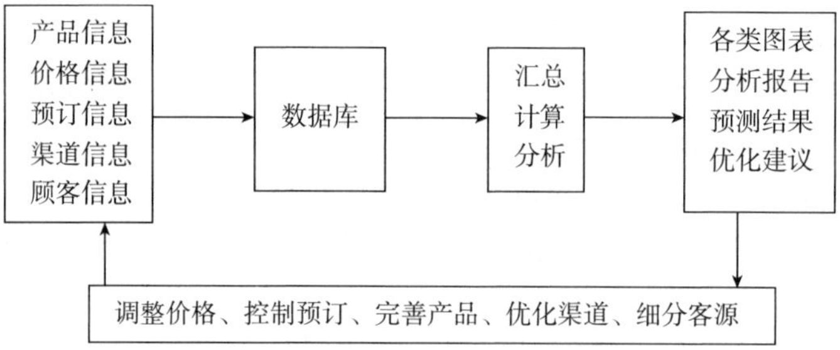

图 9 －3　收益管理系统的内部架构

第四节　不同版本的收益管理系统

收益管理系统的引入背景是酒店管理信息系统引入后，日常运营中产生大量信息，需要从不同角度汇总数据、分析数据，总结出一定的规律，从而调整运营策略，创造更多的收入。汇总和分析数据是收益管理的起点，调整运营策略是收益管理的关键点，实现酒店整体收入最大化是收益管理的最终目标。收益管理系统就是要执行这些功能，给出操作建议，帮助实现经营目标。

与酒店管理信息系统一样，大酒店、酒店集团最早产生收益管理系统的需求。因为人工分析数据的全面性、及时性、准确性都比不过计算机，并且随着计算机软件的发展，各种算法技术的普及，大数据处理技术不断完善，软件越来越多地执行以往的人工工作，收益管理系统在技术上的可行性不断提高，功能不断丰富和完善。从最初的汇总数据，到后来的初步分析，给出图表，再到后来的给出建议性调整策略，并给出执行不同调整策略后预期结果，供管理者决策。收益管理系统像酒店管理信息系统一样，正在变得越来越人性化，操作越来越简便，从之前的专门安装软件，到现在的云技术，从之前的电脑操作，到现在的移动端操作，使用面、普及面越来越广。

常见的酒店管理信息系统普遍附带了前台管理软件、总体预订软件，早期的收益管理仅仅是基于客房预订信息，仅仅面向客房的收益管理，并没有专门的收益管理软件。后来，随着数据处理技术的进步，诞生了专门的收益管理软件，基于前台软件和总体预订软件，但不同于这两类软件。收益管理软件同收益管理职能一样，独立划分出来，被寄予更多的期待。并且，随着餐饮、宴会、康乐等部门对收益管理需求的增加，收益管理软件也逐渐增加了对这些业务的汇总、统计和分析等模块。

目前国内外著名的收益管理软件至少有几十种。大酒店、酒店集团、国际酒店普遍使用国际性的收益管理软件，模块多，功能多，服务也多。小酒店普遍使用国产软件，体量较小，界面简单，操作容易。随着一些 OTA 网站的兴起，一些民宿和规模较小的酒店主要通过 OTA 销售客房，仅通过 OTA 网站提供的信息就可以做初步的人工收益管理。当然，如果销售渠道多，酒店要同时实现客房、餐饮、宴会的收益管理，使用专门的收益管理软件乃是大势所趋。如表 9－2 所示，以下几种收益管理软件各有特色，用户量都很大，随着各酒店对收益管理的重视，收益管理软件正在逐渐普及，各软件的竞争也愈演愈烈。

表 9－2　　部分酒店收益管理系统一览

序号	名称	官方网站
1	艾迪尔斯(IDeaS)	www. ideas. com
2	英弗尔(Infor)	www. infor. com
3	迪艾欧(Duetto)	www. duettocloud. com
4	滨客套房(Booking Suite)	suite. booking. com
5	众荟	www. jointwisdom. cn/rms. html
6	鸿鹊	www. hqrms. com
7	罗盘	www. luopan. cn/revenue

一、艾迪尔斯（IDeaS）

艾迪尔斯（IDeaS）收益管理软件是世界范围内最早出现的专业化收益管理软件，发展时间最长，各项业务也最成熟，很多国际酒店品牌使用该软件。

该公司成立于1989年，总部位于美国明尼苏达州明尼阿波里斯市，旨在帮助企业在不可预测的需求波动中优化收益，起初专注于航空业。1996年与香格里拉、希尔顿国际酒店签约，标志着公司的转型，以满足酒店业务的收益管理需求。2006年在中国上海设立办事处，以服务快速增长的中国客户群。2008年被SAS收购，增强了收益管理自动化的功能。2014年大幅扩充产品种类，开发了一整套解决方案组合，包括IDeaS收益管理系统电脑客户端和移动客户端，收益表现监控系统，基于舆评的定价系统，会议和宴会厅收益管理系统等。目前，IDeaS收益管理系统覆盖客房、会议和宴会、停车场三类业务，具体产品包括收益管理解决方案、定价系统、预测管理系统、收益表现监控系统、停车场收益管理系统、会议和宴会厅收益管理系统等，功能包括定价、预测、团体定价和评估、渠道管理和多酒店视图等。截至2019年4月，该系统为124个国家的1万多家客户，超过100万间客房提供定价解决方案，该公司已在北美、南美、英国、欧洲、中东、非洲、澳大利亚和亚洲设有办事处。

二、英弗尔（Infor）

英弗尔（Infor）总部位于纽约，成立于2002年，是为特定行业提供商业云软件的全球提供商。截至2018年底，在全球有近200个办事处，有7100多万个产品，服务的行业包括酒店、公共事业、物流、时尚业、汽车、设备租赁、高科技与电子等。在酒店业，英弗尔服务品牌酒店、独立酒店、公寓式酒店、度假村、餐厅等。Infor提供专门的酒店解决方案和酒店收益管理解决方案，其理念是没有一个软件能适合所有行业，因此其软件是为酒店的特定业务需求量身定制的，包括了酒店业务管理流程的所有功能（比如财务资产管理、集中订房系统、营收管理或集团办公管理、物业运营、销售、市场营销和忠诚度管理、维修部及劳动力和员工调配等），并且是内置的，不是外加的，不论是独立酒店、还是连锁酒店或跨国公司的一部分，都能迅速启动并运行。

英弗尔收益管理软件（Infor ERMS）是最大的应用服务提供商（Application

Service Provider，ASP）收入管理软件，利用预打包的软件即服务（Software as a Service，SaaS）酒店收益管理系统，酒店可以快速安装并采用策略。软件可以针对每个酒店房间的未来使用自动计算需求预测并推荐适当的销售策力量（例如，可卖房间房费、入住控制、可卖房间类别以及超预定控制）。软件可以创建自己的定制报告和收藏夹，定义区域、集群和国家/地区视图，可以进行需求建模，动态地预测需求，优化管理收入，提供控制和推荐策略。其他模块包括地区统计报告和信息（REGION）、团队预订的预测和建议（QUOTE）、洞察所有在线渠道的竞争价格（COMPETE）、量化现有和潜在合同的真实净值（CONTRACT）、自动创建预算并及时修订预算（BUDGET）。

三、迪艾欧（Duetto）

迪艾欧（Duetto）成立于2012年，总部位于旧金山，在拉斯维加斯、克利夫兰、伦敦和新加坡设有办事处。2012～2018年，该公司先后进行了4轮融资，规模分别为1000万美元、2100万美元、3000万美元和8000万美元。迪艾欧的主要顾客群体是酒店和赌场。

在酒店业，该软件的理念是软件即服务，采用机器学习，建立以客户为中心的数据，支持酒店对所有客房类型、住宿时间、分销渠道、顾客群体进行独立实时定价，最大化提升酒店收入。

该公司的数据和软件均储存于云端，业绩模块（Score Board）可以分析和预测业绩，大型处理模块（Block Buster）为大型酒店提供价格优化的建议，自由操作模块（Play Maker）可以定制商业化内容并将其提供给已知与未知的宾客。

这一收益管理软件已经突破了传统的收益管理软件的收集数据、分析数据、给出建议、控制与调整等功能界限，将收益管理与销售更紧密地结合在一起。通过这一软件，酒店可以让定价更加个性化，在顾客预订时提供最符合需求的产品和服务，与顾客开展更多的直接互动，以增加顾客转化率。

四、缤客套房（Booking Suite）

缤客套房（Booking Suite）是缤客（Booking）集团旗下公司，致力于为住宿供应商提供强大先进的技术，满足客户需求，拓展业务发展。2016年6月16日，缤客套房宣布在全球范围推出一款全新市场分析智能工具——房价管理系统

(Rate Intelligence)，通过提供未来一年的市场需求数据及竞争对手房价信息，实时帮助缤客的住宿合作伙伴制定更加优化的价格策略。

与同类产品相比，房价管理系统（Rate Intelligence）可以为住宿供应商每日更新未来360天市场需求数据及比价分析的工具。该产品不需要连接XML或PMS，日历视图简单易操作，可按需求更新，并有以下两种数据自动刷新方式：每小时刷新未来15天数据、每天刷新未来360天数据。缤客套房（Booking Suite）平台整合大量预订系统、渠道管理商、社交媒体平台及住宿管理系统，帮助住宿供应商在快节奏、多样化的数字世界中抢占先机。

五、众荟

众荟收益管理软件的前身是慧评网，成立于2012年3月，主要是关注并分析酒店的网络点评信息。2013年5月，慧评网获携程A轮投资。2015年3月，慧评网收购中软好泰，更名为“众荟信息”。2016年3月，众荟收益管理解决方案“RMS+”上线，5月登录新三板。2017年推出收益管理系统移动客户端，2018年推出新一代自助式收益管理可视化工具RMS+BI。

慧评网口碑管理系统是新一代的酒店在线品牌管理平台及社会媒体点评分析平台，通过先进的智能语义分析与理解技术，整合全球主流点评网站用户行为数据和酒店住中、住后经营数据，将点评化身为酒店直销利器，改善酒店顾客满意度并提高收入，为酒店提供多维度的分析报告，提升酒店数据化运营能力。

众荟信息依托行业级大数据，通过人工智能技术搭建起数据智能服务平台，希望打通数据孤岛，实现数据间的深度交互，打造出帮助酒店运营、营销、收益管理、服务轻松落地的大数据增值服务系列产品。众荟信息希望通过不断挖潜数据价值，帮助酒店洞见未来，获取成功经营的最优路径，让数据智能赋能下的酒店管理变得更轻松、更简单。

“RMS+”是众荟信息为酒店及酒店集团提供的一整套乐高式大数据收益管理解决方案，包含收益决策系统、数据智能工具及收益管理顾问服务，有单机版和集团版两种模式。酒店可根据自身的预算、收益人员能力、收益管理实施阶段以及其他实际需求，对系统功能模块进行灵活选择，自行搭建功能界面。

“RMS+”单体版是一款大数据结合小数据的酒店客房收益管理系统。为酒店提供细分市场、房型、渠道预测，定价优化建议等收益决策方案，帮助酒店解决“什么时候，什么产品和服务、以什么样的价格、卖给什么销售渠道和顾客”的问题，最终达到最大化收益的目的。

"RMS +" 集团版可以打通数据壁垒，掌握集团旗下不同区域、品牌、单体酒店的经营情况及业绩趋势；展示酒店集团各项数据指标、预算完成进度及业绩趋势表现；提供未来 90 天内任意区域及酒店的预测数据，协助集团及时调整旗下酒店的经营策略；实时监控旗下任意酒店在不同活动或事件中的各项关键指标，评估该事件对酒店集团业绩产生的贡献。

六、鸿鹊

上海鸿鹊信息科技有限公司成立于 2014 年 8 月，是一家中国、美国、加拿大合资，立足于中国、面向世界的信息科技公司，专门提供酒店收益管理软件、培训、服务及咨询业务方案等，其收益管理软件涉及酒店、餐饮及会展等业务。该公司已获得北京中长石基信息技术股份有限公司和星河互联投资，近年来发展迅猛，截至 2018 年底，该公司为国内 200 多家国内知名酒店及集团的 2000 余家酒店提供收益技术和服务解决方案。鸿鹊收益管理软件立足于中国酒店的运营特点，力图本地化、接地气、实用、高效，可以分析酒店各项数据、随时查询每日最佳推荐销售、直接上存价格至渠道管理商等。

鸿鹊收益管理软件有酒店版、教学版。酒店版对接到酒店的数据系统，可以显示酒店经营数据，并基于大数据，给出调整优化的建议以及优化后的预测数据，过后与真实数据对比，供酒店决策者对比参考。教学版乃基于一家实体酒店，对相关数据进行脱敏处理，使酒店管理专业的师生看到酒店运营的各种细分数据，形成直观认识。

七、罗盘

罗盘公司成立于 2006 年，诞生于清华大学的一个实验室，为各类酒店提供安全、可靠、便捷、低价的管理系统，已为两百多个连锁品牌和两千余家各类酒店提供有助于发展的酒店管理软件、酒店解决方案及酒店营销服务。其提供的产品和模块有云 PMS、云 PMS PRO、渠道管理、收益管理、餐饮管理、布草管理和移动终端服务等，其中收益管理模块的知名度更高，在业界具有一定的影响力。

罗盘公司是世界上第一个基于云计算的酒店管理系统。在云时代中诞生，在云时代中被检验，在云时代中被证明，在基于云计算的酒店管理系统上具有丰富的经验。罗盘收益管理系统支持收集和分析数据，生成报表，全自动运行等必要功能。定价趋势报表从PMS，OTA网站，本地活动和历史数据等渠道收集信息整合而成，针对多渠道的原始数据进行分析来调整和优化定价和房量控制策略。对不同的数据源和条件分配不同权重，以更好地协调定价及房量控制策略。还可以通过顾客评论，入港航班，天气预报等方面获取数据并进行分析以生成定价策略。

第五节 收益管理系统的局限性

软件可以代替人工，快速地汇总数据，快速地进行重复性计算，快速地进行重复性分析，并按照预先设定的标准，快速地输出分析结果。收益管理系统可以大幅提高工作效率，提高数据分析的准确性，并基于大数据，得到一些人工计算中难以发现的规律，这是收益管理系统为酒店管理带来的改进之处。但是收益管理系统也有一些局限性，过分依赖收益管理系统而忽视管理者的经验和主观能动性，将事倍功半，甚至事与愿违。收益管理系统的局限性体现在以下几个方面。

第一，收益管理软件不能穷尽所有的现实情况。收益管理工作涉及的变量较多，每种变量都有多种分类，排列组合后，计算结果就有非常多的情况，任何一个系统都不可能穷尽所有的情况，这是软件本身的局限性，而当系统越来越复杂时，提供的数据信息就越来越多，容易让使用者陷入迷茫的数据海洋，找不到前进的方向，这是软件衍生出来信息困境，信息过量也成为一种局限性。一个优秀的软件需要关注最重要的信息并兼顾一些相关的指标，选择指标时，除了参照酒店各业务的收益管理指标外，也要关注其他方面的指标，甄别选择，这本身就是一个永恒的难题。

第二，系统只能代替机械性、重复性的人工工作，创造性的工作还得依靠人，最后的决策需要依靠人。系统可以基于一系列模型和算法，得到各种表格和图形，但是一张张包含不同产品、不同渠道、不同顾客群体的价格信息表格，代表着什么含义，需要人工来解读。同样的一张表，同样的一个图，不同人的解读是不一样的。系统只是一个工具，有的系统比较先进，算法模块很强大，有的系统较平常，只提供一般的计算结果，即使再先进的工具，也只是部分地替代人工工作，不能完全替代人工工作。当系统提供众多图表后，就提供了有无穷大的数据挖掘空间，要相得到有价值的决策信息，要靠数据分析员和收益经理基于经验进一步筛选和判断。

第三，预测结果仅在一定程度上有参考价值。预测是基于历史数据和历史规律，假设按照现有的规模和态势，考虑一定因素后的未来可能结果。众所周知，未来很难预测，系统无法预测到一些突发事件对酒店业务的影响。比如天气突变、恐怖袭击事件、交通偶发事件等均会影响顾客的行程，从而影响酒店的运营和绩效。收益管理系统无法预知这些事件，预测效果自然会打个折扣。即使没有突发事件，在平常的情况下，系统的预测偏差也在所难免，因为真实世界瞬息万变，并且随着经济全球化的深入，各国各行业联系更加密切，任何一个宏观变量的变化，均会通过蝴蝶效应产生大范围的影响。事件越大，事件的不可预测性越强，产生的影响越大。系统只能在一定范围内预测，预测结果仅具有有限程度的参考价值，如果过度依赖系统，将导致错误判断和错误决策。即使未来技术更先进，诞生出超级收益管理软件，可以加入足够多的不可测事件，计算和处理各种类型的数据，成本因素也是一个制约，从成本收益的角度，大多数企业没有必要拥有如此强大的超级软件。

第四，收益管理系统并非一用就灵，盲目引入会水土不服，并有可能打乱酒店现有的运营秩序。使用收益管理系统有一定的现实条件，条件包括酒店是否愿意花一笔钱采购收益管理软件；酒店是否有会使用收益管理系统的员工和管理者；员工和管理者能否在短时间内熟悉系统并熟练使用；软件是否与酒店现有的各种信息系统兼容；能够自动获得相关指标、数据和信息等。如果以上条件中任意一条不满足，酒店盲目引入收益管理系统，除了承担一定的财务成本外，还会出现诸多适应成本，诸如酒店销售部门、收益管理部门员工的不适应，酒店其他业务部门的不适应，引起部门之间的沟通成本，在有利益冲突的情况下，还可能造成部门之间的矛盾，这就打乱了酒店既有的运营秩序，将影响酒店的短期财务绩效和长期可持续发展。

总体而言，收益管理系统只是一个工具，这个工具并不是万能的，并可能带来一些冗余的、干扰的信息，降低决策的效率和准确性。收益管理系统能发挥多大作用，最终取决于系统的使用者，系统本身只是人的工作的替代者和辅助者。并且，这一系统存在认识的局限性，预测结果会出现偏差，这种认识局限性和预测偏差是永恒的，很难完全消除。收益管理系统虽然可以在一定程度上提高酒店销售工作的效率和销售收入水平，但是如果酒店还没有运用收益管理的资金和人力准备，各部门没有做好增加沟通协调工作量的准备，就要慎重引入收益管理系统。

[关键术语]

酒店管理信息系统　收益管理系统　模块　中央预订系统　全球分销系统　Opera　IDeaS　酒店管理解决方案　酒店收益管理解决方案

[思考与实践]

1. 酒店收益管理系统与酒店管理信息系统的功能定位有哪些不同?

2. 一家新开业的酒店，至少需要哪些管理软件或系统?

3. 某市新开了一家主题酒店，希望购买一个收益管理系统，业主请你调研当前市场上的酒店收益管理系统，在分析比较的基础上，撰写一篇调研报告，供其参考。

第十章　全面收益管理

【本章概要】

本章首先讲述收益管理的组织机构，然后讲述全面收益管理。收益管理不是某单一部门的事情，而是牵一发动全身，需要各部门协调配合。全面收益管理意味着酒店经营理念的转变，考核指标也需随之调整。本章提供了全面收益管理的考核指标，供酒店业分析和参考。收益管理是酒店提升收入的重要方法，不过顾客满意度也非常重要，过度追求收益管理，“大数据杀熟”将适得其反，引起顾客反感。收益管理的边界值得酒店业深思。

【学习目标】

1. 认识收益管理的部门设置和岗位职责。
2. 列举并阐释全面收益管理的评价指标。
3. 列举收益管理的配套管理措施。
4. 区分收益管理的边界，阐释过度使用的后果。

第一节　收益管理的机构设置

在酒店业的发展史中，酒店的业务部门不断发展演变。早前的酒店主要是客房部，酒店主要供过往的旅客投宿休息，天黑时投宿，天明时离店，顾客经常自带干粮。后来，顾客在酒店住宿的同时，在酒店用餐的需求多起来，餐饮部也随之发展起来。时至今日，城区商务型酒店的顾客并不一定都在酒店用餐，郊区酒店、度假型酒店的顾客大多在酒店用餐。一些酒店的餐饮部收入与客房部收入基本相当，甚至超过客房收入。一些度假型酒店的主要业务部门除了客房部、餐饮部外，还有康乐部，康乐的营业范围包括康体美容、温泉、体育健身、卡拉 OK、高尔夫等。

除了客房部、餐饮部、康乐部外，酒店一般都设有二线部门，包括财务部、人力资源部、销售部①。当然，一些保障部门也很重要，包括董事会办公室、总经理办公室、工程部或后勤部等。

收益管理属于哪个部门呢？这在酒店业发展史上也曾经历了几次关键的变化。总体上，收益管理的重要性不变提升，从一个不起眼的细项工作，逐渐成为一个不容忽视的重要工作。

一、收益管理的上级部门

在酒店业发展的早期阶段，客房是最主要的业务和部门。提高酒店收入，主要指提高客房收入，酒店采取各种方法，招徕过往旅客入住，这其实是销售管理或营销管理，目的是增加收入。在酒店内部，需计算每日收入、每月收入和每年收入等，这种计算类似于每日的财务管理。这一阶段并没有明确的收益管理理念，收益管理与营销管理、财务管理融合在一起，共用一本账。

随着管理的精细化，酒店根据业务类别，将营销管理、财务管理单独划分出来，关于客房收入的分析由客房部单独承担，这就产生了收益管理的萌芽（见图10－1）。在这一发展阶段，前厅部负责客房的安排和入住，顾客大多是过往旅客，临时找到下榻的酒店并办理入住，预订的情况较少。房价大多是固定的，只是不同细分市场的价格不同，如团队顾客价格低于散客的价格，酒店高管的亲朋享受折扣价等，前厅经理和收益分析员只是对客房收入进行简单的对比和汇总分析，上报给酒店管理层。在这一阶段，只有少数酒店的收益分析员只从事一项工作，大多数酒店的收益分析员身兼数职，同时处理多项工作，如办理入住、整理信息、撰写每日运营总结等。有些酒店没有专门的收益分析员，则由前厅经理负责相关工作。

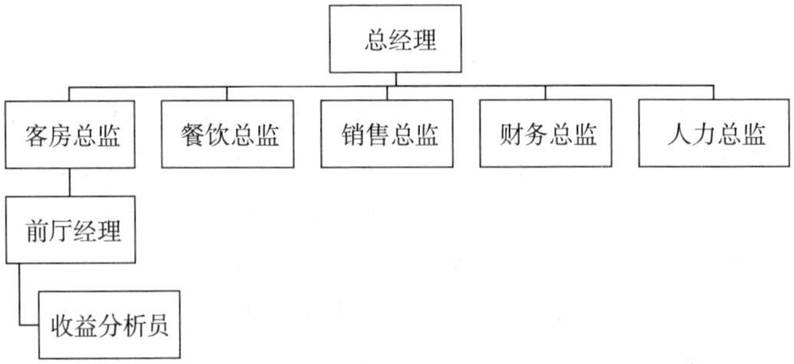

图10－1　收益管理的萌芽阶段

① 销售部的别名是市场销售部、市场营销部或商务发展部，因此，销售总监也被称为营销总监、商务发展总监。

随着客房业务的发展，预订入住逐渐兴起，客房部专设一个预订部，收益分析员成为一个固定的工作岗位，隶属于预订部，在预订经理的指导下分析客房入住情况和收入情况。在这一阶段，预订工作的重要性凸显，预订经理和收益分析员需关注预订情况，客房出租率是一个重要的业绩指标。在这一阶段，客房仍是酒店的最主要业务，餐饮业务附属于客房业务，由住店顾客衍生出餐饮业务。预订经理、收益分析员的工作集中于客房，很少涉及餐饮业务（见图 10－2）。

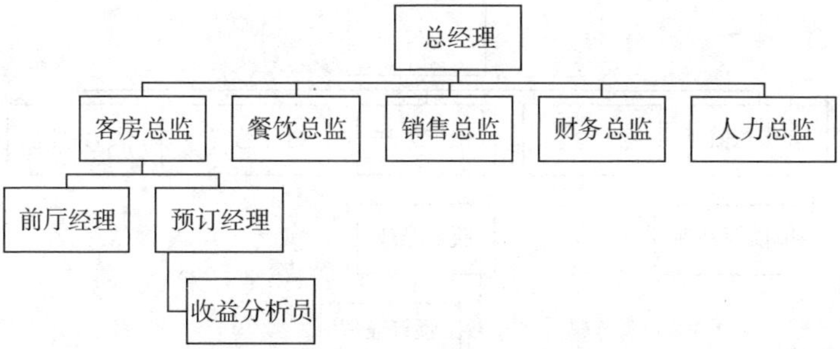

图 10－2　收益管理的初级发展阶段

随着酒店管理精细化的深入，客房部仅负责客房的日常运营，客房预订工作转移至销售部。客房部负责接待住店顾客，安排房区的员工和物品，为顾客提供干净、安静、舒适的休息环境，类似于健身房，只负责所辖区域的正常运转。在这一安排下，预订管理与销售管理整合在一个部门，便于酒店内部协调销售进度，提高工作效率。这一安排也客观上提升了预订工作和收益管理的重要性。在这一阶段，销售部负责客房预订、宴会与会议预订等多项预订工作，每一项预订均有对应的收益分析员（见图 10－3）。

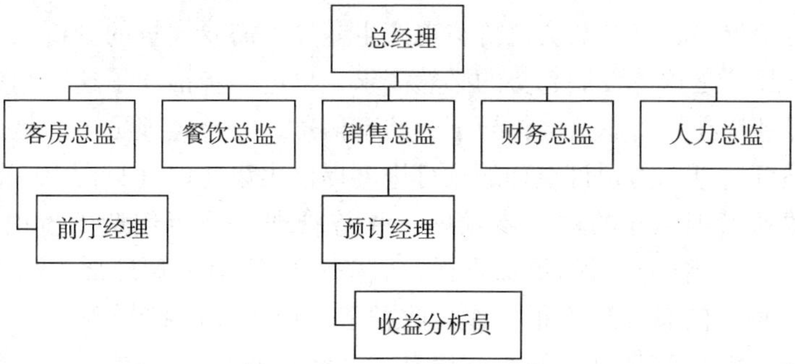

图 10－3　收益管理的深入发展阶段

酒店各业务部门的预订之间存在一定的关联，需统一协调，信息互通以最大化销售收入。因此，进一步发展中，一些起酒店在销售总监和预订经理之间新设收益经理职位，预订经理受收益经理的直接领导。预订经理只负责接待并安排各种预订，跟销售部的销售工作分隔开。收益经理制定预订计划表，预订经理执行收益经理的预订安排，并及时报告实际的预订进度。这一模式乃在预订管理的基础上，提升了收益管理的重要性（见图 10 -4）。

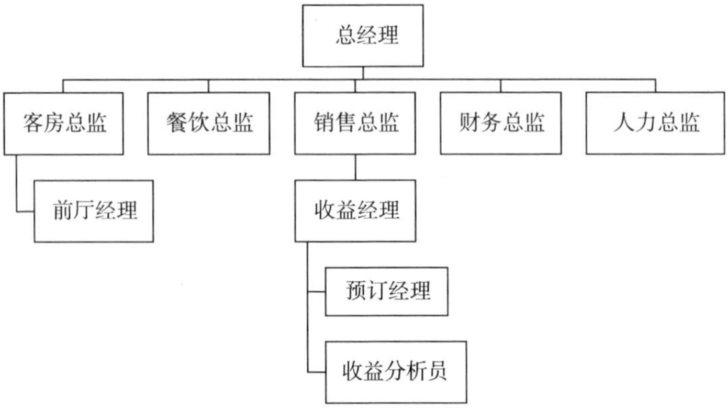

图 10 -4　收益管理的高级发展阶段（一）

当收益经理的工作量不断增加，不仅要制定客观的策略，还要主观地指导下属人员执行策略，就存在一定的管理问题。尤其当收益管理要考虑客房、餐饮、会议等多个方面时收益经理的决策功能将重于执行功能，将其独立出来是自然而然的趋势。因此，一些酒店将收益经理与预订经理的工作区分开来，收益经理专门从事分析型工作、研究型工作。

在这一阶段，由于预订时间的不同，衍生出客房价格的不同，由于细分市场的细化，客房价格、宴会与会议价格也产生差异，需要大量的分析工作，以指导决策。收益经理是这一发展趋势的必然需求，也进一步推动了这一趋势。收益经理与预订经理均在销售总监的指导下，共享信息，收益经理更多的是分析历史信息和新的预订信息，为预订经理的预订进度提供决策建议（见图 10 -5）。

随着收益管理工作的进一步发展，收益管理为酒店创造的价值越来越大，收益管理也受到酒店高层的更加重视，收益管理从销售管理部单列出来，与销售部平级，直接向总经理汇报工作。收益管理部内设收益经理，收益经理指导收益分析员，汇总整理日常的收益信息，并在收益总监的授权下，动态调整各销售系统的销售价格。预订经理协调日常的预订工作，仍隶属于销售部，不过

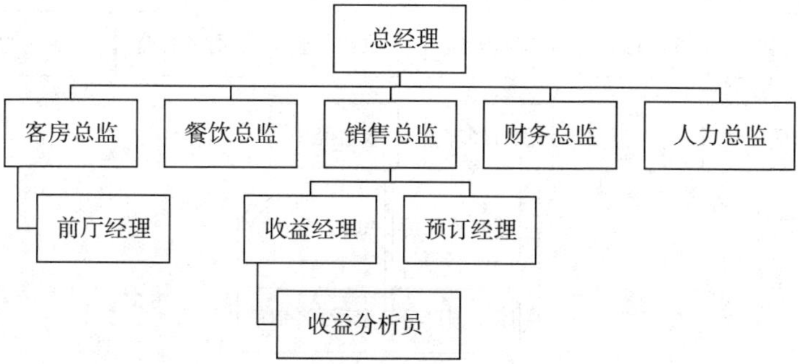

图 10－5 收益管理的高级发展阶段（二）

也要执行收益总监的预订进度安排。在这一阶段，全面收益管理的理念得到实践，收益管理所涉及的部门不仅是客房部，也涉及餐厅、宴会和康乐等部门，不仅是常规的组合销售，还要设计出多样化的销售体系和销售策略。收益管理不仅是追求客房收入最大化，还是酒店客房、餐厅与宴会等部门的总体收入最大化，一些新的产品组合将被设计出来，一些新的销售渠道将被开发出来，一些新的销售策略将被讨论出来，然后与销售部、客房、餐厅、宴会、康乐等部门沟通，明确分工，各自执行销售策略。在这一阶段，收益管理部是个参谋部，制定规划，决定客房该卖给哪个细分市场，决定客房与宴会、餐厅等部门的组合方法。收益总监做出全面的决策，收益经理和收益分析员负责日常的信息收集和分析，撰写市场报告，系统管理员执行具体的操作，在收益管理系统中调整各个价格、数量和比例等。客房部负责客房的房区管理，餐厅负责餐品提供与管理，销售部负责把产品销售出去，销售部不再制定总体的营销方案。目前中国（不含港、澳、台地区）的大部分酒店还没有发展到这一阶段。

举个例子，目前大多数酒店的销售部既当裁判，又当运动员；既决定卖给谁、多少价，又跑去亲自卖。当销售员给销售总监打电话，1000 元卖不出去，顾客只给 900 元，要不卖了吧，总监说“好吧”。实行新的组织构架后，销售总监说，“不行，价格是收益总监定的，改变售价得问收益总监”，这就体现出收益总监的定价权和决策权。当然，收益总监的定价权更多体现在基准价格上，在底价的基础上，给予销售部一定的自由裁量权（见图 10－6）。

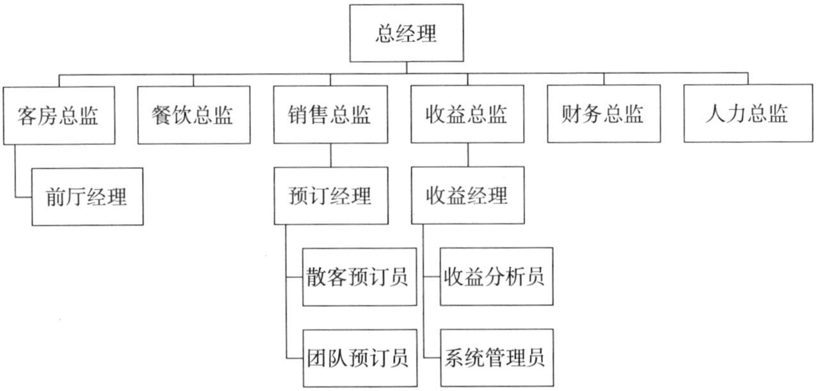

图 10－6 全面收益管理的发展阶段

二、收益管理部的职责与分工

收益管理部的职责有多个方面：一是收集本酒店客房、餐饮和宴会等部门的产品信息和历史价格信息；二是收集竞争对手酒店的客房、餐饮和宴会等部门的产品信息和历史价格信息；三是分析本酒店和竞争对手酒店的价格水平，分析本酒店各部门、各渠道和各细分市场的销售情况；四是根据本酒店的细分市场特点、销售渠道特点和市场需求，动态地调整各渠道和细分市场的价格，并预测调价后的收益情况；五是评估前期的收益管理策略，不断优化；六是提出新的销售策略建议，在全面收益管理会议上讨论，讨论通过后各部门分别执行。当然，收益管理部在日常运营中还需要与其他各部门沟通，关注顾客在 OTA 网站的点评和意见，学习并掌握各类数据处理方法和系统软件使用方法等。以下是广州白天鹅宾馆收益经理岗位职责、收益组工作规程，可以从中了解酒店收益管理的主要职责和工作内容。

专栏 10－1 白天鹅宾馆收益经理岗位职责

1. 运用市场导向、目标市场、市场细分、市场定位、市场组合等进行市场分析、为制定收益管理策略奠定基础。

2. 做好市场数据的收集、加工整理和分析工作；综合运用各种预测方法，提高分析预测的准确性，在预测的基础上制定收益策略并付诸实施。

3. 运用的工具和根据相应的使用标准，维护、更新和分享区域内即将举办的盛会，竞争情报，每间可供出租客房收入指数、公司客户的入住率和花费情况、拒接预订、总体忠诚顾客入住数量以及按账户数划分的忠诚顾客入住数量（统计预订者）；根据渠道、细分市场和账户计算房间入住收益趋势及非入住人数的收益。

4. 理解宾馆利润的构成，并据此从本地公司和团体客户中制定日后相关价格。

5. 对竞争对手的所有收益产生部门进行监控，并据此对本地公司客户和团队进行评估，以便日后设定相关价格。

6. 每日、周、月根据汇报内容分别召集总经理、市场销售总监、房务总监、财务总监、销售经理、预订经理、前厅经理、财务经理、餐饮经理、宴会销售经理召开一次关于收益数据/提高销售（收益）策略会议。

7. 组织由宾馆领导等高层参加的房间收益会议，制作报告和在收益会议房间的墙上展示分析这些会议的需求，展示关键事件/趋势等。

8. 根据历史数据和当前预订情况进行分析，控制和决定会议场地，房间和餐饮供需。负责对预订增长率，团队类型，关闭团队房间以及拒绝和流失的生意进行记录和分析。

9. 对于所有超过 9 间房的团体报价书进行审核/或者执行，并和市场销售总监及宴会销售高级经理设定房间和会议价格。

10. 日常操作收益系统。包括设置收益率节点和在适当时候调整日常房间库存量。如果收益管理系统没有安装这项工作，还包括打开和关闭订房管理系统。

11. 培训和支持宾馆团队运用收益系统。

12. 管理所有包括但不限于房间类型和销售策略的任何渠道（GDS 网络直销或营销）。负责确定官网最低价格保证，根据白天鹅宾馆的标准和要求管理第三方分销商。

13. 根据年度预算提供所有业务产生出的收入。根据中期预算评估计算出各部门需要配备的人员等级。

14. 实施动态定价、形成价格体系。

15. 控制销售的房型和预订进度。

16. 拓展直销渠道，提高分销转换率。

17. 优化客源结构比例。

18. 团队、公司协议账户需进行精细化管理。

19. 研究客人入住时间长短，制定连住优惠、套餐，同时也要研究长住客的习惯，提供相应服务等。

20. 从宾馆收入最大化的角度，通过各种分析给决策层提供书面建议；

21. 全面开展收益管理基础知识培训，由下至上坚持执行收益措施。

资料来源：黄慧聪：《白天鹅宾馆管理实务（第五版）》，广东旅游出版社 2017 年版。

专栏10-2　白天鹅宾馆的收益组工作规程

一、召开收益管理例会

（一）日例会

1. 参加人员：市场销售总监、销售经理、预订经理、收益经理、前厅经理、财务经理、餐饮经理；

2. 研究未来7~14天每天的预订量变化情况，继而调整经营策略并实施相应措施。

（二）周例会

1. 参加人员：在日例会的基础上，增加房务总监、财务总监、餐饮总监；

2. 研究未来30~60天每天预订量变化情况。

（三）月例会

1. 参加人员：在周例会的基础上，增加总经理；

2. 研究未来90天每天的预订量变化情况，继而调整经营策略并实施相应措施。

（四）会议准备流程

1. 准备相应报表（可利用收益系统提取曲线图或柱状图进行今年与上年同期作对比，注意应以相同周日对比）；

2. 展示未来周期里的大事件、展会及节假日的安排；

3. 更新竞争对手群的对外销售价格（国内外渠道均要参考）；

4. 更新本酒店及竞争对手群的舆情指数排名（线上点评的分数变化将对酒店的预订量有直接的影响）；

5. 准备相关建议在例会上讨论分析，如变更套装的产品组合、调整价格、收紧或放松预订条款、开关渠道等。

二、召开收益管理例会工作流程

（一）回顾历史数据

1. 将今年的间夜数、平均房价、客房收入与今年预测、今年预算和去年实际对比，看预测是否准确、预算目标是否达到、今年和去年相比有何差异等，数据回顾要细化到细分市场和渠道；

2. 搜集竞争对手群的经营数据，决定酒店把重点放在提升开房率还是平均房价上；

3. 看不同房价代码的产量，检查促销是否达到预期的效果，定价是否合理，是否需要进行调整；

4. 分析各房型差价是否合理，看是否有提升销售的机会；
5. 了解各细分市场和渠道的预订规律，决定各细分市场的价格，制定打开及关闭的周期；
6. 做好客人的停留时间的分析工作，确定连住限制。
（二）展望未来
1. 结合未来和历史的预订情况，调整销售策略，以及在未来的日子里，修正销售策略，提高预测准确度，确保完成预算；
2. 关注未来事件和机遇，确定高需求的日期和低需求日期；
3. 关注竞争对手的价格、销售的房型，判断竞争对手和市场的动向。
（三）会议决议
书面总结会议对未来的预测、定价（调整 BAR 的等级、促销价等）、细分市场组合、渠道策略、超额预订量、连住限制、预订取消担保政策等决议，并发送至各相关部门。

资料来源：黄慧聪：《白天鹅宾馆管理实务（第五版）》，广东旅游出版社 2017 年版。

第二节 全面收益管理的必要性

全面收益管理是指统筹考虑酒店所有可供销售的产品和服务，使酒店的总体收益最大化。以往的收益管理理念主要集中于客房收益管理，其实酒店的餐厅、宴会、健身房、游泳池、网球场、停车场、商店、后勤车队等均是酒店的创收部门，均可以进行收益管理。全面收益管理就是要发挥各部门的协同效应，实现一加一大于二的效果，为酒店创造更多的收入。

全面收益管理的必要性至少有以下四个方面，分别涉及收益的来源、酒店产品具有实行收益管理的现实条件、产品组合的设计与销售、酒店日常运营管理等。

一、酒店需要多个收入来源

酒店的收入主要来自客房。一些经济型酒店的客房收入占总收入的比重越过 80%。在五星级酒店中，餐饮收入也占较大比重，一些酒店的餐饮收入与客房收入不相上下，甚至餐饮收入越过客房收入。近年来客房收益管理的理念和实践逐渐被很多酒店接受，而餐饮收益管理尚处于模糊的摸索阶段，各酒店的实践千差万别，自成特色和体系，尚没有形成普遍性的共同做法。餐饮收益管理的市场需求很大，发展空间也很大。

即使客房与餐饮收入占酒店总收入的比重很大，酒店也有其他的运营部门，包括温泉、SPA、健身房、游泳池、网球场、高尔夫球场、采摘园、停车场、商店、礼品店和后勤车队等，这些部门也可以为酒店带来收入。并且，对于温泉度假酒店、郊区的度假酒店，温泉和采摘园也是酒店的重要收入来源。这些部门也需要学习和运用收益管理的理念，提高收入水平。

在酒店的高管层面和收益管理部门，需要同时考虑所有的可供出售产品与服务，而不是仅盯着客房与餐饮。有时，顾客到酒店后，也会产生其他消费，如果定价合理，顾客的消费额也将非常可观，为酒店带来额外的收入。或者因为其他部门的服务有特色，定价也合理，会吸引顾客到店，引起主营业务收入的增加。比如，温泉酒店的温泉有特色，如果价格适中，或者略低于竞争对手，将吸引顾客前来体验，大多数顾客会同时入住酒店客房，这就引起客房收入的增加。同时，顾客在入住期间一般都有餐饮消费的需求，这将增加酒店的餐饮收入。

二、酒店各部门具有实施收益管理的现实条件

前面的章节中已指出可以实施收益管理的行业和特点，包括供给能力相对固定，产品或服务具有易腐性，高固定成本低变动成本，市场需求变动且可以预测等。以此标准，酒店的康乐部、卡拉 OK 室，酒吧、健身房、停车场、高尔夫球场、网球场等部门等均可以实施收益管理。目前这些部门大多停留在常规的日常运营理念中，没有引入收益管理的思维，因此给酒店创造的收入也有限。

酒店这些部门在满足住店顾客的日常需求外，可以对外销售和营业，以最大的限度提高使用率和出租率，提高产品和服务的销量和销售单价，为酒店创造多元化的收入。这些部门也可以搜集历史数据、竞争对手数据，对数据进行分析，推出细分市场的销售策略，根据市场供需情况动态的定价，一段时间后评估现有的销售策略和价格策略，调整并优化策略。

酒店这些部门也可以跳出独立运营的思维，主动与酒店其他部门联合起来，推出多样化的产品组合，提高场地的使用率，提高销量和平均价格，带动相关部门的销量，为酒店创造更多的收入。

三、酒店产品组合可以带来更多的客源和收入

虽然大多数酒店顾客是外地人，是过往的旅行者（包括商务出行和度假旅行），但是由于酒店业的繁荣发展，每个顾客在选择酒店时，既可以预订本酒店，又可能预订不远处的另一家酒店。如果两家酒店的客房档次接近，价格也相差不大，而另一家酒店有更优惠的餐饮，更优惠的停车收费政策，在大堂吧或酒店消费打五折，更多的附加值服务（如赠送一张附近景区的门票或提供客房与景区门票的优惠产品组合），显然，另一家酒店将吸引更多的顾客。

近年来，随着人们生活水平的提高，本地人也成会酒店的顾客。这些本地人可能仅是为了体验本酒店的设施或服务，因此对酒店期望值更高，可能不仅期望一间干净舒适的客房，还可能期望美味可口的菜品，具有高科技风格的酒店设施，温馨的大堂吧或者幽静恬雅的环境。酒店若仅仅靠客房吸引这部分顾客，吸引难度将越来越大。酒望必须进行产品和服务的综合优化，为顾客创造独特的入住体验。

酒店产品组合有多种方式。如客房加餐饮，客房加餐饮加酒店，客房加宴会，客房加康乐，客房加酒店周边景区消费等。对于团队顾客，客房与餐饮、宴会的打包销售往往具有很大的竞争力。对于散客，客房与餐饮、康乐的打包销售模式往往具有很大的竞争力。

在酒店产品组合的设计中，最主要的原则是突出主营业务以辅助业务带动主营业务。例如一家商务酒店，以客房和宴会为主要收入来源，可以在其他业务方面（如康乐、酒店）给予优惠，或者在不降价的基础上，以增加值服务吸引顾客，如为每个客房提供精美水果、精美礼品等。

适当的产品组合相当于对酒店产品再造，对酒店产品的优化销售，可以使原本普通的产品变得有特色有亮点，原本竞争力一般的产品更具竞争力，使酒店的销售和运营更具活力，并为酒店带来更多的收入。

四、主营业务部门的运营需要多个部门的协作配合

全面收益管理既是基于收入最大化的考虑，又是基于酒店主营业务部门发展的需要。客房和餐饮是酒店的主要收入来源，这两个部门的运营需要其他部门的支持。树立全面收益管理理念，就是要让其他部门更加紧密地配合客房和餐饮部

门的运转，摒弃各自为营，甚至推诿扯皮的现象。

在一些大酒店，客房和餐饮部门较大，顾客人数和员工人数都较多，在运营中与前厅部门、康乐部门、后勤部门和工程部门等有频繁的业务联系。这些部门要么不直接创造收入，要么是酒店的消耗部门（如工程部），因此会或多或少的认为，酒店收入与他们无关，酒店业绩再好，他们也只拿固定的工资，因此没有动力全力配合客房和餐饮部门，从而影响主营业务部门的创收能力。

全面收益管理就是要让各部门统一思想，统一行动，加强业务的联系、协作和配合，一切为了顾客的满意度，顾客满意了，酒店才会有源源不断的客源，酒店才会有源源不断的收入。全面收益管理既是提醒主营业务部门拓展思路，不局限于本部门的产品和服务，发挥范围经济，寻求其他部门的帮助，也是提醒非主营业务部门和辅助部门，提高认识，配合酒店主营业务部门，提高服务水平。

其实，即使酒店不提全面收益管理的理念，酒店各部门也需要紧密协作。在全面收益管理理念的引导下，酒店可以在更高层面指导各部门的行动。酒店现有各部门的协作是全面收益管理的基础和条件，也需要在全面收益管理理念的指导下，更加主动地配合主营业务部门的业务需求。

第三节　全面收益管理的评价指标

一、单房收益（RevPAR）的局限性

单房收益即每间可供出租客房的收益（Revenue per Available Room，RevPAR），是客房总收入与可供出租客房数量的比值。该指标是衡量客房收益的重要指标，不过该指标也存在一些局限性。

第一，单房收益只能反映客房的经营业绩，不反映酒店其他部门、其他业务的业绩，具有片面性。若用此指标比较不同酒店的业绩时，分析是不全面、不准确的。

例如，A 酒店有 100 间客房，平均房价是 500 元，平均出租率是 75%，除客房外的其他部门的收入是 550 万元。B 酒店拥有同样的客房数量和平均房价，出租率是 65%，除客房外的其他部门的年收入是 1000 万元（见表 10－1）。

表 10－1　　客房部门与其他部门绩效的综合考量

指标	酒店 A	酒店 B
客房数量(间)	100	100
平均房价(元)	500	500
平均出租率(%)	75	65
单房收益(元)	375	325
客房部门年收入(元)	13 687 500	11 862 500
其他部门年收入(元)	5 500 000	10 000 000
酒店总收入(元)	19 187 500	21 862 500

这两个酒店的对比中，酒店 B 虽然在客房部门的单房收益低于酒店 A，但是其他部门的收入优于酒店 A，总体上，酒店 B 的收益更多。如果两个酒店具有相似的总体成本率，相似的日常开支，那么酒店 B 的利润也将更多。

第二，单房收益不能反映基于规模的客房业绩，换言之，不能反映客房收益与客房数量的关系。单房收益是客房收益与可供出租客房数量的比值，然而客房收益与可供出租客房数量之间也存在一定的关系，在这二者之间的关系明确之前，单纯地比较不同酒店的单房收益，可能得出有偏颇的结论。

例如，现在有 A、B、C、D 四家酒店，各自的客房收益、可供出租客房数量、单房收益指标如表 10－2 所示，如何判断四家酒店的客房部业绩？

表 10－2　　四个酒店同一天经营绩效的比较

指标	酒店 A	酒店 B	酒店 C	酒店 D
客房收益(元)	50 000	100 000	100 000	50 000
可供出租客房数量(间)	100	100	200	200
单房收益(元/间)	500	1000	500	250

表 10－2 数据显示，酒店 A 与酒店 B 的客房数量一样，酒店 B 的客房收益是酒店 A 的 2 倍，从而单房收益也是酒店 A 的 2 倍。从单房收益的指标看，酒店 B 优于酒店 A。酒店 B 的客房收益更多，要么是因为酒店 B 的档次更高，要么是因为酒店 B 的收益管理做得更好，同样的客房获得更多的收入。

酒店 A 与酒店 C 相比，单从单房收益的指标看，两者绩效一样。如果看客房收益，酒店 C 优于酒店 A。不过进一步分析发现，酒店 C 的客房收益是基于更多的客房实现的，因此酒店 C 的客房收益情况并非优于酒店 A。酒店 C 要么是低价销售，靠销售量保证总体收入，要么本身就是一家低档酒店，平均价格较低。再或者，酒店 C 的价格并不低，但有大量客房空置的情况，这就要结合出租率，才能进一步比较两者的绩效。

酒店 B 与酒店 C 相比，客房收益一样，后者的规模更大，单房收益更小，表明后者的创造收入能力低于前者。

酒店 A 与酒店 D 相比，客房总收益一样，但是酒店 D 的客房数量更多，因此酒店 D 的单房收益低于更低。这两个酒店相比，明显酒店 A 的经营绩效更优。

综合以上几种情况，我们在比较不同酒店客房绩效时，如果规模相同（酒店 A 与酒店 B），单房收益指标可以反映各酒店的客房档次或运营绩效。如果客房收益相同，但客房数量不同（酒店 B 与酒店 C，酒店 A 与酒店 D），客房数较少的酒店，经营绩效更好。如果客房收益不同，客房数量也不同（酒店 A 与酒店 C），单房收益指标就无法揭示不同酒店的客房绩效。

换个角度，单房收益也等于平均房价乘以出租率。假设两个酒店的平均房价相近，而出租率不同。一个酒店有 300 间客房，另一个酒店有 50 间客房，显然，客房数量越多，满房的难度越大，客房数量越少，更容易实现满房。小酒店的客房出租率很容易高于大酒店，然而这并不能说明小酒店的总体实力强于大酒店。单房收益只能用于单一酒店的纵向比较以及同档次、同等客房数量酒店的横向比较。对于不同客房数量的酒店，尤其是客房数量相差较多的酒店，该指标的对比参考价值很小。

第三，单房收益只反映收入，没有反映运营成本、销售费用等项目，因此不能反映客房盈利状况，也无法反映整个酒店的盈利状况。酒店的房价通常大于每天的运营成本，不过不同酒店的运营成本标准不一样。收入扣除运营成本、销售费用后，才是真实的业绩。单房收益较高，要么是收益管理部门的努力，将平均房价做的高，要么是销售部、预订部的业绩，实现了较高的出租率，但这些均不能代表客房部的整体业绩，整体业绩还是要看利润情况。

二、单房总体收益

单房总体收益（Total Revenue per Available Room，TotRevPAR）指酒店总体

收益与可供出租客房数量的比值。总体收益不仅包括客房部的收入，还包括餐厅、宴会和会议等部门的收入。用公式表示为，

$$\text{单房总体收益} = \frac{\text{酒店总体收益}}{\text{酒店所有可供出租的客房数量}}$$

其中，酒店总体收益 = 客房部收入 + 餐厅收入 + 宴会收入 + 会议收入 + 康乐收入 + 酒吧收入 + 其他额外收入。

该指标弥补了单房收益的缺陷，除考虑客房的业绩外，也考虑到其他部门的业绩。该指标可供酒店的高管层评估酒店的经营绩效，估计酒店的经营潜力。各类酒店、度假村、公寓均可使用该指标。

三、单房毛利润

单房总体收益考虑到了各部门的收入情况，但没有考虑利润情况。若考虑利润情况，就需要一个新的指标。

单房毛利润（Gross Operating Profit Per Available Room，GOPPAR）是每天每间可供出租客房的经营毛利润，是酒店总体收入扣除各类成本、费用、支出后，与所有可供出租的客房数量的比值。用公式表示为，

$$\text{单房毛利润} = \frac{\text{酒店经营毛利润}}{\text{酒店所有可供出租的客房数量}}$$

其中，酒店经营毛利润 = 酒店营业总收入 - 酒店营业总支出

= 酒店总体收益 - 运营成本 - 销售费用 - 管理费用

单房毛利润既可以用于考察酒店的每天经营业绩，又可用于考察每周、每月、每季度、每年的经营业绩，只需要分子分母指代的时间段是相应的时间段即可。单房毛利润可以反映酒店的利润情况和管理效率，评估酒店的市场价值，该指标的优点在于以下几个方面。

第一，单房毛利润考虑到了酒店的所有收入，可以用来比较不同体量的酒店以及餐饮和其他收入占比不同的酒店。酒店高管、酒店集团的高管、投资者、酒店开发者可以更好地评估管理层的表现，评估酒店的发展潜力和市场价值。

第二，单房毛利润既考虑到了除客房外其他部门的收入，又考虑到所有部门的运营成本、费用情况，比单房收益、单房总体收益更全面地反映了酒店的经营绩效。如果酒店提高了某个销售渠道的佣金，单房毛利润（GOPPAR）就会马上反映出来，而单房收益（REVPAR）、单房总体收益（TotRevPAR）却

做不到。

当然，在单房毛利润的基础上，可以计算单房净利润。只需要将分子的酒店经营毛利润扣除所得税即可。由于所得税税率是国家统一制定的，故单房毛利润与单房净利润具有相关性，两个指标大小相近，同向变化。

表 10 -3 给出四个酒店的经营数据，包括单房收益和单房毛利润的计算过程，如何判断各酒店的经营绩效?

表 10 -3　　RevPAR 与 GOPPAR 的比较

指标	酒店 A	占比(%)	酒店 B	占比(%)	酒店 C	占比(%)	酒店 D	占比(%)
客房数量(间)	300		300		100		100	
一年的营业天数(天)	365		365		365		365	
每年的可用间夜数(天)	109500		109500		36500		36500	
出租率(%)	80		87		80		85	
平均房价(元)	500		480		500		500	
RevPAR(元)	400		418		400		425	
收入(元)								
客房收入(元)	43800000	65	45727200	73	14600000	67	15512500	66
餐饮收入(元)	16846154	25	9396000	15	4140299	19	5640909	24
其他部门收入(元)	6738462	10	7516800	12	3050746	14	2350379	10
总收入(元)	67384615	100	62640000	100	21791045	100	23503788	100
TotRevPAR(元)	615		572		597		644	
支出(元)								
客房支出(元)	7884000	18	8230896	18	3942000	27	4188375	27
餐饮支出(元)	9433846	56	5261760	56	2774000	67	3779409	67
其他部门支出(元)	3167077	47	3532896	47	1555881	51	1198693	51
总支出(元)	20484923	30	17025552	27	8271881	38	9166477	39
未分摊的费用总额(元)	14000000	21	14000000	22	5000000	23	5000000	21
营业利润(元)	32899692	49	31614448	50	8519164	39	9337311	40
GOPPAR(元)	300		289		233		256	

注：支出的占比是指各项支出占相应部门收入的比重。

在表 10－3 中，酒店 A 和酒店 B 的客房数量一样，均是 300 间，酒店 A 的出租率低于酒店 B，平均房价高于酒店 B，酒店 A 的单房收益低于酒店 B，客房总收入低于酒店 B。酒店 A 的餐饮收入远高于酒店 B，其他部门收入与酒店 B 相差不大，最终酒店 A 的总收入高于酒店 B，单房总收益也高于酒店 B。两个酒店规模一样，假定各部门的运营成本率也一样。扣除未分摊的费用总额后，可以计算出单房毛利润。虽然酒店 A 的单房收益（RevPAR）低于酒店 B，但是单房毛利润（GOPPAR）高于酒店 B。单房毛利润更全面地反映了酒店的经营状况。

酒店 A 与酒店 C 相比，平均房价一样，出租率一样，单房收益一样，客房数量不一样。如果按照单房收益进行比较，两家酒店客房的业绩是一样的。但是考虑到客房总收入，其他部门收入后，酒店 C 的单房总收益小于酒店 A。进一步考虑到各部门的成本、费用后，酒店 C 的单毛利也小于酒店 A，该指标可以表明两家酒店盈利能力。

酒店 A 与酒店 D 相比，平均房价一样，但是客房数量不一样，出租率不一样，酒店 D 的客房数量更少，出租率更高，这样一来，酒店 D 的单房收益更高。同时，酒店 D 各部门的收入占比与酒店 A 相近，酒店 D 的单房总收益高于酒店 A。以此观之，似乎酒店 D 的业绩表现更胜一筹。不过进一步考虑到成本、费用后，由于规模经济的原因，大酒店的成本、费用率通常低于小酒店，小酒店各部门的成本、费用率高于大酒店，此例中酒店 D 的客房支出占客房收入的 27%，而酒店 A 的仅为 18%。酒店 D 的餐饮支出、其他部门支出率也高于酒店 A。考虑到这些因素后，酒店 D 的营业利润率（40%）低于酒店 A（49%），酒店 D 的单房毛利润低于酒店 A。比较这两家酒店的单房收益、单房毛利润，大小刚好相反，而单房毛利润提更加客观地反映了酒店 A 的总体实力。

比较四家酒店的单房收益、单房总收益、单房毛利润，会发现 4 家酒店在 3 个指标上的排序均不一样。酒店 D 的特点是小而精，体量小，但管理水平高，出租率高，平均房价与大酒店持平。酒店 B 出租率最高，单房收益也高于酒店 A，但餐饮部门的收入不及酒店 A，在单房总收益的比较中处于末位。酒店 C 的体量不及酒店 A，经营管理水平不及酒店 D，表现为客房出租率低于酒店 D，因此在综合评价中，单房毛利润最低。总体而言，单房毛利润既考虑到了酒店的体量，又考虑到了经营管理水平，是反映酒店整体实力的更好指标。

值得注意的是，单房收益（RevPAR）的微小变动将引起 GOPPAR 的大幅变动。以酒店 A 为例，假设出租率和平均房价均下降 5%，单房收益（RevPAR）则下降 10%。假定其他部门的收入和支出均下降 2.5%，则单房总收益（TotRevPAR）下降 7%，而单房毛利润（GOPPAR）下降 13%（见表 10－4）。

表 10－4　　RevPAR 变动对 GOPPAR 的影响

指 标	原有数值	占比(%)	调整后数值	占比(%)	变化率(%)
客房数量(间)	300		300		
一年的营业天数(天)	365		365		
每年的可用间夜数(天)	109500		109500		
出租率(%)	80		76		－5.0
平均房价(元)	500		475		－5.0
单房收益(元)	400		361		－10.0
收入(元)					
客房收入(元)	43800000	65	39529500	63	－10.0
餐饮收入(元)	16846154	25	16425000	26	－2.5
其他部门收入(元)	6738462	10	6570000	11	－2.5
总收入(元)	67384615	100	62524500	100	－7.0
单房总体收益(元)	615		571		－7.0
支出(元)					
客房支出(元)	7884000	18	7686900	19	－2.5
餐饮支出(元)	9433846	56	9198000	56	－2.5
其他部门支出(元)	3167077	47	3087900	47	－2.5
总支出(元)	20484923	30	19972800	32	－2.5
未分摊的费用总额(元)	14000000	21	14000000	26	0.0
营业利润(元)	32899692	49	28551700	46	－13.0
单房毛利润(元)	300		261		－13.0

因此，在分析和比较酒店经营绩效时，既要关注某一方面的专门指标，又要关注综合性指标。如果仅仅衡量客房部的绩效，单房收益（RevPAR）是适当的。如果需将客房部的绩效与其他部门结合起来，单房总体收益（TotRevPAR）是一个更加综合的指标。如果关注整个酒店的绩效，单房毛利润（GOPPAR）比单房收益（RevPAR）、单房总体收益（TotRevPAR）更有参考价值。

四、每平方米毛利润

每平方米毛利润（Gross Operating Profit Per Available Square Meter，GopPASM）是酒店经营的毛利润与酒店可供使用面积的比值，衡量酒店每平方米所

产生的毛利润，也被称为酒店整体坪效。用公式表示为，

$$每平方米毛利润 = \frac{酒店经营毛利润}{酒店可供使用的面积}$$

该指标与餐厅经营中的资产坪效相似，按照关注的时间段，可以计算一天、一周、一个月、一个季度、一年的每平方米毛利润。不同的是，资产坪效指每平方米所产生的销售收入，该指标衡量每平方米所产生的毛利润。资产坪效仅关注餐厅、宴会或会议的某一个部门，该指标关注酒店运营的各个部门。

第四节 全面收益管理的实施方法

一、实行收益管理例会制度

收益管理例会有两个层面：一是酒店层面，二是收益管理部门层面。两个层面的参与者不同，主要内容也不一样。

（一）酒店层面的收益管理例会

在酒店层面，收益管理例会的出席者包括酒店总经理、主管市场的副总经理、客房部总监、餐饮部总监、销售部总监、收益总监、前厅部经理等酒店高管，有时也包括团队和大客户销售的主要负责人。

酒店层面例会时间一般在每周周一、每季度开始以及每年岁末年初。不同时间节点的会议内容略有不同。

在每周周一，收益管理会议需要总结上周的市场情况和酒店各部门的运营情况，各细分市场的价格和顾客数量情况，各渠道的收入情况等。并对接下来一周的主要价格作出一定的预先安排，提前告知相关部门的主要接待活动，做好相关的物资准备、人员准备和应急准备。

在每季度开始，收益管理例会的主要内容与每周例会近似，不过主要内容涉及的时间长度变为一个季度。

在岁末年初，收益管理例会与酒店其他业务部门的例会近似。不过收益管理会议集中于各细分市场的销售量、各渠道的销售量，以及相关的价格；细分市场预订的完成情况、当年淡旺季的出租率与收入情况等。该会议还需要对比总结上一年制定的销售策略的实际运营情况，进行评估，并讨论通过下一年的价格策略

和销售策略。如果上一年的销售策略没有得到有效的实施或者销售业绩没有达到预期，需分析原因，进行深刻总结。收益管理例会有较多的数据和图表，有较繁杂的数据分析和点评，是一个技术含量较高的会议。

（二）收益管理部门的内部例会

在收益管理部门层面，收益管理例会的出席者是本部门的所有员工，包括收益总监、预订经理、渠道经理以及其他所有员工。

部门收益管理例会的频率是工作日每日会议和月度会议，每日的会议即晨会。在晨会上，收益分析员报告昨天的主要经营情况，预订经理报告主要细分市场的预订情况，渠道经理报告各渠道的预订情况，收益总监在综合分析的基础上，点评昨天的收入情况，确定当日的基本经营策略。对于当日将出现的主要接待活动以及周末的接待活动，收益总监需安排各员工与酒店相关部门对接，确认运营策略和销售建议，如有临时情况，保持畅通沟通。

月度会议讨论涉及部门较多的业务，形成一份会议纪要，下发各部门。晨会主要涉及本部门的日常运营事项，安排本部门各员工的工作内容。

部门收益管理例会涉及具体业务，包括每日存量管理、团队销售指导价格及团队接待上限、各细分市场的策略及行动方案、各细分市场的竞争策略、制定销售拜访计划和目标客户、未来团队生意的跟踪和取舍、市场需求预测、每日销售策略等。

二、加强酒店各部门之间的协调

收益管理与其他部门有密切的联系。酒店制定收益管理策略，需基于相关业务部门的经营实践，酒店推行收益管理策略，也需要各部门具体去执行。收益管理与客房部、前厅部、餐饮部、销售部和财务部等部门都有联系，需与这些部门加强联系和沟通。

客房部是酒店的主营业务收入主要来源之一，收益管理的一大块业务是为客房定价，确定客房的销售策略，因此首先要最大限度地了解客房，包括客房的数量、大小、朝向、房内设施，客房用品的种类和档次，客房附加值服务的时间和种类等。当客房更新产品和服务时，收益管理部需了解这些动态，在制定价格时予以考虑。在日常运营中，收益管理部需了解客房部的运营能力，接待能力，合理地安排销售量以保证顾客入住体验。

前厅部是顾客入住酒店时，接触的第一个部门，也是顾客离开酒店时，接触的最后一个部门。因此，前厅部是顾客体验中非常重要的一部分。在成立收益管理部之前，关于客房销量、客房价格、顾客入住安排等均由前厅部实施。酒店成立收益管理部之后，关于房价、销售量控制、细分市场销售量控制等均权限均转移至收益管理部，这相当于减少了前厅部的一些权力。在一段时间内，前厅部会产生意见，抵触收益管理部的一些决策，两个部门之间会有矛盾。部门层面和高管层面的沟通和协调就非常必要。在日常运营中，收益管理部的一些决策需要前厅部具体执行，正常的业务好处理，仅按正常的流程即可，遇到超售、顾客投诉之类的事情，前厅部员工疲于应付，难免会产生抱怨和情绪，甚至推卸责任。因此，收益管理部及时与前厅部沟通超售信息，做好应急预案，是减少部门间矛盾的不二选择。

餐饮部、销售部与收益管理也有千丝万缕的联系。餐饮部负责散客的销售，销售部负责团队、大客户的批量销售，这与前厅部有些类似。前厅部负责散客客房的销售，团队客房的销售由销售部负责，目的是让销售人员与顾客保持稳定的客户关系。有所不同的是，前厅部销售是客房部的产品，餐饮部销售的是自身的产品。前厅部一般是执行现成的产品价格体系，对个别顾客适度调整价格的空间有限，而餐饮部除了执行既定的产品价格体系外，给顾客一定价格折扣，给顾客赠送菜品方面有很大空间。在价格方面，餐饮部的自主权限大于前厅部。在全部收益管理的理念下，收益管理部只需与餐饮部确定基准价格体系，然后各餐厅自主决策，保持与顾客的良好关系，争取最大化收入，餐饮总监相应得到绩效奖励。同时，餐饮部和销售部还负责收益散客信息、团队信息，包括顾客来源、顾客类型、顾客年龄特征、对菜品的评价、对价格的接受程度等，并将这些信息传递给收益管理部，供收益管理部调整决策。

销售部和收益管理部追求的目标可能会有偏差。销售部除了业绩外，一个重要任务是维护客户关系，为酒店保持稳定的老客户，有时为吸引一些团队客户、大客户，销售部希望在价格上提供优惠，或者在旺季时优先保证这些客户的入住需求、用餐需求，为这些顾客提供额外的产品和服务，从酒店整体收入的角度，这有可能减少酒店的收入，增加酒店的成本，收益管理总监可能不同意这一提议。销售部和收益管理部之间的一些矛盾在所难免。除了两个部门总监的及时沟通，酒店总经理和主管销售的副总经理也需要在必要时予以考量，权衡利弊，做出决策，从而减少两个部门间的矛盾。

财务部与收益管理的联系在于账账核对、账实核对、账证核对，核对的频率是每日、每月和每年等。收益管理部有专门的软件，可以看到酒店各类业务的销售量、价格和销售收入等信息，财务部也有一个专门的软件，有类似的信息，两个部门需经常对账，互相验证，以确保经营数据的准确性、真实性。

三、整合产品组合与销售策略

全面收益管理涉及酒店的多个部门，多部门需发扬团队协作的精神，实现一加一大于二的效果。良好的产品组合可以最大限度地吸引客源，实现酒店的收入最大化。

在没有收益管理的时代，客房部最大化客房收入，餐饮部最大化餐饮收入，两个部门间的价格组合较少，至多在客房顾客的早餐方面有合作，客房部与餐饮部定期结算。

引入收益管理后，客房部和餐饮部的合作范围扩大了，推出含早餐（单人早餐或双人早餐）的客房价格，不含早餐的客房价格。在此基础上，酒店也推出“客房＋午餐”“客房＋晚餐”“客房＋酒吧”“客房＋康乐”“客房＋温泉”“餐饮＋温泉”“客房＋游乐场”“客房＋午（晚）餐＋康乐＋游乐场”等多种消费组合。顾客单买这些消费组合的每一项，加总价格大于消费组合的价格。这些消费组合可以在酒店官网、酒店移动通信软件（APP）、在线旅行社（OTA）销售平台上看到，由顾客比较之后，购买最适合自己需求的组合。

消费组合通常涉及多个运营部门，这就需要经过酒店层面的收益管理例会讨论，形成一致意见后，具体执行。否则，单独收益管理部门推出消费组合，可能面临具体部门的抵触和反对。各部门除了在顾客服务方面保持一致口径，也需在顾客消费之后结算时，统一结算方法，避免出现二次收费、错误划账的现象。

同时，消费组合的价格也可以动态定价，最简单的区分是淡旺季执行不同价格。酒店可基于产品和目标客户群，考虑竞争对手和市场波动情况，动态调整价格及时通告相关部门。

四、营造全面收益管理的文化

按照实施的方法和手段，收益管理有两个层面：一是显性收益管理，包括具体的价格策略，销售渠道的分配，预订量的控制等，这些是我们通常理解的收益管理；另一个层面是隐性收益管理，包括营造收益管理的文化和品牌，保持酒店的品质和良好的顾客体验。显性收益管理侧重于技术层面，侧重于短期，隐性收益管理侧重于文化和品牌方面，侧重于长期。全面收益管理不仅是包括构建产品组合，整合销售渠道，优化各类价格等显性收益管理，也包括一些深层次的收益管理文化。而文化的改变，并非一朝一夕之事。全面收益管理的终极目标是营造全员收益管理的文化，酒店所有部门的所有员工团结协作，齐心协力，用心执行收益管理的具体策略和安排。

酒店有多个部门，部门越多，部门间的沟通就越复杂，推诿扯皮的现象就可能在一定程度上存在，更有甚者，推卸责任和拆台的现象也时有发生。这就不是技术层面的问题了，而涉及酒店的制度和文化。例如，有些酒店既设立了专门的收益部，也购买了专门的收益管理软件，酒店的收入却没有大幅提升，换了几任收益经理也没有改观。后来，酒店终于发现，问题出现销售部与收益管理部的协调上。收益管理部设在销售部，收益经理受销售经理管辖，销售总监表面上支持收益管理部的策略，却并没有真正执行，甚至有时抵制收益管理部的策略。若按收益管理部的策略，销售部的总体奖励将会减少，因此销售部的激励政策决定了其行为导向。在这样的政策导向下，谈部门协调，无疑有很大难度。解决这一问题的办法有两个：一是将收益管理部从销售部调整出来，单独成为一个部门，不受销售部管辖；二是调整销售部的激励政策。换而言之，在本章开始所讲的收益管理发展阶段中，收益管理高级阶段面临着收益管理策略得不到全面推行的内在矛盾，收益管理策略顶多在客房部、餐饮部得到全面推行，而在销售部内部，存在一些固有的利益冲突，只有过渡到全面收益管理阶段，这一矛盾才能得到解决。

在全面收益管理文化的建立上，经常需要酒店总经理或副总经理级别的高管出面，协调解决收益管理部与其他部门的政策一致性问题，推动收益管理部的具体策略得到实施。酒店层面收益管理例会的重要性不言而喻，通过每周的例会，让各部门总监认识到收益管理的真实作用，并向各部门的员工传输收益管理的方法、理念和文化。

另外，全面收益管理并非意味着酒店所有产品和服务均要进行收益管理，客房、餐饮、会议室、宴会厅、健身房、温泉、酒吧等产品具有易逝性，适合进行收益管理，而酒店流通类的商品，如酒水、饮料、礼品店的礼品、纪念品等则不具有易逝性，酒店只需要制定适中的价格，长期执行即可，不用动态调价，不用制定细分市场的价格，所有顾客实行统一价格。换而言之，全面收益管理也有一个度，如果为了获得最大收入，时时处处都希望榨取顾客的消费能力，势必会引起顾客反感，从而得不偿失，弄巧成拙。

第五节　收益管理的使用边界

一、收益管理的技术边界

从20世纪80年代美国的酒店集团开始使用收益管理技术、提高酒店收入水平以来，酒店收益管理的方法不断增多，越来越丰富。收益管理和软件和技术也随着计算机技术的发展，不断改进和完善。随着移动互联技术的普及，云存储的发展以及数据挖掘技术的成熟，收益管理的总体水平不断提升，收益管理理念被越来越多的人认识并接受，收益管理从航空业、酒店业快速向其他行业普及，收益管理已越来越成为很多行业在其他条件不变的情况下，进一步提高收入水平的秘密武器和制胜法定。

收益管理成功的基础是数据。一方面要收集历史数据，另一方面要分析历史数据，并给出预测和优化建议。收集数据需基于网络和接口，分析、预测和优化需基于一定的数学模型、统计模型、计量模型和计算机语言等，这些模型的语言是人的想法的实现，执行的是人的需求。这里的人既包括酒店收益管理部门的人、酒店的管理者，又包括开发软件的人。人有无限多的需求，对高效、准确、好用的软件的追求永无止境。收益管理软件或系统能否满足人的需求，取决于对各种模型和语言的筛选、重新组合、灵活运用等。

因此，收益管理的技术边界首先取决于人的理想化边界，其次取决于人能在多大程度上选择合适的指标和模型，最后才取决于能否用恰当的计算机语言编程并实现。人的理想化边界可以无限大，而理论发展决定了人的想法在多大程度上成为共识，现实的技术水平又决定了能大多程度上实现现有理论的推演结果。

科技发展至今天，只要人们能想到的指标和模型，愿意投入资金、人员和时间，一般都能用计算机语言编程并实现，因此真实的技术边界很小，仅对小企业有约束力。理论边界取决于现有的理论基础、理论的发展、研究的推进，需要一定的时间，也有一定的不确定性，不过可以确定的是，理论一定会不断拓展和延伸，更加接近人们的理想目标。理想边界大于理论边界，但比理论边界更模糊。虽然人们运用收益管理系统的目的是提高收入水平，但是对该系统的具体内容和形式的要求并不明确，一个好的系统除了满足功能的需求，还要满足好用、美观的需求，这就是艺术层面的要求了，而人对艺术的追求是无止境的。总体情形是技术边界与理论边界的距离较小，而理论边界与理想边界的距离较大。只有想不到的，没有做不到的，只要想到了，总有一天就可能做到。技术总会发展，去实现理论上的蓝图，更加接近人们的未来愿景。总体趋势是，随着人们理想边界的扩大、理论边界的外延，技术边界也不断向外拓展，总有一天，技术边界将超越既有的理论边界位置，达到既有的理想边界位置，并继续向外拓展，在这个过程中，人们的生活变得更加美好，企业、个人和社会的整体效率和效用都将得到提升（见图10－7）。

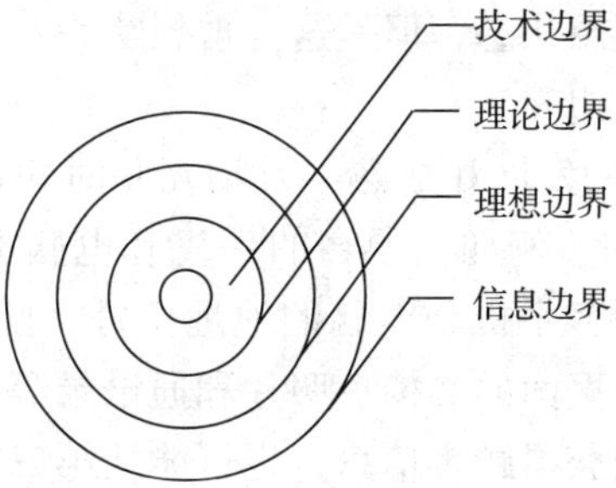

图10－7　收益管理的技术边界

当然，收益管理的技术边界远不止以上几点。在收益管理的最基础层面，即数据和信息的收集上，也存在边界，这一边界看似容易突破，却存在着永恒的瓶颈。数据和信息是收益管理的基础，也是收益管理的最大边界。加上信息边界后，图10－7可以理解为，在一片信息的汪洋大海中，人们希望得到哪些信息，运用哪些信息，形成理想化的目标，这一目标的实现，有没有理论上的论证和分析，又有多大的技术可行性，最终技术边界是最现实的约束条件。

科技发展到今天，收益管理软件可以与酒店管理信息系统对接，与中央预订系统对接，与OTA网站对接，直接获得酒店的预订和销售信息，数据搜集工作看起来非常容易。不过随着收益管理软件的不断改进，这些数据将很快被充分利用和分析，从数据中挖掘出尽可能多的有价值的信息，而这些信息很快将不够用。因为当各酒店都这样做的时候，酒店能从有限的经营信息中获得收入增长点将很快逼近极限。届时，收益管理水平的进一步提高，需基于更多的数据和信息，这就是顾客入住前的真实需求和入住后的真实评价。只有这样，才能将收益管理技术发挥到极致。在收益管理的五要素中，产品、时间、价格、渠道均有一定的客观性和确定性，而顾客却有一定的主观性和很大的不确定性。对顾客的研究，是收益管理工作中最难的方面，也是所有销售工作中最难的方面。其他条件再好，顾客不配合，顾客不买账，一切都是没用的。

顾客方面的数据搜集难在哪里呢？难在并不是所有的顾客都会全面、真实地表达需求，即使顾客希望全面、真实的表达，也可能存在偏差，因为顾客真实的需求是什么，他自己也很模糊，似乎这样也可以，那样也可以，随便都行，但是如果酒店真的随便了，顾客又会不高兴。丽兹卡尔顿惊喜服务的精髓正在于此，尽量超过顾客预期，从而提高顾客的满意度。而如何才能超过顾客预期，这又涉及更深入的顾客偏好的挖掘上。毕竟，酒店不可能得到一个顾客的所有爱好和忌讳信息。酒店愿意花多大成本去搜集众多顾客的单个信息，也是一个成本收益的计算问题，这一计算太复杂，很难给出一个确切的计算结果。酒店希望得到所有顾客的所有信息，这是理想状态，但是这一理想状态永远也达不到，由此，信息边界成为收益管理的最大边界。

今天，随着5G技术的发展和成熟，万物互联时代正扑面而来。各公司获得顾客信息的渠道不断增加，例如，顾客的手机和电脑上安装某软件后，若想使用，就得同意软件获取顾客手机和电脑的地理位置，使用手机和电脑的麦克风、摄像头，获取手机、电脑里面的文档、照片和通讯录等。即使有些公司没有软件供顾客下载安装，不直接获得顾客信息，也可能从第三方购买顾客信息。无论是直接获得，还是间接获取，这虽在技术上不存在边界，但却触犯到了另一个边界，即道德边界并已引起了消费者的排斥和反感。随着消费者在这方面维权意识的觉醒，这些做法终将被逐步规范，甚至被取缔。如何获取顾客数据和信息，尤其是真实的数据和信息，是收益管理的最大边界。这是个技术问题，也是个理论问题，更是个道德问题。

二、收益管理的道德边界

收益管理的道德边界是指收益管理的做法是否唯利是图，罔顾企业的社会责任，并以不正当手段获得顾客信息，侵犯顾客隐私。这些做法将引起广大消费者不满，不利于社会和谐，提高整个社会的运行成本。

收益管理的最理想情况是，对每一个顾客的每一笔交易，都按其当时能承受的最高心理价位成交，企业获得最大化收入。但是这样做的后果是，顾客的消费成本增加，对于富裕阶层，这些消费成本可以承担，而对于中低收入阶层，消费者剩余将减少，幸福程度将降低，之后的每一次正常出行和消费，都要提前很久筹划，并更加仔细的货比三家，反复如此，普遍如此，整个社会的交易成本将增加，造成时间和资源的浪费。

企业是盈利性的社会组织，是社会的一员，企业需承担一定的社会责任，其中一项社会责任就是为社会提供质量合格、价格适中、价格稳定的产品。如果一个产品的价格在短时间内反复波动，最低价格与最高价格相差很多，就会引起消费者的心理不满。股票、外汇、债券等金融证券的价格可以波动，起起落落，因为投资本身就有风险，投资者参与投资，就必须承担这种风险，如果不愿意承担，大可不进入股市、汇市或债市。如果实体经济中的最后消费品价格也如此波动，势必造成生活也有风险的景象，正常的生活消费也要承担额外的风险，这势必会降低居民的生活满意度，不利于社会和谐。我们看到，一些关乎国计民生的产品，如水费、电费、燃气费等，价格由政府统一制定，并保证稳定，为居民提供稳定的生活预期。虽然住宿和餐饮的消费价格由市场决定，但是如果企业忘了社会责任，唯利是图，不与顾客建立长期共生、互惠共赢的合作关系，必将被消费者感知、发现。一家企业如此，这家企业就不会有长远的发展。如果很多企业都如此，都以运用收益管理为荣，都追求极致化的收益管理水平，消费者就要做好钱包被掏空的准备。钱包空空，何谈幸福?

中国的“双十一”电商节将收益管理的技法用到炉火纯青的地步，用到极致，同时也引起了广大消费者非议，备受诟病。广大消费者提前一个月就被调动起积极性，领取优惠券，囤积商品到购物车，进行各种优惠的计算，如购买指定商品有优惠、限时秒杀，新用户有优惠，首次购买有优惠，多买多送，满 100 元减 30 元再送 20 元的优惠券等，其计算的复杂程度不亚于高考的数学计算题，让广大消费者陷入优惠的陷阱，耗时耗力。完成交易后，有些消费者发现优惠力度并不大，并且购买了很多用处不大的商品。电商节中，电商平台的常见做法是先涨价再降价，其实是在利用优惠，区分购买群体。高消费群体嫌计算优惠太麻烦，买了就走，低消费群体研究优惠，利用优惠政策也能买到，两个群体都消费了，交易额提升了，这才是最大目的。商家和平台在这个过程中赚得盆满钵满，消费者付出了金钱、时间和精力，对整个社会而言，很难说利大于弊。

中国酒店业收益管理的水平目前还处在初级阶段，很多酒店追捧电商平台的销售方法，以电商平台的收益管理水平为参照点。电商平台销售的产品与酒店销售的产品在本质上不同，比如电商平台的产品不具有易逝性，而酒店客房具有易逝性。电商平台能运用收益管理的方法，销售通常意义上不具有收益管理条件的产品，酒店更应该运用收益管理的方法，更好地销售酒店的客房、餐饮、康乐等产品。我们认为，酒店业学习收益管理的方法，提高收益管理水平和收入水平，具有一定的积极意义，但如果以电商平台的做法为榜样，就会同样引起消费者的不满，被消费者诟病，并增加社会运行成本，降低社会效率。

目前，单体酒店的收益管理水平很少达到电商平台的标准，不过一些 OTA 网站的收益管理已较成熟，大数据杀熟现象经常发生。例如，一个顾客经常用手机预订酒店客房，一段时间后，他无意间用朋友的手机查询同一家酒店同一类型客房的价格，发现他手机上的价格高于朋友手机上的价格，这是典型的大数据杀熟。熟客、回头客不仅没有获得优惠，反而要支付更高的价格，这完全违背了基本的商业伦理。另外，在客房余量较少的情况下，如果顾客在初次查询时没有预订，过一会儿再查询时，价格可能会上涨，再过一会儿再查询，价格会再次上涨，出现这种现象，顾客以为余房在此期间被销售，客房余量逐渐少，所以价格逐渐上涨。然而这并不是所有的情况，真实的情况可能是，酒店客房余量在此期间没有变化，只是后台关注到顾客的查询行为，通过价格小幅不断上涨的方式，引起顾客尽快购买的心理，从而促成交易。如果顾客非常偏好这一酒店或餐厅，看到价格上涨的信号，会以为余量迅速减少，为保证预订成功，就会忍受上涨后的价格，在高价位上成交，酒店、餐厅和（或）平台获得更多收入。如果顾客发现上涨后的价格超出了预期，就会转向其他酒店和餐厅，表明该顾客并非本酒店和餐厅的忠实粉丝，后台会记录相关信息，在顾客下次查询时采取新的销售策略。后台会记录消费者完成一笔交易前的所有查询行为，一段时间后，经过大数据汇总和分析，得到每一位顾客的顾客画像，从而执行更有针对性的销售方式。

大数据杀熟明显违背商业伦理和商业道德，大数据营销却不一样。一方面，大数据营销可以提高交易效率，比如精准地向顾客推荐最符合其偏好和价位的产品，向顾客推荐离其最近的商家，可以节约顾客的搜寻成本，减少决策时间。另一方面，大数据营销中，企业方拥有海量信息，消费者的行为和决策均处于企业的意料范围之内，有无数后台在记录消费者的行为，推算消费者的偏好，消费者会感到时刻处于无数个软件的监控之中。从全社会的角度，这将让消费者感到禁锢和束缚，将抑制创造力，遏制创新，不利于社会进步。

大数据杀熟和大数据营销均不违法，但并非完全合理合情。法、理、情是任何社会运转中都要考虑的三个方面，任何行业的发展也都要权衡这三方面。运用收益管理方法，当然可以将一个产品在特殊的时期以高价卖出，但顾客不是傻瓜，自此以后，顾客可能再也不会光顾这个商家。如果一个企业将收益管理奉为圭臬，以算计的心态面向消费者，攫取高额利润，消费者终将觉醒并反抗，该企业的口碑和声誉将受到重创。如果一个行业普遍采用收益管理的方法，当该行业遇到困难时，民众很少会报以同情和支持，只能自我救赎或等着政府施以援手，而政府是否援救，援救谁，也都面临着巨大的公众压力。例如，2014 年 12 月澳大利亚的悉尼发生一起恐怖袭击事件，优步（Uber）向每位乘客索要最低 100 美元的费用，随着打车需求的增加，优步将收费标准提高到正常状态的 4 倍。公众对此非常愤怒，优步的品牌声誉遭到巨大冲击。优步很快意识到自己的错误，为挽回声誉，退回了所有额外费用并且提供额外的免费乘坐。再例如，在中国城市的下班高峰，如果遇到下雨，滴滴的价格会明显提高，民众对此也颇有微词。当滴滴遇到公众事件时，很难得到舆论的同情。再例如，中国很多旅游景区的酒店每逢“五一”“十一”等旅游旺季，就纷纷大幅涨价，有些酒店客房的价格是平常的3~5倍，引发不少怨言、批评和差评。在一定程度上，在旅游旺季的超高价格类似于物资紧缺时期的价格暴涨，都是对利润的过分追逐，理应受到公众的监督和政府的监管。追求利润本无过错，但是过度地带有投机性的追求利润，就不符合商业道德。收益管理的运用，需停留在道德的边界之内。

有些商家或酒店将收益管理视为一种穿着华丽外衣的欺骗技术，以收益管理之名，推出复杂的产品组合和销售花样，让顾客眼花缭乱，在迷乱中达成交易。然而，顾客可能被商家欺骗一段时间，不会一直让被欺骗下去。一个顾客是傻瓜，不可能所有顾客都是傻瓜，你可以欺骗一个人，不可能欺骗所有人。总有一天，当顾客觉醒，认识到复杂产品组合的本质后，你也将声誉扫地，无颜面对广大顾客，届时，山河亦在，市场亦在，悲乎哉，汝搬起石头砸自己脚，自食其果，唯有望洋兴叹矣。

总体而言，收益管理是一种工具，工具能发挥多大的作用，很大程度上取决于人。首先，使用者能清晰地描述对工具的期望。其次，研发人员从技术层面打造符合预期的工具。再其次，使用者运用工具，提高工作效率和经营绩效。最后，使用者将使用体验告知研发人员，双方配合，不断优化工具，改进并完善。在使用过程中，使用者需遵循一定的商业伦理和商业道德，不碰触整个社会的道德底线，在边界之内实现多方共赢。虽然中国酒店业今天尚处在引入、学习和普及收益管理的阶段，大多数酒店运用收益管理不是太多了，而是太少了，但是一些酒店学会了收益管理技术后，过度使用收益管理或不正当使用收益管理，却降低了顾客满意度，损害了酒店的口碑和品牌，酒店收入水平也没有明显提升，究其原因还是没有真正领悟到收益管理的精髓。工具不是万能的，若使用不当，也可能是有害的。运用之妙，在乎一心。心之力，在于正！

[关键术语]

收益经理　收益总监　全面收益管理　单房收益　单房总体收益　单房毛利润　每平方米毛利润　收益管理例会制度　收益管理文化　收益管理的技术边界　收益管理的道德边界

[思考与实践]

1. 从洲际、万豪、雅高等国际酒店集团中任选一家，通过网络查询、电话访谈、实地调研等方式，梳理该酒店集团的收益管理组织机构和运作方式并以该集团某单体酒店为例，调研其收益管理的组织机构和运作方式，撰写一份调研报告。

2. 全面收益管理的理论基础和现实条件有哪些？

3. 全面收益管理的衡量指标与酒店具体业务的衡量指标有何联系？

4. 如何看待中国酒店业收益管理的发展空间与过犹不及的潜在影响？

参考文献

［1］曾国军:《收益管理与定价战略》，中国旅游出版社 2018 年版。

［2］陈亮、郭庆、魏云豪:《收益管理：有效降低空置率，实现收益翻番》，人民邮电出版社 2018 年版。

［3］胡质健:《收益管理：有效实现饭店收入的最大化》，旅游教育出版社 2009 年版。

［4］刘淑芹、汪寿阳:《酒店收益管理研究——客房预定与定价决策》，科学出版社 2013 年版。

［5］周晶、杨慧:《收益管理：方法与应用》，科学出版社 2009 年版。

［6］祖长生:《饭店收益管理》，中国旅游出版社 2016 年版。

［7］加博尔·福格斯著，王立、伍波、王晓宽译，《收益管理：饭店运营收入最大化》，中国旅游出版社 2014 年版。

［8］罗伯特·菲利普斯著，陈旭、慕银平译，《定价与收益优化》中国财政经济出版社 2008 年版。

［9］党印:《价格的决定与定价的艺术》，载于《经济学家茶座》2017 年第 1 期，第 57 – 59 页。

［10］党印:《寻找定价与估值的一般规律》，载于《经济学家茶座》2018 年第 4 期，第 59 – 63 页。

［11］David K. Hayes，Allisha A. Miller. Revenue Management for the Hospitality Industry. John Wiley & Sons，Inc. 2011.

［12］Tudor Bodea，Mark Ferguson. Segmentation，Revenue Management，and Pricing Analytics. Taylor & Francis，Routledge. 2014.